象棋谱丛书

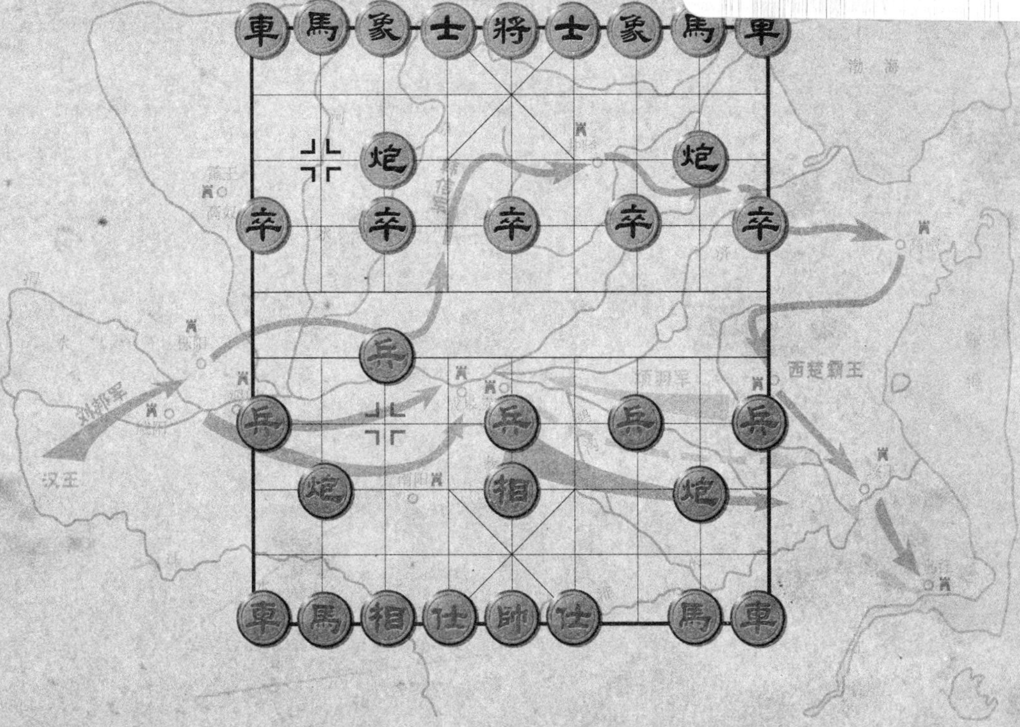

仙人指路非中炮对卒底炮

陆伟韬 单欣 编

经济管理出版社·棋书中心

总　序

具有初、中级水平的棋友，如何提高棋力？这是大家关心的问题。

一是观摩象棋大师实战对局，细心观察大师在开局阶段怎样舒展子力、部署阵型，争夺先手；在中局阶段怎样进攻防御，谋子取势、攻杀入局；在残局阶段怎样运子，决战决胜，或者巧妙求和。从大师对局中汲取精华，为我所用。

二是把大师对局按照开局阵式分类罗列，比较不同阵式的特点、利弊及对中局以至残局的影响，从中领悟开局的规律及其对全盘棋的重要性。由于这些对局是大师们经过研究的作品，所以对我们有很实用的价值，是学习的捷径。

本丛书就是为满足广大棋友的需要，按上述思路编写的。全套丛书以开局分类共51册，每册一种开局阵式。读者可以选择先学某册开局，并在自己对弈实践中体会有关变化，对照大师对局的弈法找出优劣关键，就会提高开局功力，然后选择另一册，照此办理。这样一册一册学下去，掌握越来越多的开局知识，你的开局水平定会大为提高，赢棋就多起来。

本丛书以宏大的气魄，把象棋开局及其后续变化的巨大篇幅展示在读者面前，是棋谱出版的创举，也是广大棋友研究象棋的好教材，相信必将得到棋友们的喜爱。

黄少龙

2013. 11. 6

前　言

象棋是中华民族的传统文化，不仅在国内深受广大群众的喜爱，而且在国外，尤其是在东南亚的侨胞和外籍华人中也广为流传。目前，国内外的象棋比赛都比较多，人们不仅把象棋当做一种爱好，更是致力于把开展象棋活动看做是对中华民族文化的继承和发扬。

近几年来，由于高科技软件的辅助作用，象棋整体水平有了一个质的提升，各种新兴布局、主流变化大多来源于网络，专业棋手们在重要赛事中使用网络新招也是屡见不鲜。不可否认，软件给象棋技术的提升提供了不可磨灭的作用，但是，适当地使用软件也是当下应该注重的问题，不要对软件产生过多的依赖，毕竟，象棋是一项智慧的运动，是一种传承文化的正能量，更多的应该是蕴含人的智慧在里面。

有位下围棋的朋友曾经对我说，“我们下围棋的生活在胜负的世界里”。的确，分出胜负的对局具有一定的观赏性，精彩程度也比较高。其实，象棋也不仅仅在追寻“和”文化，分出胜负的对局也同样不胜枚举，本书即从仙人指路非中炮对卒底炮布局系列中，挑选了170局具有代表性的对局供大家研究琢磨，这些对局大多数也是棋友们喜闻乐见的非和局，希望我们可以从中吸取精髓，不断创新与改进。

目 录

第一章　相三进五

第1局　黄仕清胜王天一

（2012年首届武工杯大武汉职工象棋邀请赛）

1. 兵七进一　炮2平3
2. 相三进五（图1）马2进1
3. 马八进七　车1平2
4. 马七进六　炮8平5
5. 马六进五　炮3退1
6. 马五退四　马8进9
7. 车九进一　车9平8
8. 马四进六　炮5平6?
9. 车九平四　士4进5
10. 车四进四　炮3进4
11. 相五进七　车2进7
12. 炮二平五　炮6平2?
13. 马二进四　卒3进1
14. 车一进二！车2退1

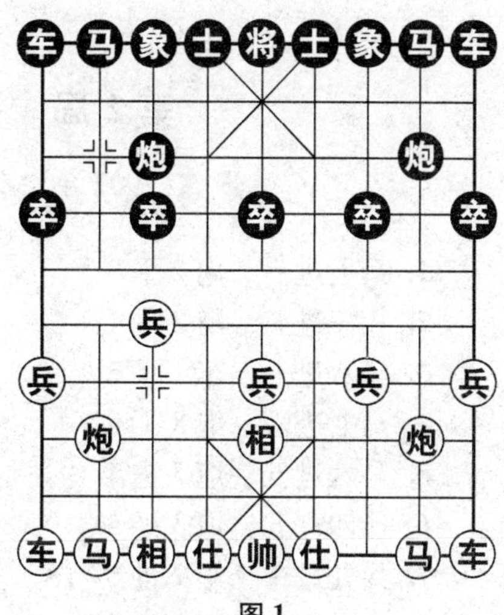

图1

15. 车一平四　炮2平5
16. 马六进五　象7进5
17. 后车进二　车2平4
18. 兵五进一　马1进3
19. 相七退九　车8进8
20. 前车进一　马3退2
21. 兵五进一　卒9进1
22. 兵五平六　将5平4
23. 前车平六　将4平5
24. 车六进二（图2）马9进8
25. 车四进一　车4退1
26. 车六平八　马8进6
27. 车八进一　将5平4
28. 车八退三！将4平5
29. 车八平四　马6进5
30. 相七进五

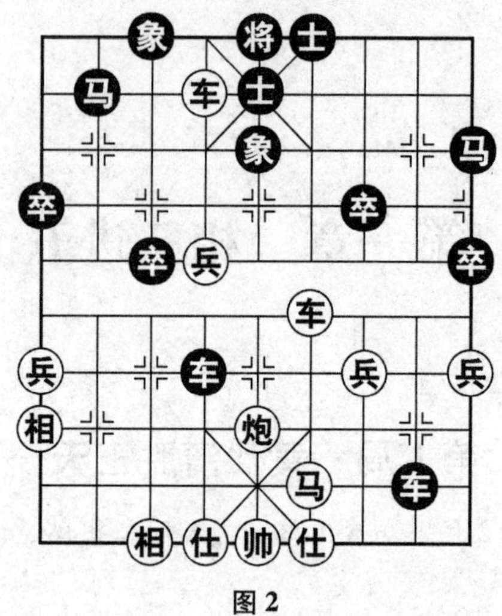
图 2

第 2 局　聂铁文负张学潮

（2007 年伊泰杯全国象棋个人赛）

1. 兵七进一　炮 2 平 3
2. 相三进五　马 2 进 1
3. 马八进七　车 1 平 2
4. 马七进六　炮 8 平 5
5. 马六进五　炮 5 进 4
6. 仕四进五　炮 3 平 5
7. 兵九进一　车 2 进 6
8. 兵九进一　卒 1 进 1
9. 车九进五　前炮退 2
10. 车九平六　士 4 进 5
11. 兵一进一　车 9 进 2
12. 马二进一　车 2 平 5
13. 马一进二？（图 1）前炮进 3

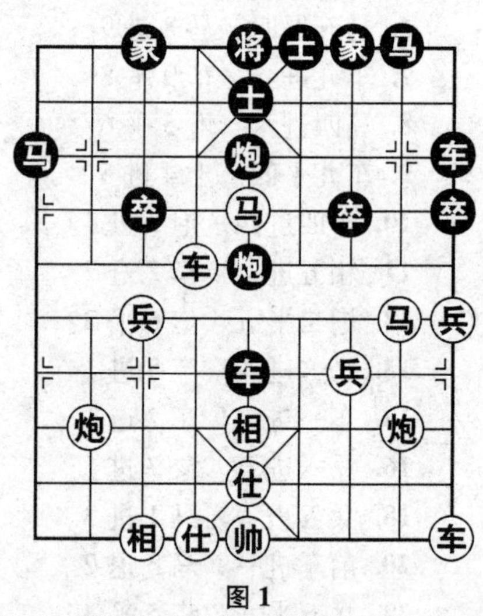
图 1

14. 相七进五　车 5 退 3
15. 相五退七？车 5 进 2
16. 马二进三　车 5 平 9！（图 2）

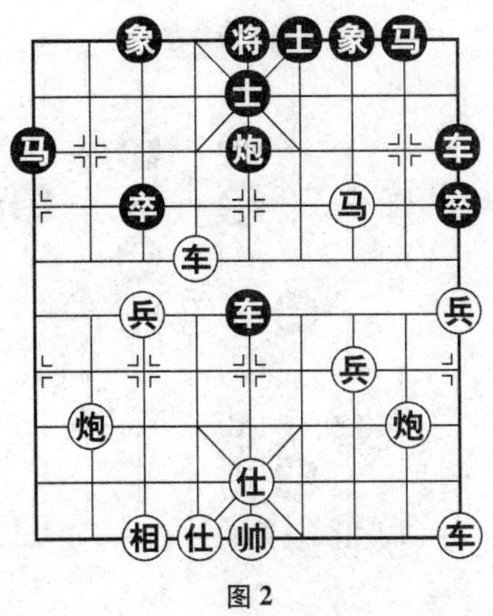
图 2

第 3 局 倪敏负阎文清

（2009 年第一届全国智力运动会）

1. 兵七进一 炮 2 平 3
2. 相三进五 马 2 进 1
3. 马八进七 车 1 平 2
4. 车九平八 炮 8 平 5
5. 炮八进四 马 8 进 7
6. 炮二平四 车 9 平 8
7. 马二进三 卒 3 进 1
8. 兵七进一 车 8 进 4
9. 兵七平八 车 8 平 6
10. 仕四进五 卒 7 进 1（图 1）

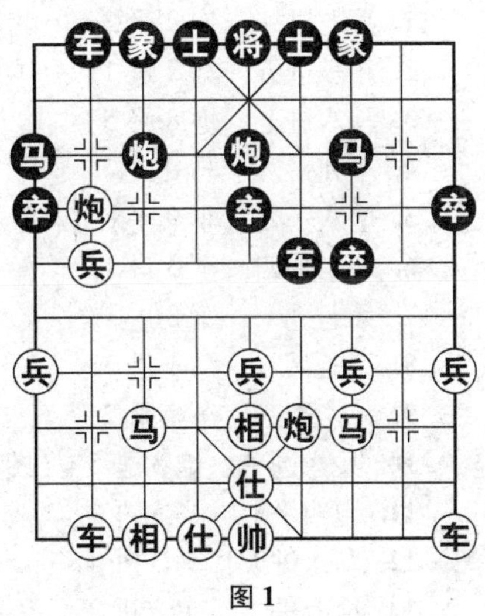
图 1

11. 兵九进一 车 2 进 1
12. 车一平二 车 2 平 4
13. 车二进四 马 1 进 3
14. 兵三进一 车 4 进 7
15. 兵三进一 车 6 平 7
16. 马三进四？炮 3 进 5
17. 炮四平七 马 3 进 4！（图 2）
18. 车八进二 马 4 进 6

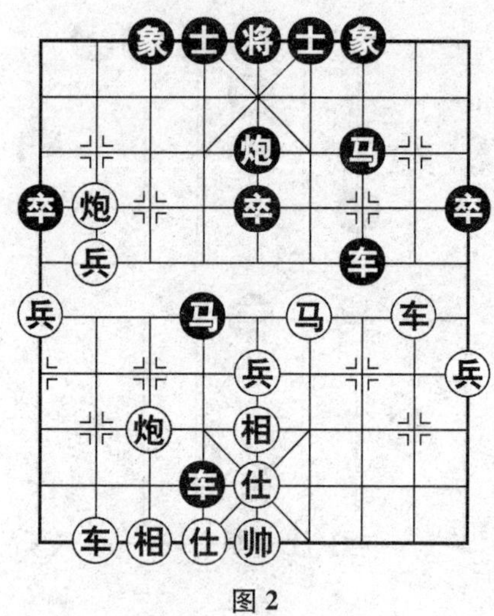

图 2

第 4 局　赵国荣胜蒋凤山

（2002 年第二届全国体育大会）

1. 兵七进一　炮 2 平 3
2. 相三进五　马 2 进 1
3. 马八进七　炮 8 平 5
4. 车九平八　马 8 进 7
5. 炮八平九　车 9 平 8
6. 炮二平四　卒 3 进 1
7. 兵七进一　车 8 进 4
8. 兵七平八　马 1 进 3
9. 马二进三　车 1 平 2
10. 兵八进一　炮 3 进 5？（图 1）

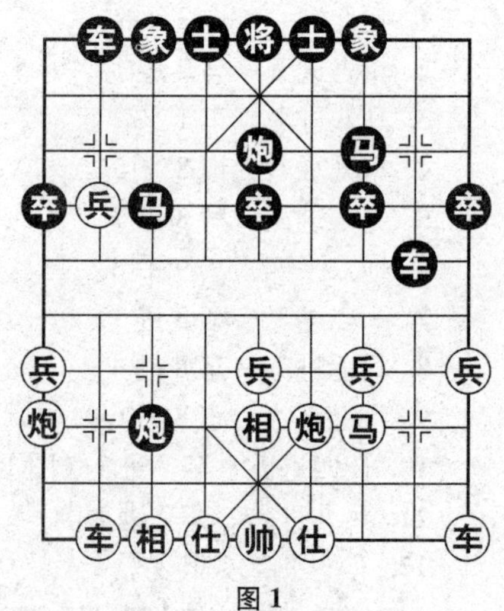

图 1

11. 炮四平七　卒 5 进 1
12. 车八进五！马 3 进 4
13. 炮七进二　车 8 进 2
14. 仕四进五　车 8 平 7
15. 车一平三　士 4 进 5
16. 车八平六　马 4 进 6
17. 车六进一　象 3 进 1？
18. 炮七退一！车 2 平 4
19. 车六进三　将 5 平 4
20. 车三平四！（图 2）马 6 进 7
21. 车四进一　车 7 退 2

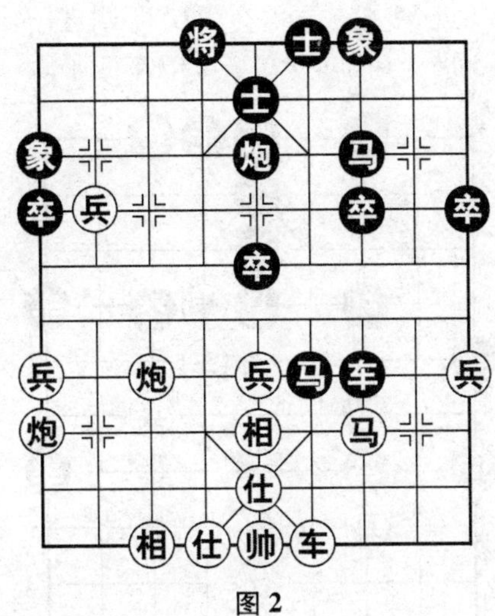

图 2

22. 车四平三 炮 5 进 4
23. 车三平四

第 5 局 张学潮负万春林

（2008 年松业杯全国象棋个人赛）

1. 兵七进一 炮 2 平 3
2. 相三进五 马 2 进 1
3. 马八进七 车 1 平 2
4. 车九平八 炮 8 平 4
5. 炮八进四 马 8 进 7
6. 炮二平四 车 9 平 8
7. 马二进三 车 8 进 4
8. 车一平二 车 8 平 6
9. 仕四进五 卒 1 进 1
10. 车二进四 士 4 进 5
11. 车二平五？（图 1） 炮 4 平 5

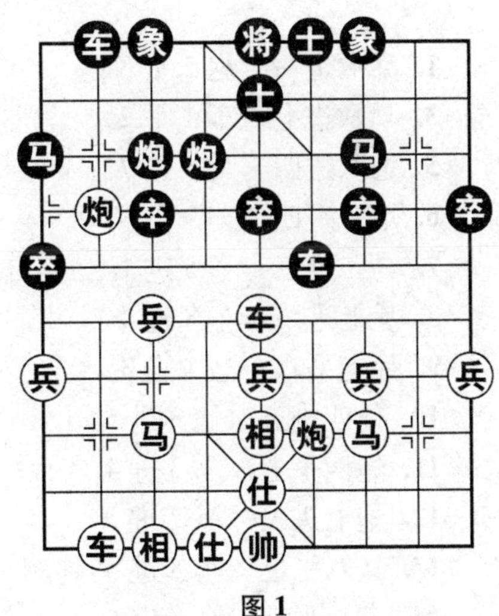

图 1

12. 炮八平五 车 2 进 9
13. 马七退八 马 1 进 2
14. 兵三进一 马 2 进 3
15. 车五平四？ 车 6 平 5
16. 炮五平六 车 5 进 2
17. 马八进七 车 5 平 7
18. 马三退四 车 7 平 4
19. 炮六平四 车 4 平 9

20. 后炮平三　马7进5!
21. 车四进一　炮3进3!（图2）
22. 炮四平七　马5进4
23. 车四平六　马4进5!

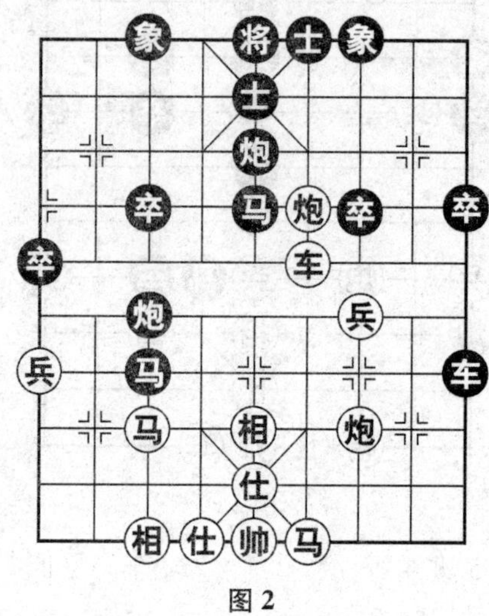

图2

第6局　黄仕清胜袁洪梁

（2006年西乡引进杯全国象棋个人赛）

1. 兵七进一　炮2平3
2. 相三进五　马2进1
3. 马八进七　车1平2
4. 车九平八　炮8平5
5. 炮八进四　马8进7
6. 炮二平四　车9平8
7. 马二进三　卒3进1
8. 兵七进一　车8进4
9. 兵七平八　马1进3
10. 仕四进五　炮3进5
11. 炮四平七　马3进4
12. 炮七进二　卒7进1
13. 兵八平七　车8进3?（图1）
14. 车一平三　马7进6
15. 兵七进一　炮5平7
16. 车八进五!卒7进1
17. 兵三进一　马6进5

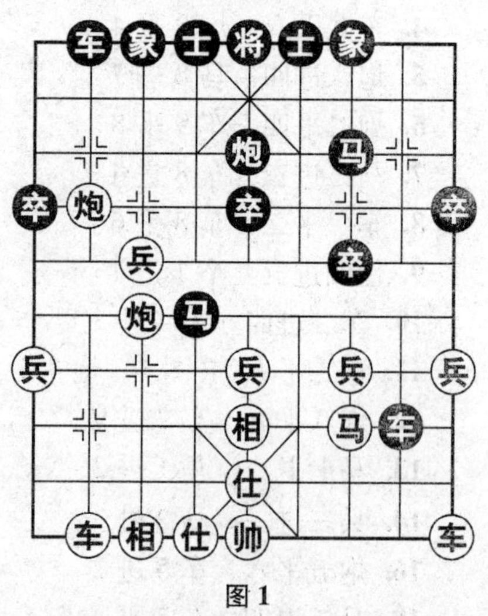

图1

18. 马三进五　炮 7 进 7　　**19.** 相五退三　马 4 退 3
20. 炮七平五！（图 2）马 3 退 5　　**21.** 马五进七　车 8 平 3

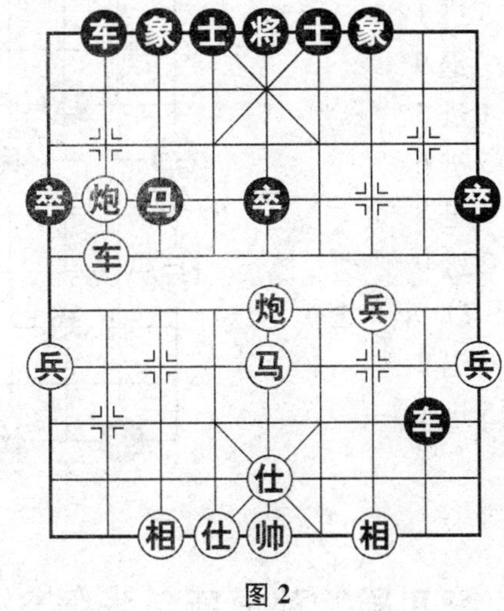

图 2

22. 相七进五　士 4 进 5　　**23.** 炮八进一　车 3 退 1
24. 兵三进一！

第 7 局　刘宗泽胜程进超

（2008 年楚河汉界杯象棋棋王争霸赛）

1. 兵七进一　炮 2 平 3
2. 相三进五　马 2 进 1
3. 马八进七　车 1 平 2
4. 车九平八　炮 8 平 5
5. 炮八进四　马 8 进 7
6. 炮二平四　车 9 平 8
7. 马二进三　卒 7 进 1
8. 仕四进五　卒 5 进 1
9. 车一平三　卒 1 进 1
10. 马三退四　卒 3 进 1！（图 1）
11. 兵七进一　车 8 进 5？
12. 兵七平六　卒 5 进 1
13. 炮八退二　卒 5 进 1

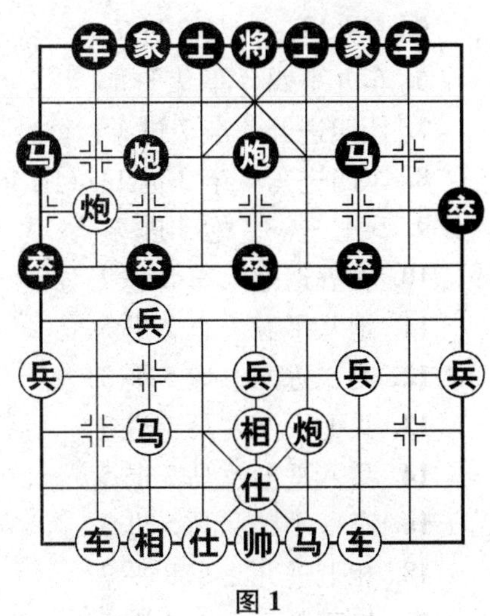

图 1

14. 兵三进一　炮5进3
15. 兵三进一　炮5退4
16. 兵三进一　卒5进1?
17. 相七进五　马7退9
18. 车三进三　马1进3?
19. 炮八平五! 炮5进6
20. 马四进五　炮3进5
21. 炮四平七　车2进9
22. 马五进四!（图2）车8进4
23. 仕五退四　车2退2
24. 炮七进七　将5进1
25. 马四进五

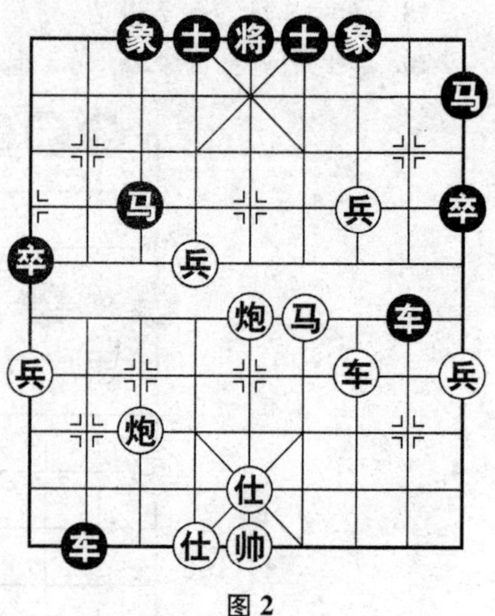

图2

第8局　孙恒新负张强

（1993年全国象棋团体赛）

1. 兵七进一　炮2平3
2. 相三进五　马2进1
3. 马八进七　车1平2
4. 马七进六　炮8平5
5. 车九进一? 马8进7
6. 车九平四　车9平8
7. 仕四进五　卒7进1
8. 车四进三　卒3进1!（图1）
9. 兵七进一　炮3进7
10. 相五退七　车8进7
11. 炮八平五　车2进5
12. 马二进四? 炮5平3!
13. 兵七平八　马1进3
14. 兵八平七　马3退5
15. 兵七平八　车8进1
16. 车一平二　马5进3
17. 兵八平七　马3进5
18. 相七进九　车8平7
19. 车二进六　马5进4
20. 炮五平六　士4进5
21. 车二平三　炮3平6

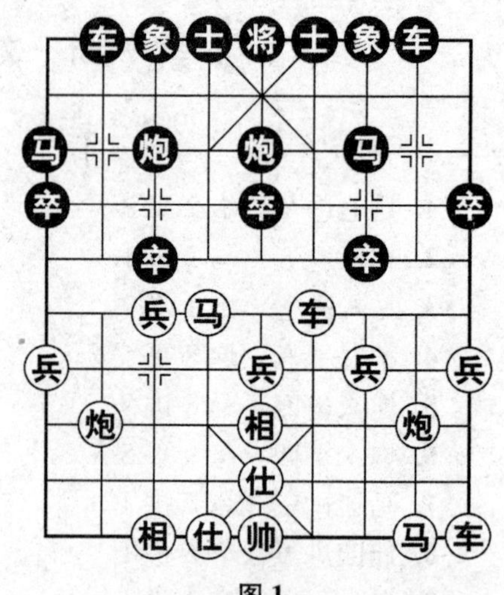

图1

22. 车三进一　炮6进6
23. 帅五平四　象3进5
24. 车三退一　车2进4
25. 车三平五　炮6退1！（图2）
26. 相九退七　车2平3

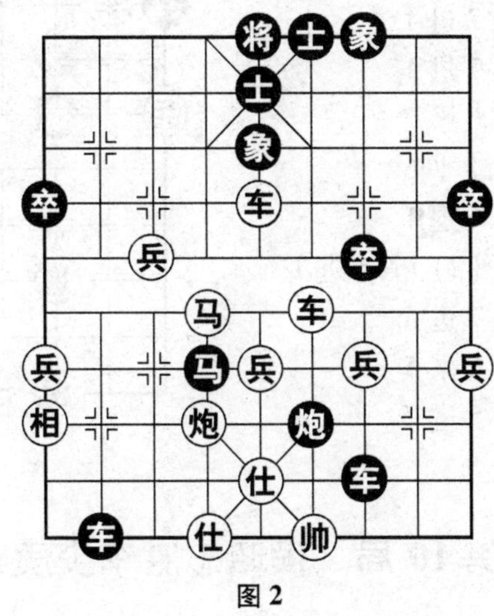

图2

第9局　倪敏胜刘奕达

（2007年锦州杯全国象棋团体赛）

1. 兵七进一　炮2平3
2. 相三进五　马2进1
3. 马八进七　炮8平5
4. 车九平八　马8进7
5. 炮二平四　车9平8
6. 炮八平九　车1平2?（图1）
7. 车八进九　马1退2
8. 马二进三　车8进4
9. 车一平二　车8平6
10. 仕四进五　卒3进1
11. 车二进四　卒3进1?
12. 车二平七　象3进1
13. 兵三进一　象1进3
14. 车七平八　马2进1
15. 兵九进一　炮3进5?

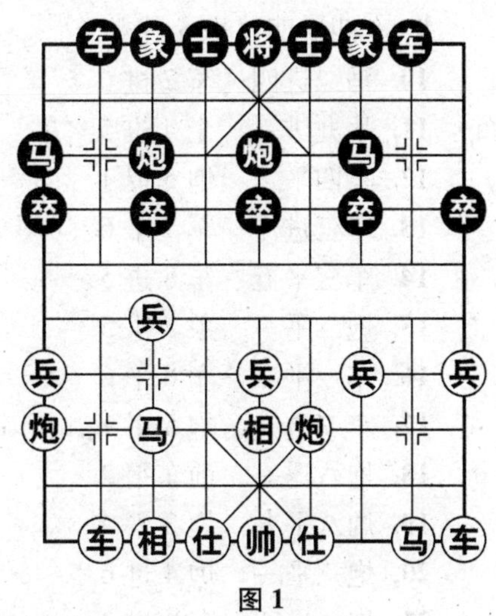

图1

16. 炮四平七　炮 5 平 6
17. 车八进二　炮 6 进 1
18. 车八进一　马 7 退 5
19. 车八平四！卒 7 进 1
20. 炮九进四　卒 7 进 1
21. 相五进三　车 6 平 7
22. 炮九平四　车 7 平 6
23. 兵九进一　车 6 退 1
24. 车四平八！（图 2）卒 5 进 1
25. 炮七平五　象 7 进 5
26. 炮五进三　车 6 平 5
27. 兵五进一　马 5 进 7
28. 兵九进一

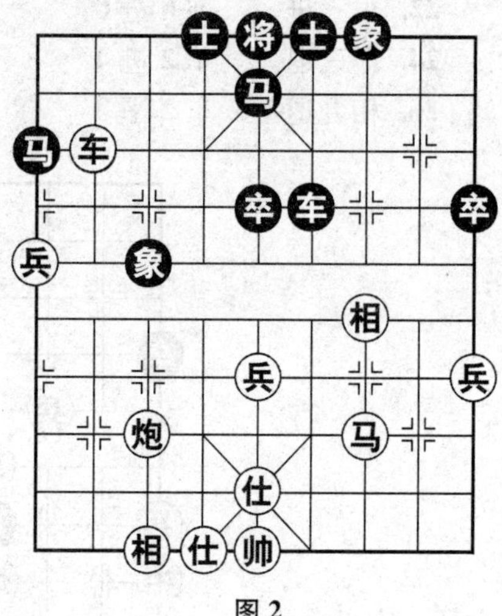
图 2

第 10 局　侯昭忠胜李少庚

（2005 年甘肃移动通信杯全国象棋团体赛）

1. 兵七进一　炮 2 平 3
2. 相三进五　马 2 进 1
3. 马八进七　车 1 平 2
4. 马七进六　炮 8 平 5
5. 车九进一　马 8 进 7
6. 车九平四　车 9 平 8
7. 仕四进五　卒 7 进 1
8. 马六进四　马 7 进 6
9. 车四进四　炮 5 进 4
10. 马二进四　车 2 进 6
11. 兵九进一　士 4 进 5
12. 车四平三　炮 5 退 1
13. 车三进一　车 2 平 6？（图 1）
14. 车三平五　车 8 进 5
15. 炮二平三　象 7 进 5
16. 车一平二　车 8 平 6
17. 车二进一　炮 5 平 1？
18. 炮八退一　前车平 2
19. 炮八平九　炮 3 平 4
20. 炮三平一　炮 4 进 6
21. 炮一进四　车 6 进 3

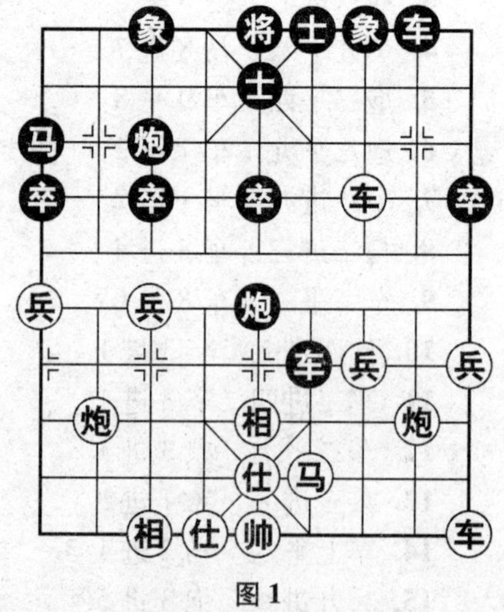
图 1

22. 炮一进三　象 5 退 7　　**23.** 车二进七　车 2 退 5
24. 车二平三！（图 2）车 6 平 8　　**25.** 车三进一　车 8 进 1
26. 相五退三　炮 4 退 6　　**27.** 炮一平四　炮 4 平 5
28. 炮四退九

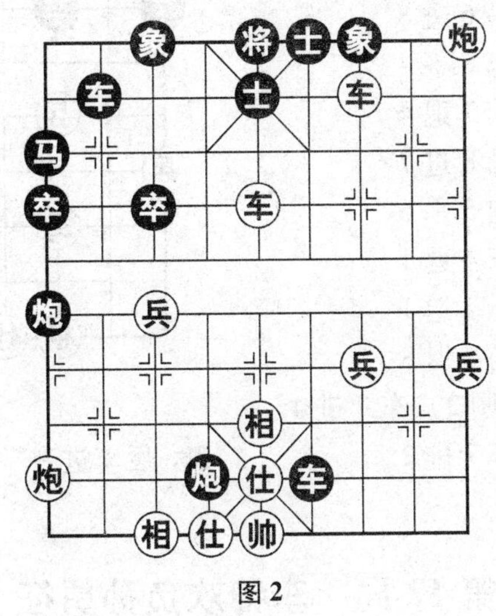
图 2

第 11 局　曹岩磊胜侯文博

（2008 年广西第四届大地杯象棋公开赛）

1. 兵七进一　炮 2 平 3
2. 相三进五　马 2 进 1
3. 马八进七　车 1 平 2
4. 车九平八　炮 8 平 5
5. 炮八进四　马 8 进 7
6. 炮二平四　车 9 平 8
7. 马二进三　车 2 进 1？（图 1）
8. 仕四进五　车 2 平 8
9. 兵三进一　炮 3 平 2
10. 炮八平五　马 7 进 5
11. 车八进七　前车进 5
12. 车八平六　前车平 7
13. 马三退四　卒 7 进 1

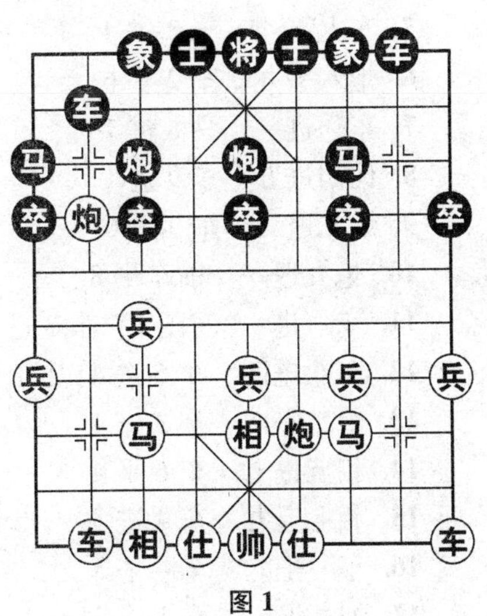
图 1

14. 车六退一　马5进6
15. 炮四进七！车8进4
16. 炮四平六　卒7进1
17. 车一进二　卒7平8
18. 车六平四　马6进8
19. 炮六退八　车8平4
20. 马四进二　车7退4
21. 炮六进三　马8进7
22. 帅五平四　炮5平6
23. 炮六平四　车4退1
24. 车四退一　车4退1
25. 车一平四　马7退8
26. 马二进三！（图2）车7进4
27. 炮四进三　车7进2
28. 后车进一　车7平9
29. 炮四平九

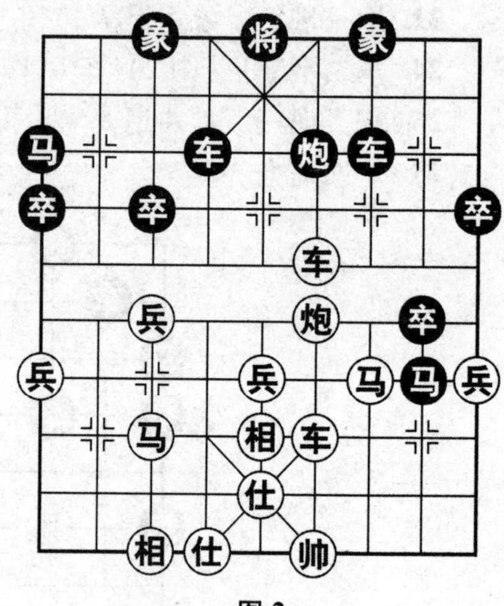
图2

第12局　李锦欢负孙勇征

（2005年第十二届亚洲象棋个人赛）

1. 兵七进一　炮2平3
2. 相三进五　马2进1
3. 马八进七　炮8平5
4. 马二进四　车1平2
5. 车九平八　车2进4
6. 炮八平九　车2平6
7. 车一进一　马8进7
8. 仕四进五　车9进1
9. 炮二退二　车9平6
10. 炮九退一　前车平8
11. 车一进一？（图1）卒3进1
12. 车八进四　车6进4！
13. 炮二平四　卒3进1
14. 相五进七　车6平4
15. 相七退九　车4进3
16. 车一平六　车4平3
17. 炮九退一　马1进3！

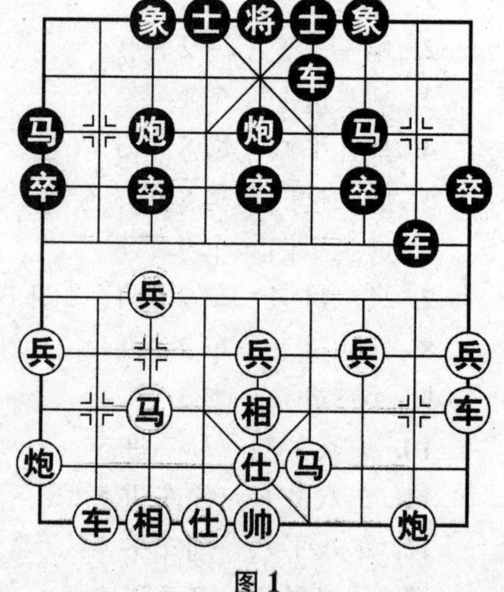
图1

18. 车八退二　车8进4
19. 车六平四　车8平7
20. 兵三进一　士6进5
21. 兵九进一　炮3退1
22. 兵一进一　象7进9
23. 炮四平二　炮5平6！（图2）
24. 炮二进六　炮6进6
25. 车八进五　马3退5
26. 马七进六　车7平8
27. 马六进五　车8退5
28. 马五进三　车8进6
29. 仕五退四　炮6平9

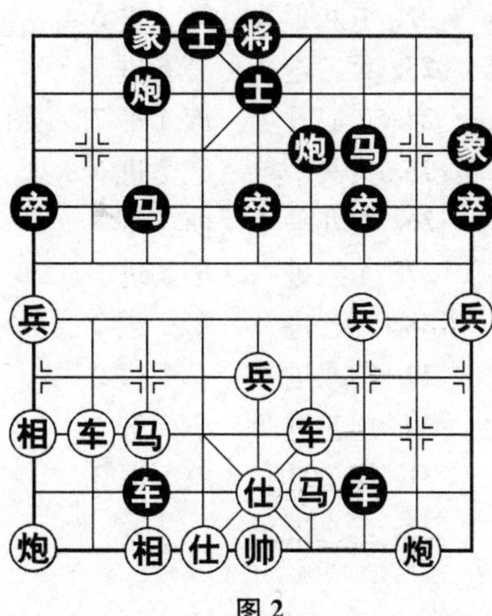

图2

第13局　张江胜黄丹青

（2010年楠溪江杯全国象棋甲级联赛）

1. 兵七进一　炮2平3
2. 相三进五　马2进1
3. 马八进七　车1平2
4. 车九平八　炮8平4
5. 炮八进四　马8进7
6. 炮二平四　车9平8
7. 马二进三　车8进4
8. 兵三进一　车8平6
9. 仕四进五　象3进5
10. 车一平二　卒1进1
11. 车二进三　卒3进1
12. 兵七进一　炮3进5？（图1）
13. 炮四平七　车6平3
14. 炮七平六　马1退3
15. 炮八进二　炮4退1
16. 炮八退一　车3退2
17. 炮八退一　车2进2
18. 兵五进一　车3进2
19. 炮八退三　马3进1
20. 炮六平八　车2平3
21. 前炮平三　卒7进1？

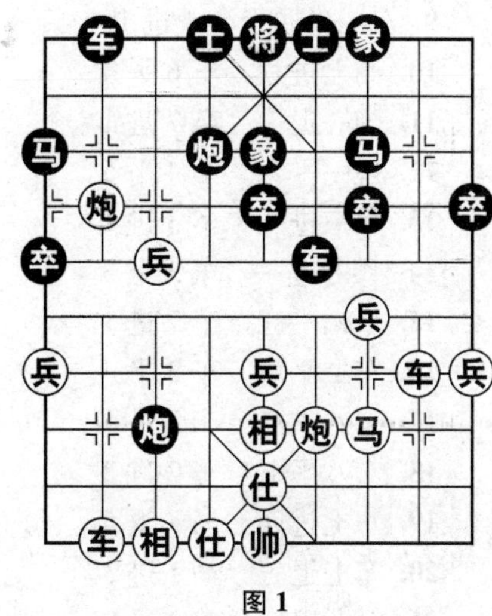

图1

22. 炮八平九　马7进6
23. 兵三进一　马6进7
24. 车二平三　炮4平7？（图2）
25. 兵三平二　炮7进6
26. 炮九平三　前车平8
27. 车三进三　卒5进1
28. 车三进一　车3进2
29. 车八进七　马1进2
30. 炮三进四　卒5进1？
31. 炮三平五　象5退3
32. 车八进一

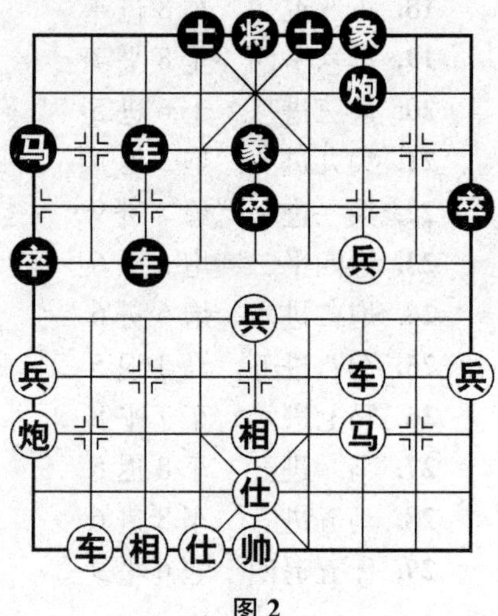
图2

第14局　张申宏胜孙逸阳

（2011年第二届全国智力运动会）

1. 兵七进一　炮2平3
2. 相三进五　马2进1
3. 马八进七　炮8平5
4. 车九平八　马8进7
5. 马二进三　车1平2
6. 炮八进四　车9平8
7. 车一平二　车8进4
8. 炮二平一　车8平6？（图1）
9. 车二进四　卒1进1
10. 马七进六　车6平4
11. 炮一退一　卒7进1
12. 炮一平六　车4平5
13. 兵三进一　卒3进1
14. 兵七进一　车5平3
15. 炮六平三　卒7进1
16. 车二平三　车3平4
17. 车八进三　车2进1
18. 车八平七！车2进2
19. 车七进四　马7退5
20. 车七退三　马1进3
21. 马六退四！车4平8？

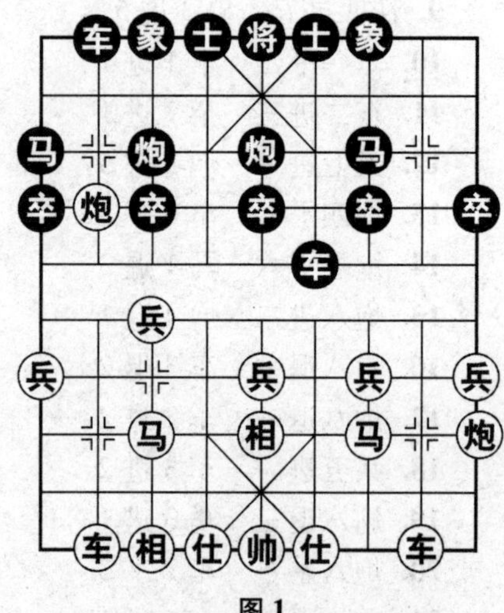
图1

22. 马四进三　马5进7
23. 前马进四　将5进1
24. 车三平二　将5平6
25. 车二平四！（图2）将6平5
26. 炮三进六　炮5平7
27. 马三进二　象7进5
28. 马二进四　炮7进1
29. 前马退二　将5退1
30. 马二进三　将5进1
31. 马三退四　将5退1
32. 后马进二　车2退2
33. 马四进三　将5进1
34. 车四进五

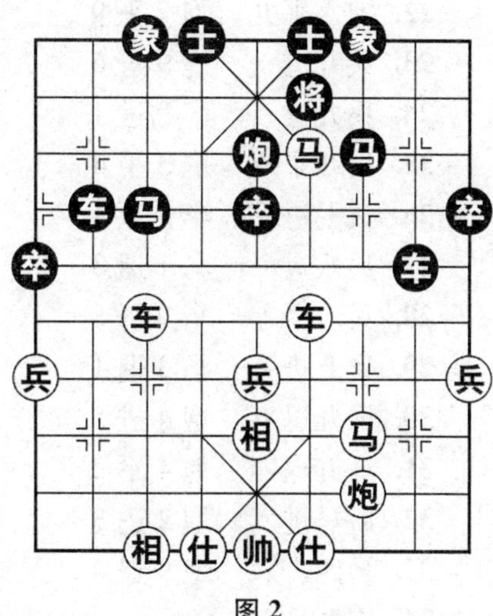
图2

第15局　曹岩磊胜宗室日新（越南）

（2012年第五届杨官璘杯全国象棋公开赛）

1. 兵七进一　炮2平3
2. 相三进五　马2进1
3. 马八进七　车1平2
4. 马七进六　马8进7
5. 车九进一　车2进4
6. 车九平四　卒7进1
7. 车四进五　车2平4
8. 车四退二　士6进5
9. 炮八平六　车4平2
10. 马二进四　象7进5
11. 车一平三　车9平6
12. 车四进五　士5退6
13. 兵三进一　卒7进1
14. 车三进四　炮8退2
15. 车三进二　炮8平7
16. 车三平四　车2平5？（图1）
17. 炮二进四！士4进5
18. 炮二平五　马7进5
19. 车四平五　车5退1
20. 马六进五　炮3退1
21. 炮六进四！（图2）卒9进1

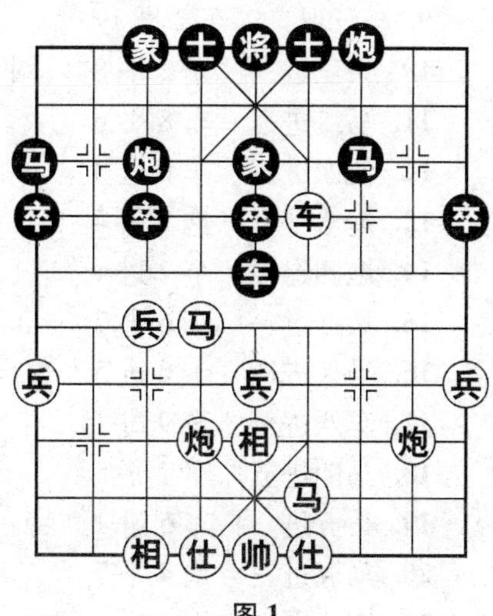
图1

22. 炮六平九　炮7平9
23. 兵九进一　炮9进6
24. 兵九进一　卒9进1
25. 兵九平八　炮3平4
26. 兵七进一　卒3进1
27. 兵八进一　马1退3
28. 兵八平七　卒9平8
29. 兵七进一　马3退1
30. 炮九退五　炮4进5
31. 马五退四　炮4平2
32. 后马进六　炮2进3
33. 马四进六　炮9退4
34. 炮九平八

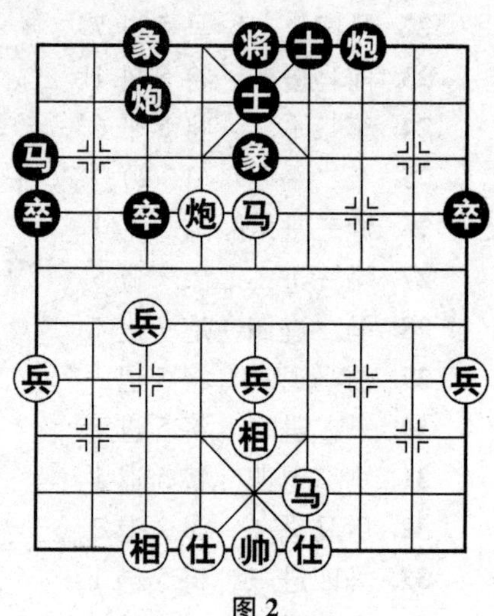
图2

第16局　苗利明胜王晟强

（2006年西乡引进杯全国象棋个人赛）

1. 兵七进一　炮2平3
2. 相三进五　马2进1
3. 马八进七　车1平2
4. 车九平八　炮8平5
5. 炮八进四　马8进7
6. 炮二平四　车9平8
7. 马二进三　卒1进1
8. 车一平二　车8进9
9. 马三退二　车2进1
10. 兵三进一　车2平8?（图1）
11. 马二进三　车8平6
12. 仕四进五　车6进3
13. 炮八平九　炮3平4
14. 炮四退二　卒7进1
15. 兵三进一　车6平7
16. 马三进四　士6进5
17. 车八进三　卒9进1
18. 马四进五　车7平5
19. 兵五进一！车5进1
20. 马五进三　炮4平7
21. 车八平三　炮7进3

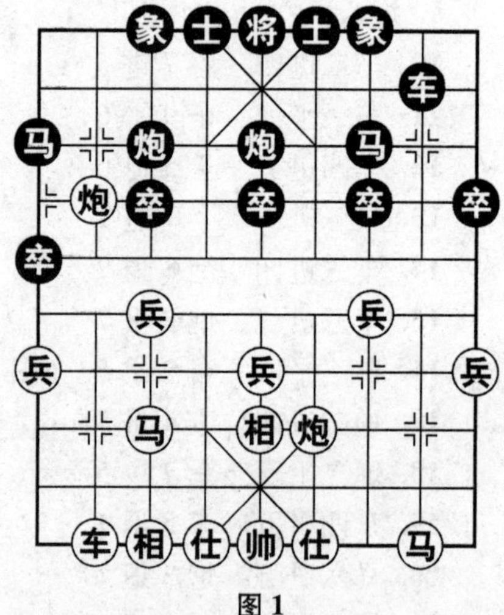
图1

22. 炮四进六！ 卒3进1？
23. 兵七进一　炮5平3
24. 马七进五　炮7退3？
25. 车三进四　象7进5
26. 车三退四　车5退2
27. 马五进六　车5平1
28. 车三进三！（图2）炮3平4
29. 炮四平五　将5平6
30. 马六退四　士5进6
31. 车三平二　象5进7
32. 车二进三　将6进1
33. 车二平六　士6退5
34. 车六平三！炮4退1
35. 车三退一

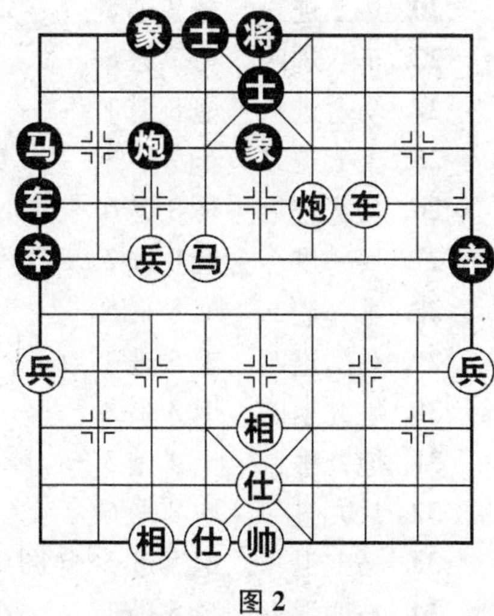

图2

第17局　孙浩宇胜薛文强

（2005年蒲县煤运杯全国象棋个人赛）

1. 兵七进一　炮2平3
2. 相三进五　马2进1
3. 马八进七　炮8平5
4. 车九平八　车1平2
5. 炮八进四　马8进7
6. 马二进一　车9平8
7. 车一平二　卒3进1
8. 兵七进一　车8进4
9. 兵七平八　马1进3
10. 仕六进五　车2进1
11. 兵八平七？（图1）炮3进2
12. 炮八进一　马7退9
13. 炮二平三　车8进5
14. 马一退二　炮5平8？
15. 炮三进四　马3进5
16. 炮八平五！车2平7
17. 炮五退二　士6进5
18. 炮三平九　卒5进1
19. 炮九进二！炮3退3

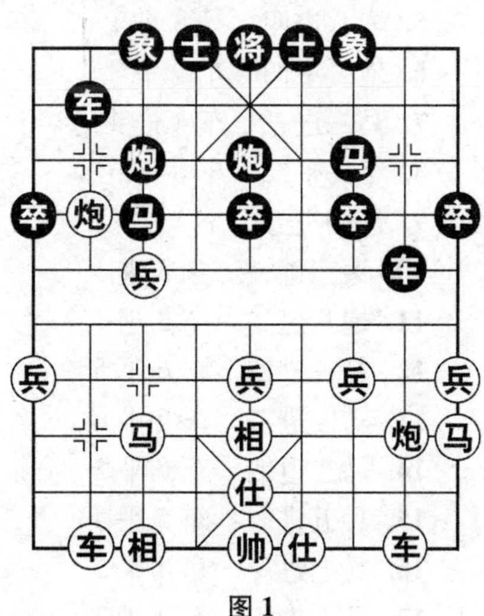

图1

20. 兵三进一　马9进8　21. 马二进一　马8进7
22. 车八进四　马7退8　23. 车八平七！车7进2
24. 马七进八　炮8退1
25. 车七进二　车7平3
26. 马八进七　马8退6
27. 兵一进一　炮8进2
28. 马一进二　炮8平5
29. 马二进四　士5进4
30. 炮九退四　炮3平8
31. 炮九平二　士4进5
32. 兵九进一　炮8平6
33. 马七退六　炮5进3？（图2）
34. 马四退五　卒5进1
35. 马六进五！

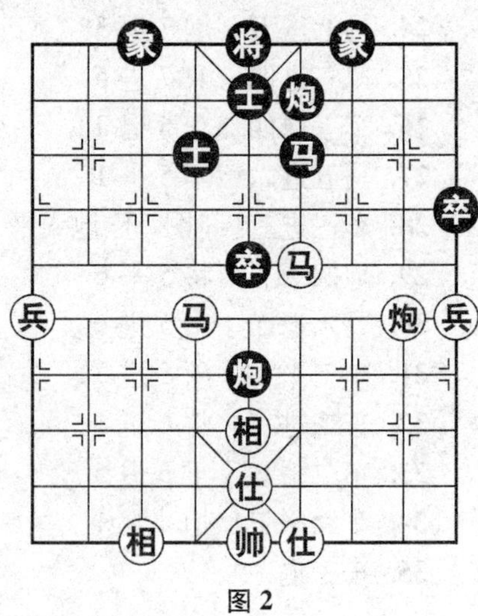
图2

第18局　苗利明负蒋川

（2008年松业杯全国象棋个人赛）

1. 兵七进一　炮2平3　2. 相三进五　马2进1
3. 马八进七　车1平2　4. 车九平八　炮8平4
5. 炮八进四　马8进7
6. 炮二平四　车9平8
7. 马二进三　车8进4
8. 车一平二　车8平6
9. 仕四进五　卒1进1
10. 兵三进一　象3进5
11. 炮八退二　卒3进1
12. 马三进四　车6平5
13. 马四进三　车5平6
14. 马三退四　车6平5
15. 兵五进一　车5平4
16. 兵七进一　车4平3
17. 马七进六　车2进3

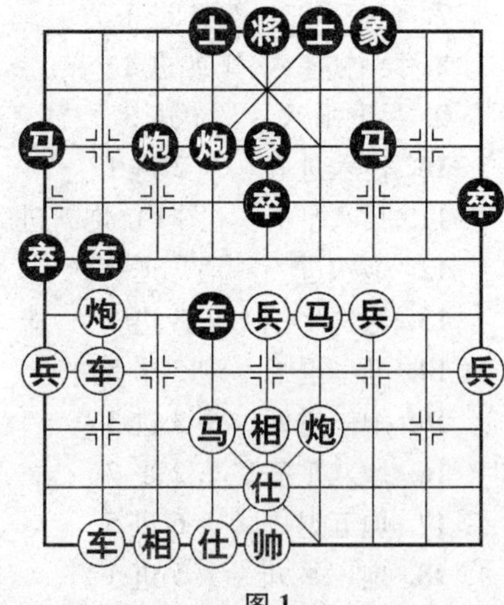
图1

18. 车二进三　车 2 平 4
19. 马六退八　车 3 平 2
20. 马八退六　车 4 进 2
21. 车二平八？（图 1）炮 4 进 5
22. 炮四平六　车 4 平 5
23. 马四退三　马 7 进 6
24. 炮六平七　车 5 平 4
25. 炮七进二　车 4 进 3！
26. 相七进九　士 4 进 5
27. 兵九进一？卒 1 进 1
28. 炮七平九　车 2 平 1
29. 前车平七？炮 3 平 2！（图 2）

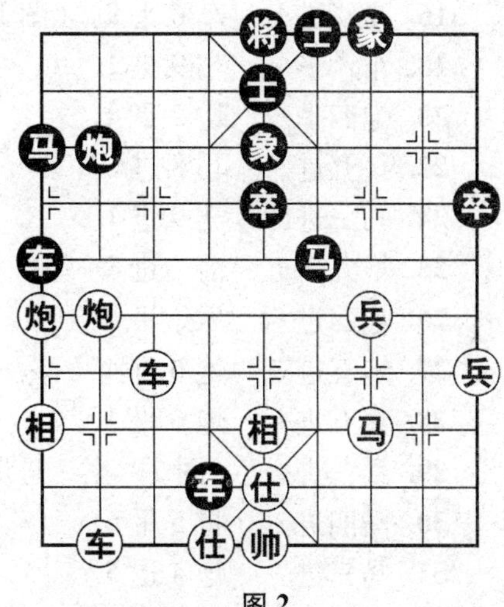

图 2

30. 炮八平七　马 1 进 2
31. 炮九平八　马 2 退 4
32. 车八平九　车 4 平 2！
33. 炮八退一　车 1 进 2
34. 车七平四　马 6 进 4
35. 车四平六　炮 2 平 4

第 19 局　刘宗泽胜黄丹青

（2008 年楚河汉界杯象棋棋王争霸赛）

1. 兵七进一　炮 2 平 3
2. 相三进五　马 2 进 1
3. 马八进七　车 1 平 2
4. 车九平八　炮 8 平 4
5. 车一进一　马 8 进 7
6. 车一平六　士 6 进 5
7. 车六进四　车 2 进 6
8. 炮八平九　车 2 进 3
9. 马七退八　象 7 进 5
10. 兵三进一　车 9 平 8
11. 马二进四　车 8 平 6
12. 马四退二　车 6 平 8
13. 仕六进五　炮 3 平 2
14. 马二进四　车 8 平 6
15. 炮二平四　车 6 进 6

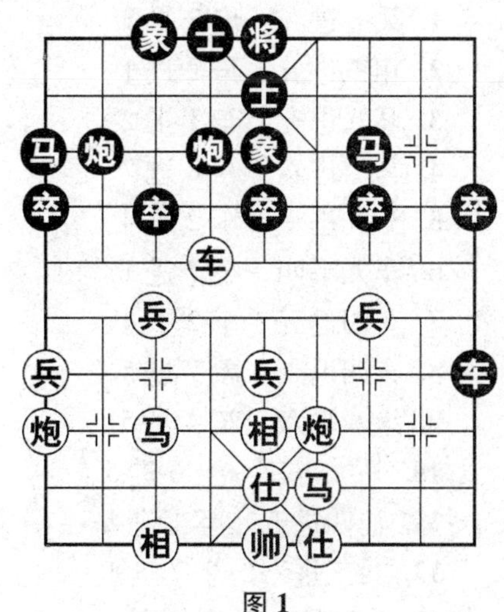

图 1

16. 马八进七　车6平9？（图1）
17. 兵九进一！车9退2
18. 车六平一　卒9进1
19. 马四进二　炮4进1
20. 炮四平三　炮2平4
21. 炮九进一　马7退8
22. 兵五进一　马8进6
23. 炮三平四　后炮退1
24. 马二进四　卒9进1
25. 炮九平五　前炮进3
26. 炮四进六　后炮平6
27. 炮五进三　炮6进4
28. 兵五进一　炮6平1
29. 兵三进一！（图2）卒7进1
30. 马四进三　将5平6
31. 马三进一　炮4退5
32. 马七进五　马1退2
33. 马五进六　炮1进1？
34. 马六进五　马2进3
35. 马一进三　将6进1
36. 炮五平四！

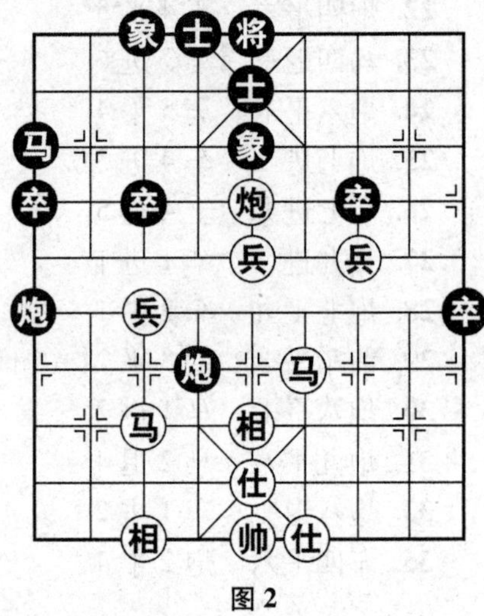

图2

第20局　曹岩磊胜许国义

（2009年曹岩磊VS许国义友谊赛）

1. 兵七进一　炮2平3
2. 相三进五　马2进1
3. 马八进七　车1平2
4. 马七进六　马8进7
5. 车九进一　车2进4
6. 车九平四　卒7进1
7. 车四进五　车2平4
8. 车四退二　象7进5
9. 炮八平六　车4平5
10. 马二进三　士6进5
11. 仕四进五　卒1进1
12. 兵三进一　卒7进1
13. 车四平三　车9平6

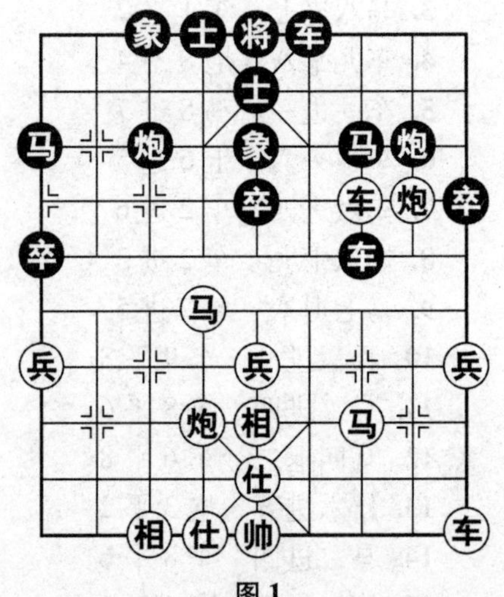

图1

14. 炮二进四　卒 3 进 1
15. 兵七进一　车 5 平 3
16. 车三进二　车 3 平 7?（图 1）
17. 车三退一　象 5 进 7
18. 车一平四　车 6 进 9
19. 帅五平四　炮 8 平 9
20. 马三进四　炮 3 平 6
21. 马四进三　炮 9 进 4
22. 炮二平五　象 3 进 5?
23. 炮六平七　将 5 平 6
24. 炮五平九　炮 6 进 1
25. 兵五进一　炮 9 平 6
26. 帅四平五　前炮平 7
27. 兵五进一　炮 7 退 3
28. 炮九平三　炮 6 平 1
29. 炮七进一　炮 1 进 3
30. 马六进四　马 7 退 8
31. 兵五进一　马 8 进 9
32. 马四进三　将 6 平 5
33. 炮三平四! 象 5 退 3
34. 兵五平六　士 5 进 6
35. 炮四平五!（图 2）马 9 进 7
36. 炮五退二　将 5 进 1
37. 兵六平五

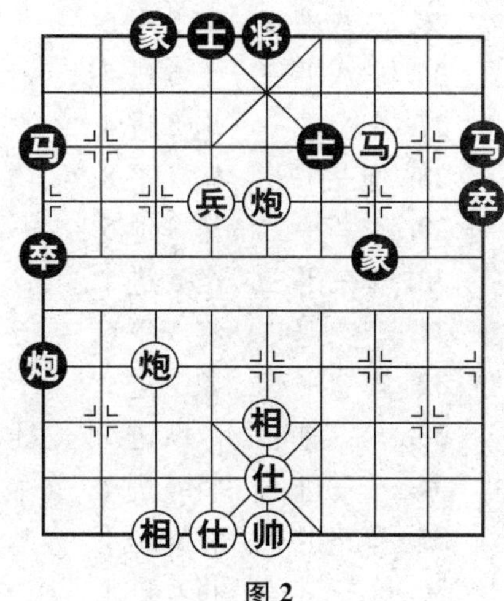

图 2

第 21 局　黄仕清负陆伟韬

（2012 年伊泰杯全国象棋甲级联赛）

1. 兵七进一　炮 2 平 3
2. 相三进五　马 2 进 1
3. 马八进七　炮 8 平 5
4. 车九平八　车 1 平 2
5. 炮八进四　马 8 进 7
6. 仕四进五　车 9 平 8
7. 马二进四　车 8 进 4
8. 车一平二　卒 1 进 1
9. 炮二平三　车 8 平 6
10. 炮八退五? 炮 5 平 6
11. 马七进六　车 6 退 1!（图 1）
12. 马四进二　车 2 进 4

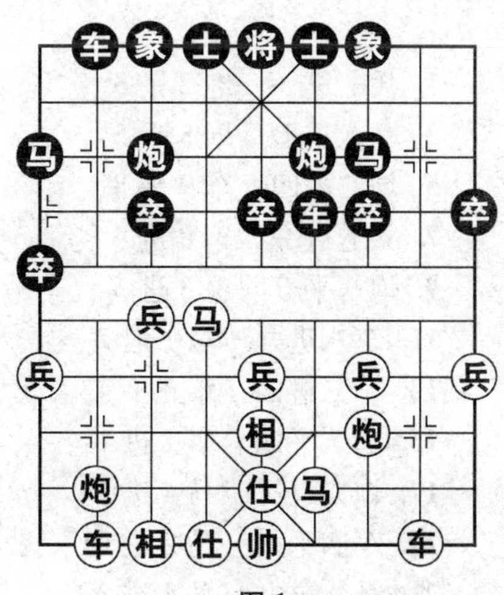

图 1

13. 马二退三　车2平4　　14. 车二进四　马1进2
15. 兵七进一　车4平3　　16. 炮八平七　车3进4
17. 马六进八　炮3平5　　18. 车八进三　车3退4
19. 车二进二　车6进1　　20. 马八退七　车6进2
21. 马七进五　车3平5　　22. 炮三进四　马7退9!
23. 车二进二　车5进1　　24. 马三进二　车6平7
25. 车八进五　车5平6
26. 车八平三　士6进5!
27. 车二平一　炮5进4
28. 炮三平七　车7平8
29. 车一平二　车8退5
30. 车三平二　卒5进1
31. 车二退二　将5平6
32. 车二平三　象7进9
33. 马二进三? 象9进7!（图2）
34. 车三进三　将6进1
35. 车三退一　将6退1
36. 车三进一　将6进1
37. 车三退四　炮6平7!

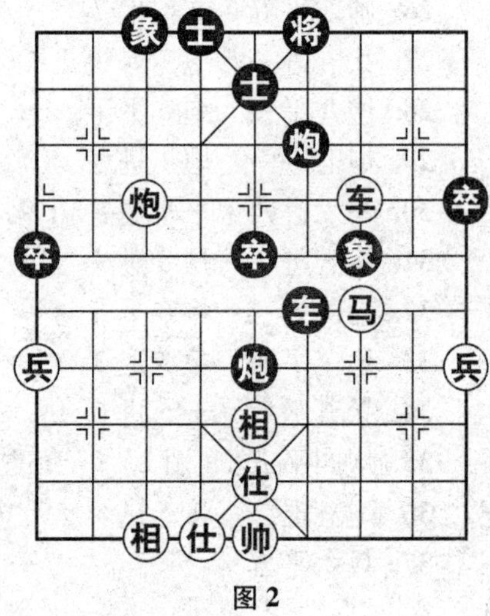

图2

第22局　臧如意负尚威

（1999年全国象棋团体赛）

1. 兵七进一　炮2平3　　2. 相三进五　马2进1
3. 马八进七　炮8平5　　4. 车九平八　马8进7
5. 炮二平四　车9平8　　6. 马二进三　卒3进1!
7. 兵七进一　车8进4　　8. 炮八进五　车8平3
9. 炮八平五　象3进5　　10. 马七进六　车1平2
11. 车八进九　马1退2　　12. 车一平二　马2进4
13. 车二进四　车3平4　　14. 炮四进四　卒1进1
15. 车二平四　卒7进1　　16. 炮四平二　炮3平4
17. 炮二退二　马4进2　　18. 马六退八　车4进2
19. 车四平六　马2进3!（图1）　　20. 车六退一　马3进4
21. 马八进九? 马4进3　　22. 帅五进一　炮4进5!

23. 马三退二　炮 4 平 2　　24. 炮二平六　马 7 进 6
25. 炮六退三　马 6 进 5　　26. 马九退七　马 5 退 3
27. 相五进七　炮 2 退 1!（图 2）　　28. 马二进三　卒 5 进 1

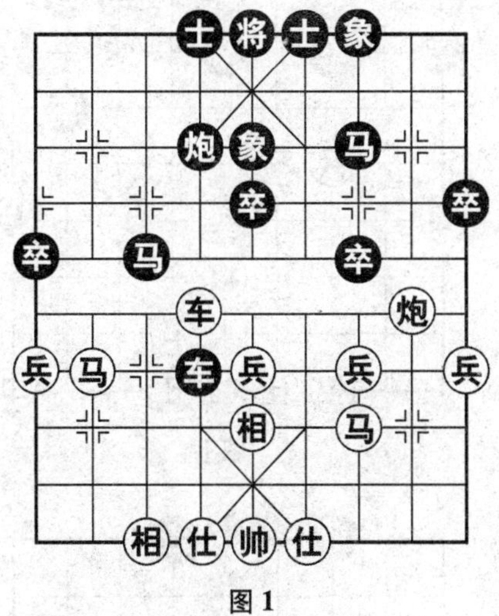

图 1

图 2

29. 相七退五　炮 2 进 1　　30. 马三退二　炮 2 退 1
31. 兵三进一　马 3 退 4　　32. 炮六进一　卒 7 进 1
33. 相五进三　炮 2 平 9　　34. 兵九进一　卒 5 进 1
35. 相三退五　炮 9 平 5　　36. 帅五平四　炮 5 平 6
37. 仕四进五　马 4 退 3　　38. 马二进三　炮 6 退 3
39. 炮六退一　马 3 进 1

第 23 局　曹岩磊负黎德志

（2006 年第二届杨官璘杯全国象棋公开赛）

1. 兵七进一　炮 2 平 3　　2. 相三进五　马 2 进 1
3. 马八进七　车 1 平 2　　4. 马七进六　马 8 进 7
5. 车九进一　车 2 进 4　　6. 车九平四　象 7 进 5
7. 车四进五　车 2 平 4　　8. 车四退二　士 6 进 5
9. 炮八平六　车 4 平 2　　10. 马二进四　车 9 平 6
11. 车四进五　士 5 退 6　　12. 炮二平三　车 2 平 8
13. 炮三进四?（图 1）车 8 退 1　　14. 炮三退二　车 8 平 6
15. 车一进一　车 6 进 2!　　16. 马六退七　马 7 进 6

17. 马四进二　卒 3 进 1!
18. 马七退九　车 6 平 4
19. 仕四进五　卒 3 进 1
20. 炮三平七　马 6 进 5
21. 炮七退一　车 4 平 8
22. 马二进三　马 5 退 7
23. 相五进三　车 8 进 4
24. 仕五退四　车 8 平 7!
25. 炮六平五　炮 3 平 4
26. 车一平二　车 7 退 3
27. 炮七退二　士 4 进 5
28. 马九进七　炮 8 进 4
29. 马七进六　炮 8 平 1
30. 马六进四　车 7 平 4
31. 马四进二？炮 1 进 3
32. 仕四进五　炮 4 平 3!（图 2）
33. 炮五平七　炮 3 进 6
34. 马二进三　将 5 平 4
35. 车二进四　炮 1 退 4
36. 炮七平六　士 5 进 4
37. 相三退五　炮 1 平 5
38. 帅五平四　炮 3 退 7
39. 车二退一　炮 5 退 1

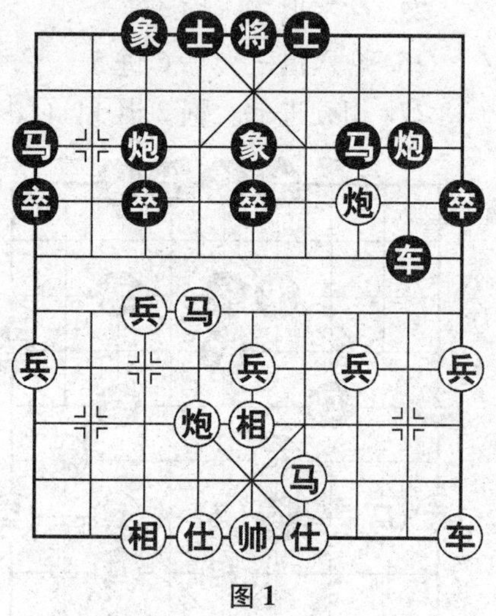

图 1

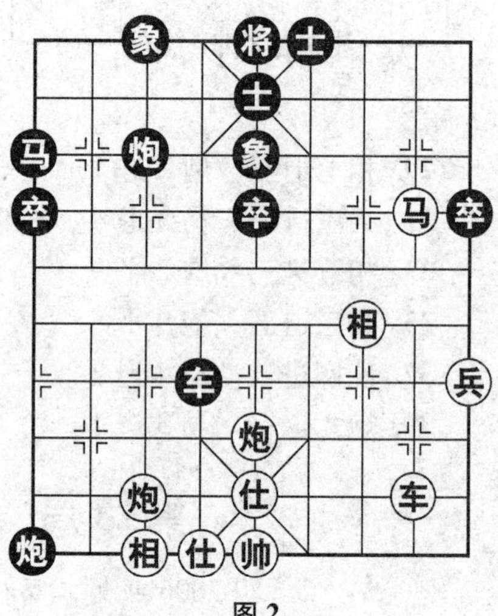

图 2

第 24 局　张江胜刘宗泽

（2011 年五龙杯全国象棋团体赛）

1. 兵七进一　炮 2 平 3　　**2.** 相三进五　马 2 进 1
3. 马八进七　车 1 平 2　　**4.** 车九平八　车 2 进 4
5. 马二进三　马 8 进 7　　**6.** 兵三进一　卒 1 进 1？（图 1）
7. 炮八平九　车 2 进 5　　**8.** 马七退八　车 9 进 1

9. 马三进四　车9平2
10. 马八进七　车2进3
11. 炮二平四　炮8退1
12. 车一平二　炮8平5
13. 车二进六　卒7进1
14. 车二平三　象7进5
15. 兵三进一　车2平7
16. 车三退一　象5进7
17. 炮九进三　象7退5
18. 兵九进一　马1进2
19. 炮九进三！卒5进1
20. 马四进六　炮3退1
21. 炮九退二　卒3进1
22. 兵九进一　马2退1

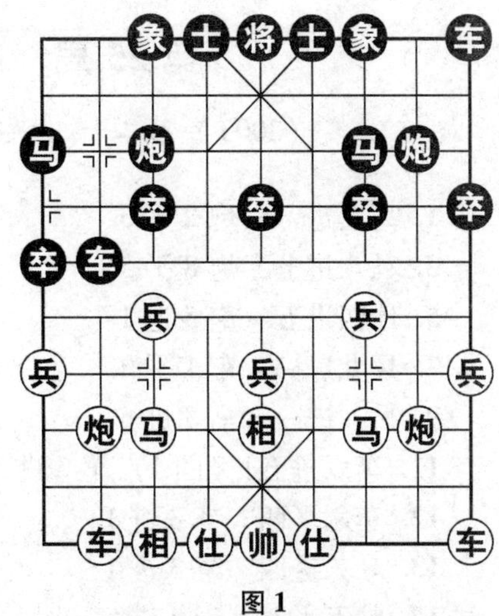
图1

23. 兵九平八　卒3进1
24. 兵八进一　马7进5
25. 马七进九　马5进3？
26. 炮九平一　炮5平9
27. 马九进七　炮3进4
28. 炮一平五　炮9平5
29. 炮五进二　炮3进3
30. 炮五退三　士6进5
31. 炮五平七　象5进3
32. 兵八进一　马1进2
33. 炮四进三　象3进5
34. 马六进四　马2进3
35. 马四进三　将5平6
36. 仕四进五　炮3平4
37. 马三退二　将6平5
38. 帅五平四！（图2）士5进4

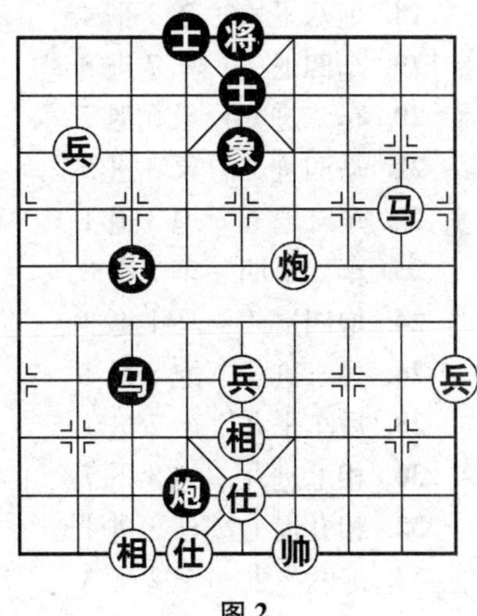
图2

39. 马二进三　将5进1
40. 兵八平七　象5进7
41. 炮四退二

第25局　赵国荣胜柳大华

（2003年第二十三届五羊杯全国象棋冠军邀请赛）

1. 兵七进一　炮2平3
2. 相三进五　马2进1
3. 马八进七　炮8平5
4. 马七进八　炮5进4
5. 仕四进五　炮5退1
6. 马八进九　炮3退1
7. 兵九进一　车1平2
8. 车九进三　象7进5
9. 兵九进一　马8进6
10. 车九平六　车9平8？
11. 车六进五！（图1）车2进3

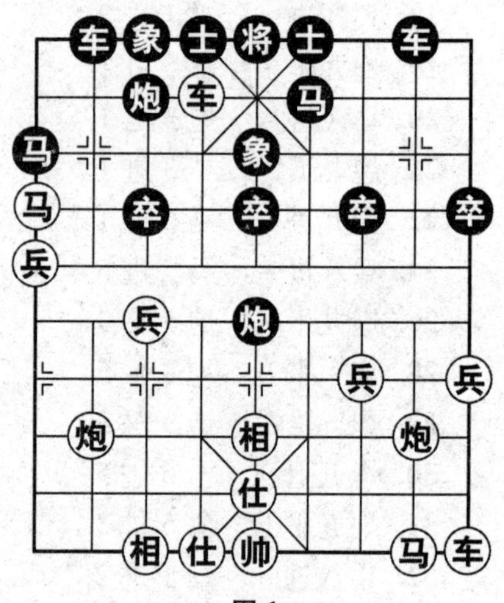

图1

12. 车六平四　卒3进1
13. 马二进四　卒3进1
14. 帅五平四　士4进5
15. 车四退四　卒5进1
16. 车一平二　卒7进1
17. 炮二平四　车8平7
18. 炮八平六　卒3平4
19. 车四退一　车7进3
20. 车二进九！象5退7
21. 马四进二　象3进5
22. 车二退五　炮3退1
23. 车二平四　车7平8
24. 炮四退一　马1退3
25. 前车进一？炮5平8？
26. 兵三进一　炮8退1
27. 前车进三　卒5进1
28. 后车平九　卒7进1
29. 马二进三　车8平7
30. 相七进九　炮8平7
31. 帅四平五　车7平5
32. 相九退七　马3进1
33. 车四退三　炮7退2
34. 炮六平九　车2平3
35. 兵九平八　炮3平1
36. 兵八平九　炮1平3
37. 车九平八　马1退3
38. 马九进八　车3平4
39. 兵九平八　炮3平1
40. 车八平七！（图2）炮1进1
41. 炮九平七　卒4进1
42. 车七平九

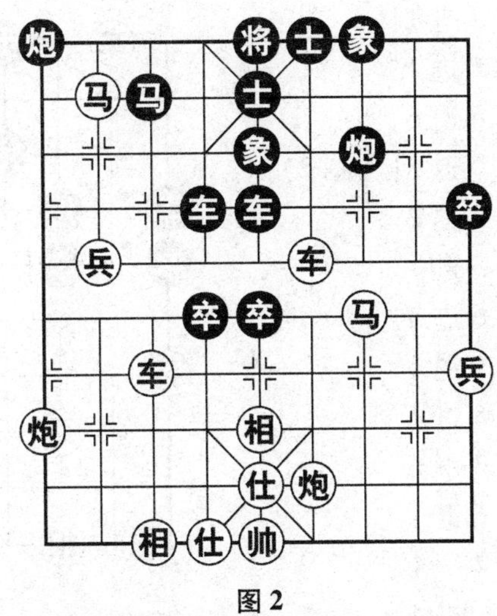

图 2

第 26 局 曹岩磊负王天一

（2012 年陈罗平杯第十七届亚洲象棋锦标赛）

1. 兵七进一 炮 2 平 3
2. 相三进五 马 2 进 1
3. 马八进七 车 1 平 2
4. 车九平八 炮 8 平 4
5. 炮八进四 马 8 进 7
6. 兵三进一 车 9 平 8
7. 马二进四 车 8 进 4
8. 炮二平三 象 3 进 5
9. 车一平二 车 8 平 6
10. 兵三进一 车 6 平 7
11. 车二进二 卒 1 进 1
12. 兵五进一？（图 1）马 1 进 2
13. 炮八平九 炮 3 平 2
14. 炮九平八 炮 2 平 1
15. 炮八平九 车 2 进 3
16. 兵七进一 卒 3 进 1
17. 马四进五 车 7 进 2
18. 车二进四 卒 7 进 1
19. 炮三平四 车 7 平 6
20. 仕六进五 车 2 平 1
21. 车八进五 炮 1 平 3

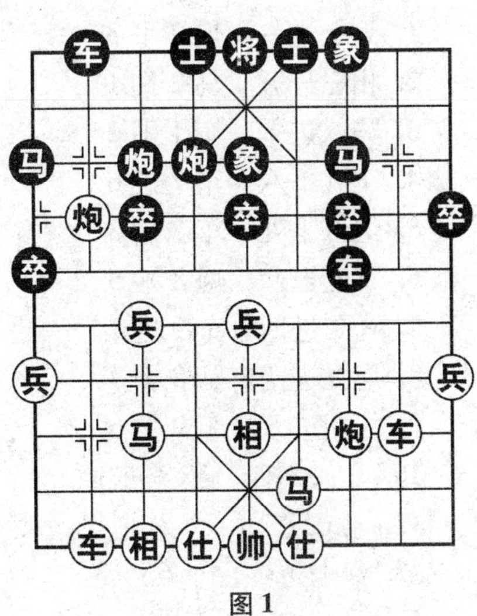

图 1

22. 兵五进一　炮3进1!
23. 车二进二　卒5进1
24. 炮四进七　车6退6
25. 车八进四　马7退5!（图2）

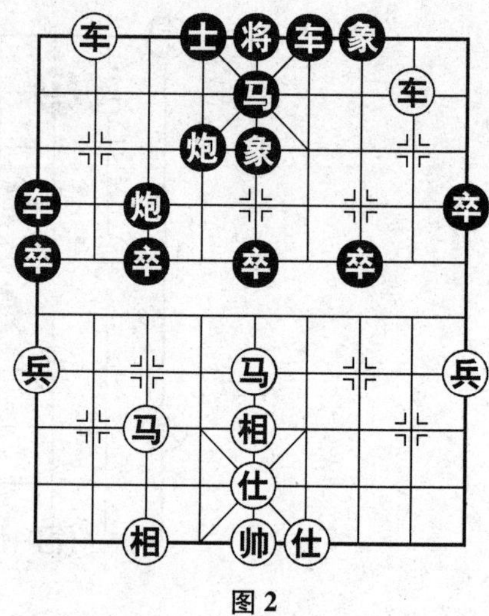

图2

26. 马七进八　炮3退2
27. 车二平五　将5进1
28. 马八进九　车6进3
29. 马九进七　将5退1
30. 车八退一　卒5进1
31. 马五退七　炮3平6
32. 后马进八　炮6退1
33. 马七进九　炮4平1
34. 车八退三　炮1进4
35. 马八进六　车6平3
36. 车八平九　炮1平8
37. 车九退一　炮6进8
38. 仕五进四　炮8进3
39. 帅五进一　炮6平9
40. 相五退三　卒3进1
41. 相七进五　卒3平2!
42. 车九平八　车3平1

第27局　郑乃东胜蒋全胜

（1993年全国象棋团体赛）

1. 兵七进一　炮2平3
2. 相三进五　马2进1
3. 马八进七　车1平2
4. 车九平八　车2进6
5. 炮八平九　车2进3
6. 马七退八　炮8平5
7. 马二进四　车9进1
8. 炮九进四　马8进7
9. 仕四进五　车9平6
10. 车一平四　卒7进1
11. 马八进七　卒3进1!（图1）

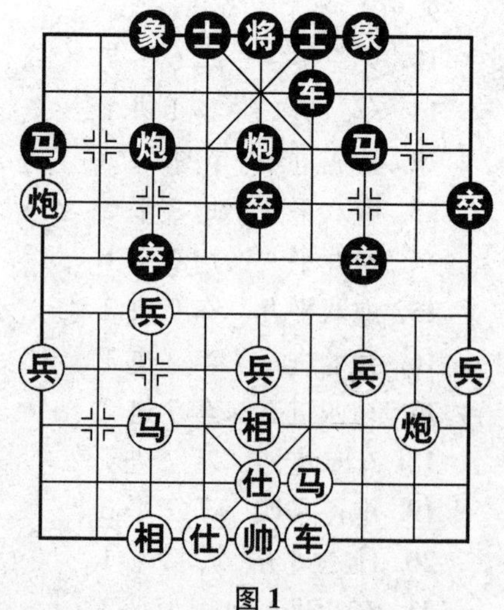

图1

12. 兵七进一　车6进3
13. 马七进六　车6平3

14. 炮二进四　车3平4
15. 马六退八　炮3进4
16. 炮二平三　马7退5
17. 兵九进一　马5进3
18. 兵九进一　马3进1
19. 炮三平九　马1进3
20. 炮九平五　士4进5
21. 炮五退二　将5平4
22. 车四平二　马3进4
23. 马八退七　车4退1?
24. 车二进五　象7进9
25. 马七进九　炮3退5
26. 车二退一　马4进2
27. 车二平四　炮5平3
28. 仕五进六! 前炮平6
29. 炮五平八　炮6进6
30. 车四退三　车4进4
31. 仕六进五　车4退4
32. 车四进四　马2退4
33. 车四平七　马4退3
34. 炮八平六　将4平5
35. 炮六平五　将5平4
36. 车七平八　车4进5
37. 车八进四　炮3进8
38. 仕五进六!（图2）炮3退2

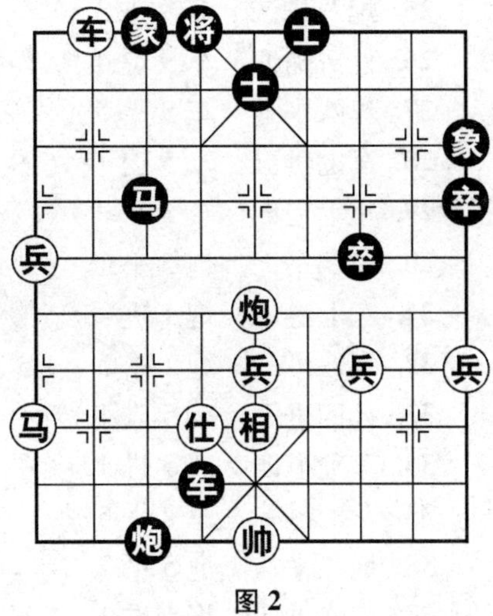

图2

39. 车八退三　马3进5
40. 车八平六　士5进4
41. 车六退一　士6进5
42. 车六平五　车4退1
43. 马九进七

第28局　刘宗泽负景学义

（2009年第十五届合生·迎春杯象棋团体赛）

1. 兵七进一　炮2平3
2. 相三进五　马2进1
3. 马八进七　炮8平5
4. 车九平八　马8进7
5. 炮二平四　车9平8
6. 马二进三　车1平2
7. 炮八进四　卒3进1
8. 兵七进一　车8进4
9. 兵七平八　马1进3
10. 车一平二　车8平6
11. 仕四进五　炮3进5
12. 炮四平七　马3进4
13. 炮七进二　卒7进1
14. 车八进三　车6进2
15. 车二进四　马7进6
16. 炮七退一　车6进2

17. 车八进一　卒7进1！（图1）
18. 车二平三　车6平7
19. 兵五进一　车7退1
20. 车三平四　马6退4
21. 车八平六？马4进2
22. 车六平八　车2进3
23. 炮七平八　车7退1
24. 车四进一　车7平9
25. 炮八进二　车9进3
26. 仕五退四　车9退4
27. 车八平七　车9平5
28. 车七进五　车5退1！（图2）
29. 车七退四　车5平3
30. 车四平七　炮5平1
31. 车七进二　炮1进4
32. 炮八平二　炮1平5
33. 仕四进五　卒5进1
34. 车七退四　卒5进1
35. 车七进一　车2平5
36. 炮二平八　炮5平2
37. 炮八进四　将5进1
38. 炮八退五　卒5进1
39. 相五退三　炮2进3
40. 炮八退二　卒5进1
41. 相三进五　车5进4
42. 炮八平六　车5进1
43. 帅五平四　车5退1

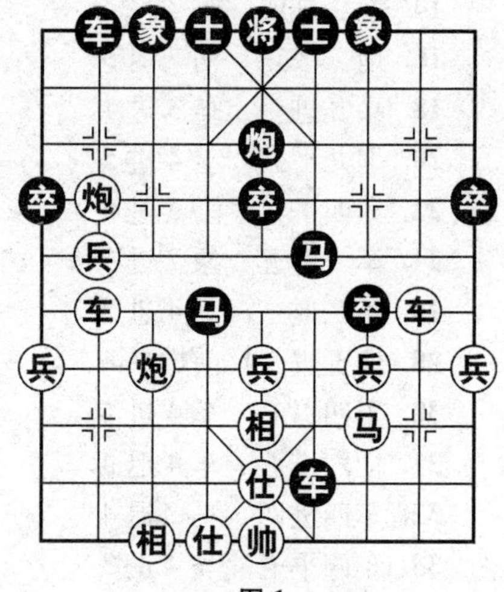

图1

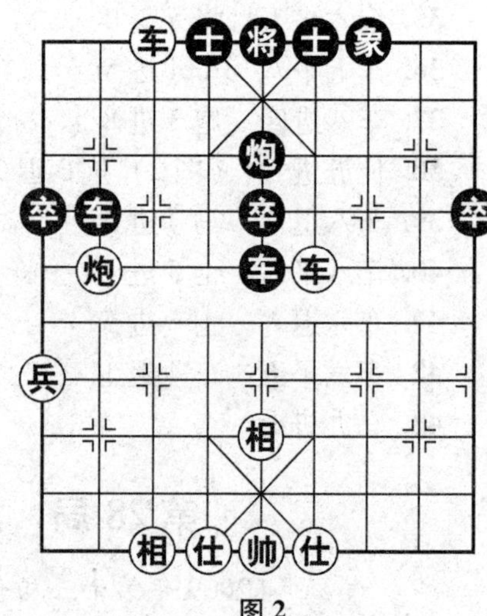

图2

第29局　曹岩磊胜杨辉

（2013年重庆首届学府杯象棋赛）

1. 兵七进一　炮2平3
2. 相三进五　马2进1
3. 马八进七　车1平2
4. 马七进六　马8进7
5. 车九进一　象7进5
6. 车九平四　车2进6

7. 车四进三　车 2 平 5
8. 马二进四　车 5 退 2
9. 炮八退一！（图 1）士 6 进 5

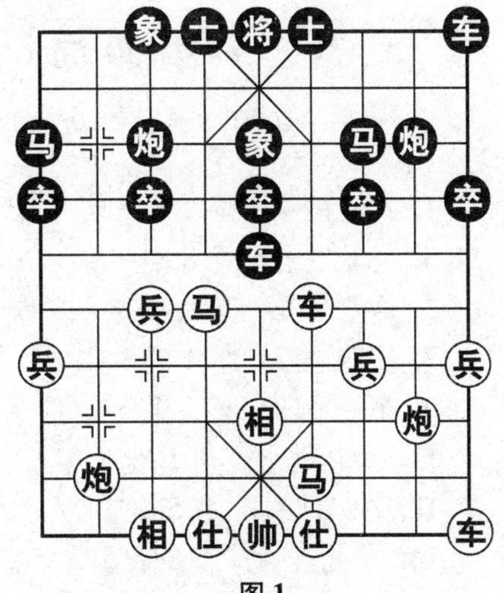

图 1

10. 炮八平五　车 5 平 2
11. 马四进五　炮 8 进 4
12. 马五退七　炮 8 退 2
13. 炮二平四　炮 8 平 5
14. 车一平二　卒 1 进 1？
15. 马七进五　车 2 进 2
16. 兵七进一！车 2 平 4
17. 炮四进一　车 4 进 2
18. 相五进七！车 4 平 3
19. 马六进五　马 7 进 5
20. 炮五进四　卒 3 进 1
21. 车四进二　卒 3 进 1
22. 车四平五　卒 3 平 4
23. 相七进五　马 1 进 3
24. 马五进四　炮 3 平 2
25. 马四进二　炮 2 退 1
26. 车五平六！车 9 平 6
27. 炮四进三　车 6 进 3
28. 车六平四　马 3 进 5
29. 马二退三！（图 2）马 5 退 6

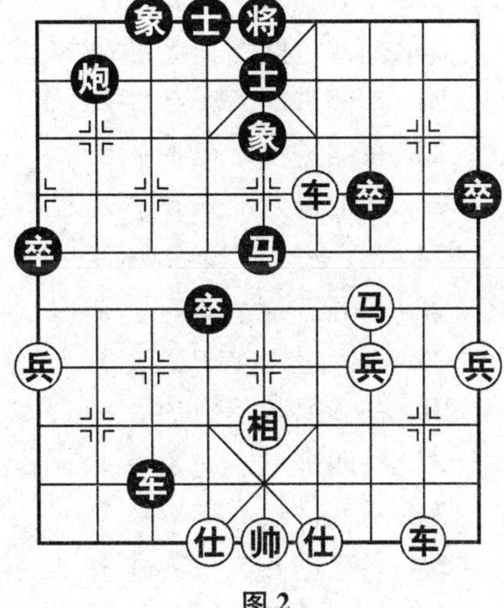

图 2

30. 马三进五　马 6 退 7
31. 车四平八　炮 2 平 1
32. 车二进四　车 3 退 2
33. 车二平六　车 3 平 5
34. 马五退七　车 5 进 1
35. 仕六进五　象 5 进 3
36. 车八平七　象 3 进 1
37. 车六进四　炮 1 退 1
38. 车六平九　炮 1 平 3
39. 车九平八　象 3 退 5
40. 马七进八　马 7 进 6
41. 马八进七　将 5 平 6
42. 车七平四　象 5 进 3
43. 车八退一！将 6 进 1
44. 马七退六

第30局 吴文虎负孙逸阳

（2013年第二届江苏省全民健身日象棋名手赛）

1. 兵七进一 炮2平3
2. 相三进五 马2进1
3. 马八进七 炮8平5
4. 车九平八 马8进7
5. 炮八平九 车9平8
6. 炮二平四 车1进1
7. 仕四进五 卒1进1
8. 马二进三 卒7进1
9. 车一平四 车1平6
10. 车八进四 车8进3
11. 兵九进一 卒1进1
12. 车八平九 卒5进1
13. 车九进一 车8平5
14. 炮九进二 炮3退1
15. 车九平六 卒3进1！（图1）

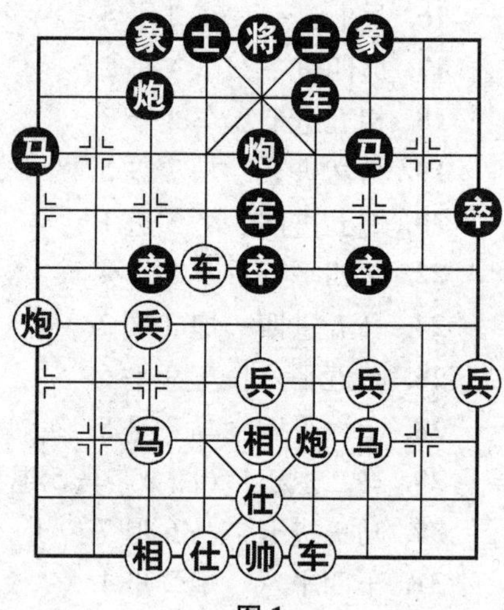

图1

16. 车六平七 车5平1
17. 炮九进三 象3进1
18. 车七平五 马7进5
19. 车五平六 炮5平3
20. 炮四进四 马5进6？
21. 车四进四 车6进2
22. 车四进二 车1平6
23. 马七退九 车6平2
24. 车六进三 车2退2
25. 相七进九 士6进5
26. 兵五进一？前炮平7
27. 马九进七 炮7退1
28. 车六退六 车2进5
29. 马七进六 车2平7
30. 马三退四 炮7平8
31. 相五退七 炮8进8
32. 马四进三 炮8平9
33. 兵五进一 卒7进1
34. 马六进四 卒7平6
35. 车六平五 炮3进1！
36. 马三进五 车7进3
37. 仕五退四 车7退2！（图2）
38. 仕四进五 炮3平8
39. 马四进二 车7进2
40. 仕五退四 车7退6
41. 仕四进五 车7平8
42. 车五平一 车8进6
43. 仕五退四 车8退3
44. 车一退二 车8平5

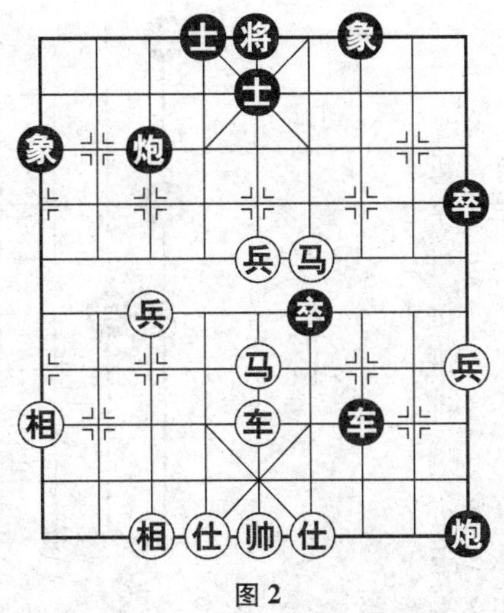

图 2

第 31 局　张江胜才溢

（2010 年楠溪江杯全国象棋甲级联赛）

1. 兵七进一　炮 2 平 3
2. 相三进五　马 2 进 1
3. 马八进七　车 1 平 2
4. 车九平八　炮 8 平 4
5. 炮八进四　马 8 进 7
6. 炮二平四　车 9 平 8
7. 马二进三　卒 7 进 1
8. 兵九进一　象 7 进 5
9. 车一平二　车 8 进 9
10. 马三退二　卒 3 进 1
11. 兵七进一　象 5 进 3
12. 马二进四　炮 3 进 5?
13. 炮四平七　马 7 进 6
14. 炮七进二　炮 4 平 5
15. 车八进三　卒 9 进 1
16. 仕四进五　士 4 进 5?（图 1）
17. 炮七平八！车 2 平 1
18. 车八平七！炮 5 平 8
19. 车七进二　炮 8 进 2
20. 车七退一　象 3 进 5
21. 车七平二　马 1 进 3

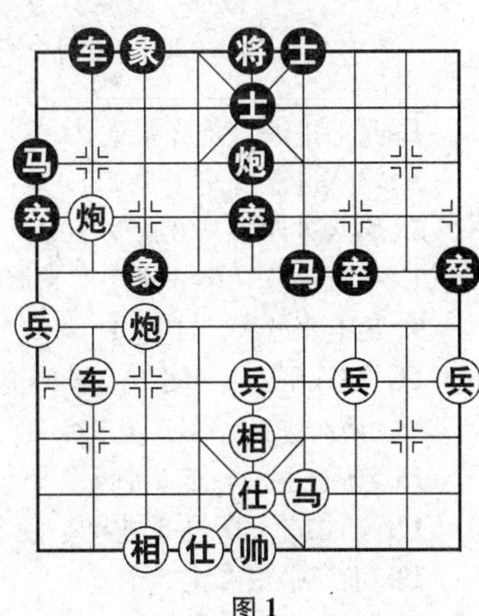

图 1

22. 前炮平五　马3进2
23. 车二进一　将5平4
24. 炮五平一！（图2）车1进2

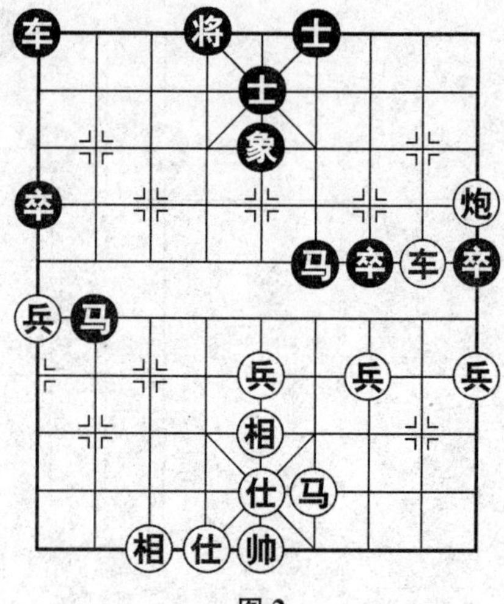

图2

25. 炮一进三　将4进1
26. 车二进一　车1平2
27. 车二平四　车2进2
28. 炮一平二　卒7进1
29. 兵三进一　马6进8
30. 车四平六　士5进4
31. 车六平七　士6进5
32. 车七退二　马8进7
33. 炮二平一　车2退1
34. 兵五进一　车2平6
35. 马四进二　马2退3
36. 炮一平八　车6平8
37. 马二退三　将4退1
38. 炮八退七　马7退9
39. 炮八平七　马3退1
40. 兵三进一　将4平5
41. 兵三平四　马9进8
42. 车七退一　卒9进1
43. 兵五进一　卒9进1
44. 炮七退一！卒9进1
45. 兵五进一

第32局　苗利明胜黄仕清

（2006年西乡引进杯全国象棋个人赛）

1. 兵七进一　炮2平3
2. 相三进五　马2进1
3. 马八进七　车1平2
4. 车九平八　炮8平5
5. 炮八进四　马8进7
6. 炮二平四　车9平8
7. 马二进三　卒3进1
8. 兵七进一　车8进4
9. 兵七平八　卒1进1
10. 车一平二　车8平6
11. 炮八平三！（图1）车6进3
12. 炮三进三　士6进5
13. 兵八进一　车6退3？
14. 兵三进一　马7进8
15. 马七进六　车6平4
16. 兵三进一！马1进3？
17. 车二进五　马3进4
18. 车二进四！车2进1
19. 炮三平六　士5退6
20. 炮六平四　车2平8
21. 车二退一　马4进3
22. 仕四进五　马3进2

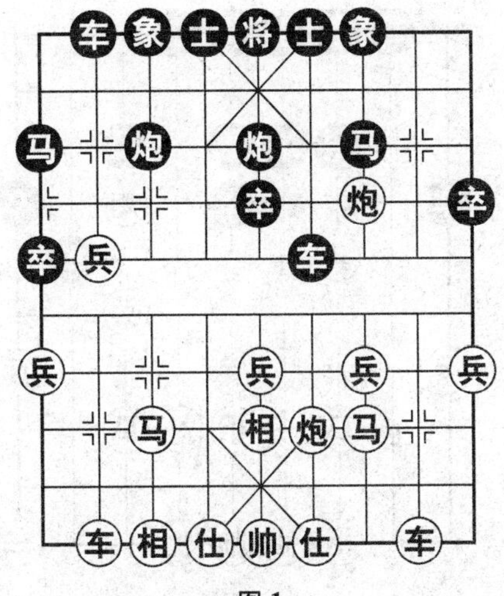

图 1

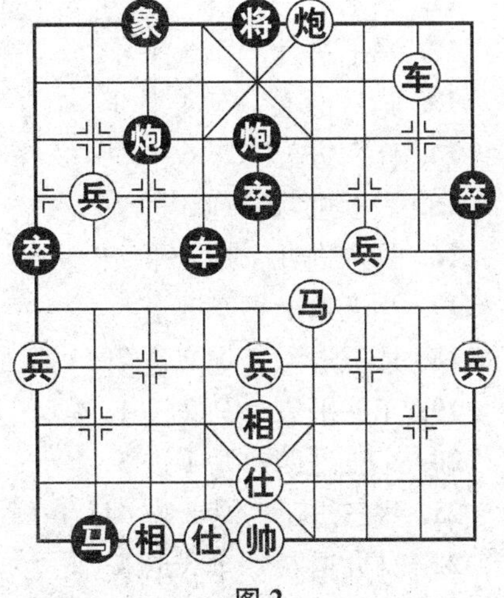

图 2

23. 马三进四!（图 2）车 4 进 1　　**24.** 马四进五　车 4 退 2
25. 车二退二　炮 5 进 4　　**26.** 炮四平七　马 2 退 3
27. 帅五平四　马 3 退 4　　**28.** 车二进三　将 5 进 1
29. 马五退六　车 4 进 2　　**30.** 车二退一　将 5 退 1
31. 车二进一　将 5 进 1　　**32.** 车二退一　将 5 退 1
33. 车二平四　车 4 平 8　　**34.** 兵八平七　炮 3 平 2
35. 兵七进一　炮 2 进 6　　**36.** 仕五进六　车 8 进 4
37. 帅四进一　车 8 退 3　　**38.** 车四进一　将 5 进 1
39. 车四退一　将 5 退 1　　**40.** 车四进一　将 5 进 1
41. 车四退五　炮 2 退 2　　**42.** 兵七平六　车 8 平 6
43. 车四退一　炮 2 平 6　　**44.** 兵一进一　炮 5 平 4
45. 炮七退八!

第 33 局　张江负宋国强

（2010 年藏谷私藏杯全国象棋个人赛）

1. 兵七进一　炮 2 平 3　　**2.** 相三进五　马 2 进 1
3. 马八进七　车 1 平 2　　**4.** 车九平八　炮 8 平 4
5. 炮八进四　马 8 进 7　　**6.** 炮二平四　车 9 平 8
7. 马二进三　车 8 进 4　　**8.** 兵三进一　卒 3 进 1
9. 炮八平三　象 7 进 5　　**10.** 车八进九　马 1 退 2

11. 兵七进一？（图1） 车8平3
12. 马七进六　车3平4
13. 马六退七　车4平6
14. 仕六进五　车6平3
15. 马七进八　炮3进7
16. 马八进九　炮4平2！
17. 相五退七　车3进5
18. 仕五退六　炮2进7
19. 车一平二　马2进1
20. 车二进四？马1进3
21. 兵三进一　马3进4！
22. 马九退八　车3退4
23. 仕六进五　车3平2
24. 炮四进二　车2退1

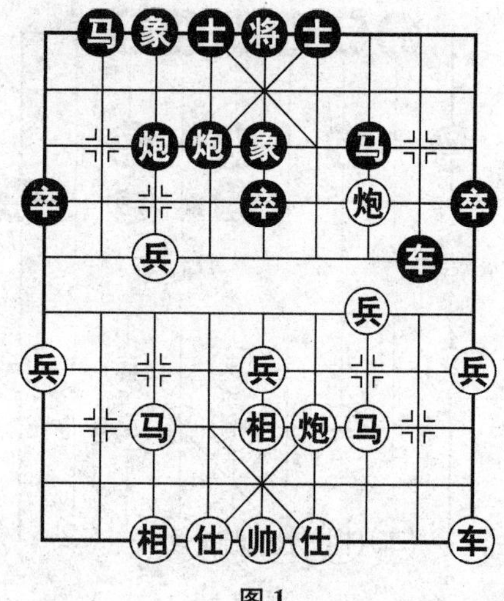

图1

25. 炮四退三　车2平4
26. 仕五进六　马4进2
27. 仕六退五　车4平7
28. 马三进四　车7平3
29. 帅五平六　车3进5
30. 帅六进一　车3退1
31. 帅六退一　车3进1
32. 帅六进一　车3退1
33. 帅六退一　车3退3
34. 炮三退五　炮2平1
35. 车二平三　马7进8！（图2）
36. 马四退三　马2退4
37. 仕五进六　车3进4
38. 帅六进一　车3平6
39. 炮四平五　马4进3
40. 炮五进五　象5进3
41. 炮三平一　车6平4
42. 帅六平五　车4退2
43. 帅五平四　车4退3
44. 炮五退二　车4平6
45. 炮五平四　炮1退2

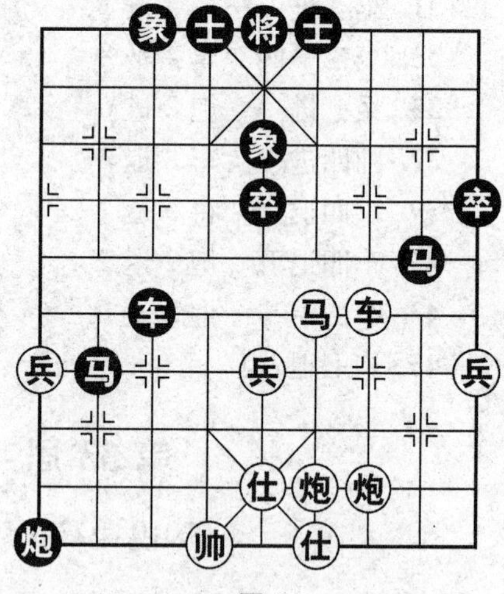

图2

第34局　宇兵胜张彬

（2006年全国协作区三棋比赛）

1. 兵七进一　炮2平3
2. 相三进五　炮8平5
3. 马八进七　马8进7
4. 车九平八　车9平8
5. 炮二平四　马2进1
6. 炮八平九　车8进4
7. 马二进三　卒3进1？（图1）

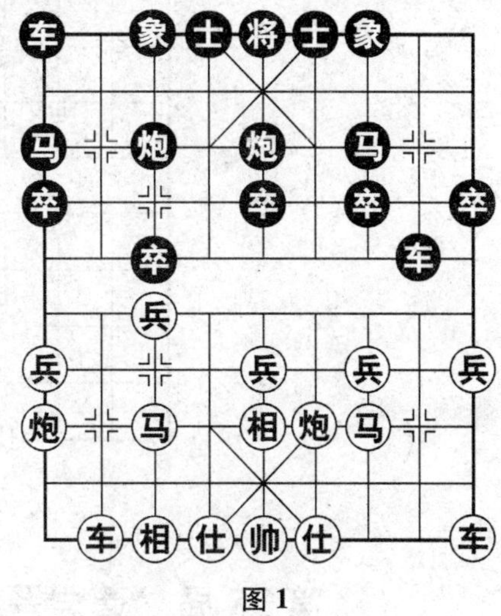

图1

8. 车八进五　车1平2
9. 车八平七　车8平3
10. 兵七进一　车2进6
11. 仕四进五　炮3进5
12. 炮四平七　车2平3
13. 炮七平六　车3退2
14. 炮六进五！马7退5
15. 车一平四　车3平4
16. 炮六平八　马5进3
17. 炮八平五　象3进5
18. 车四进六　卒7进1
19. 车四平一　马1进3
20. 炮九平六　车4进1
21. 车一退二　车4平9
22. 兵一进一　前马进4
23. 兵三进一　卒7进1
24. 相五进三　马4进2
25. 炮六平八　马3进4
26. 兵一进一　马2退4
27. 炮八平九　前马进3
28. 炮九进四　马3退1
29. 相三退五　士4进5
30. 仕五进六　马1退2
31. 炮九退五　马2退3
32. 炮九平五　马3进1
33. 相五进七　马1进3
34. 兵一进一　马4退6
35. 马三进四　马6进7
36. 帅五平四　马7进8
37. 兵一平二　马8退7
38. 兵二平三　将5平4
39. 相七进五　马7进9
40. 相五退三　马3退4？
41. 相三进一！（图2）马4进5
42. 兵五进一　马5退7
43. 马四进三　马9进7
44. 炮五平三　将4平5
45. 帅四平五　马7退5
46. 相七退五　马5进3
47. 马三退四　马3退4

48. 炮三平六　马4进2　　49. 仕六退五　马2退4
50. 相五进七

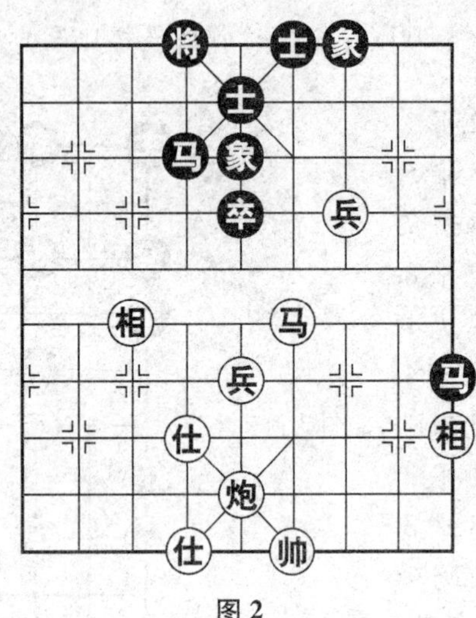

图2

第35局　曹岩磊胜梁达民（中国香港）

（2012年陈罗平杯第十七届亚洲象棋锦标赛）

1. 兵七进一　炮2平3　　2. 相三进五　马2进1
3. 马八进七　车1平2　　4. 马七进六　马8进7
5. 车九进一　象7进5
6. 车九平四　士6进5
7. 炮八平六　车2进4
8. 车四进五　车9平6
9. 车四进三　士5退6
10. 马二进四　卒7进1
11. 炮二平三　马7进6
12. 马六进五　炮3退1？（图1）
13. 车一平二　炮8平6
14. 炮三平四　炮6进5
15. 炮六平四　车2平5
16. 车二进六　马6进5
17. 炮四平二　卒7进1？

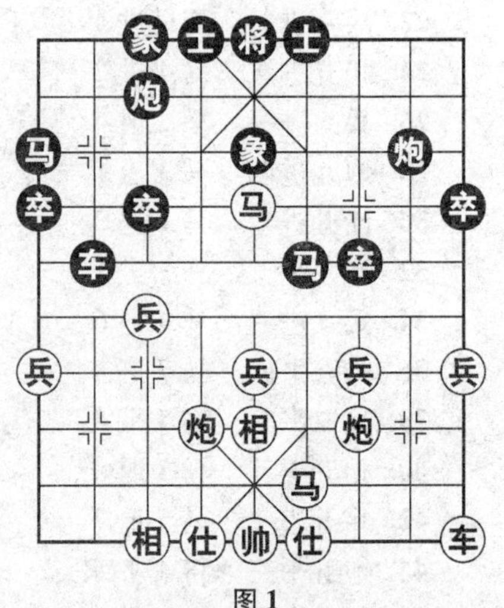

图1

18. 马五进三 炮3进1
19. 马四进五 车5进2
20. 车二平五！车5退3
21. 马三退五 炮3退1
22. 兵三进一 炮3平9
23. 炮二进七 士6进5
24. 炮二平一 卒1进1
25. 仕四进五 炮9平8
26. 马五进三 马1进2
27. 马三退一 炮8进2
28. 马一进二 马2进1
29. 炮一退四 马1进3
30. 炮一平五 炮8平4
31. 兵三进一 马3退4
32. 炮五退一！（图2）马4退5

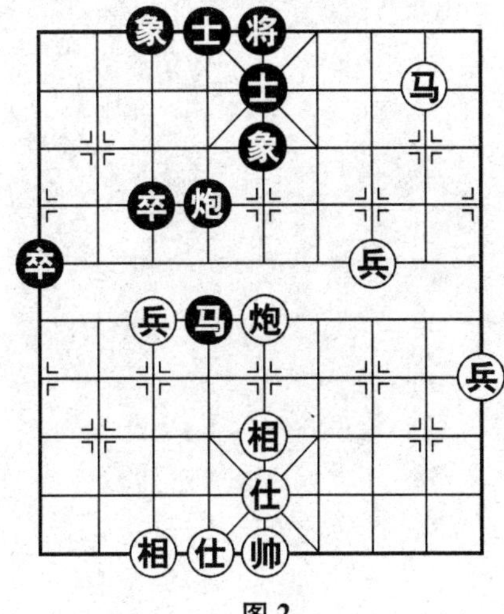

图2

33. 兵三平四 马5退7
34. 马二退三 炮4进1
35. 炮五平三 马7退8
36. 兵一进一 炮4平2
37. 炮三平五 卒1进1
38. 炮五平九 卒3进1
39. 兵七进一 象5进3
40. 炮九平五 象3进5
41. 兵四进一 炮2退1
42. 兵四进一 炮2平5
43. 炮五进一 象5进7
44. 兵一进一 象3退5
45. 兵四平五 象7退5
46. 马三进五 马8进7
47. 马五退三 将5平6
48. 炮五平三 马7退8
49. 马三进二 将6平5
50. 炮三平五 马8进6
51. 兵一平二 马6进8
52. 兵二进一

第36局 倪敏负刘宗泽

（2012年江苏省东台市首届群文杯象棋公开赛）

1. 兵七进一 炮2平3
2. 相三进五 马2进1
3. 马八进七 车1平2
4. 车九平八 炮8平4
5. 炮二平四 马8进7
6. 马二进三 车9平8
7. 兵三进一 卒3进1！
8. 兵七进一 车8进4
9. 炮八平九 车2进9
10. 马七退八 车8平3
11. 车一进一 卒1进1？（图1）
12. 炮九平七 炮3平2

13. 车一平六　炮4平5
14. 车六进二　马1进2
15. 马八进九　卒7进1
16. 兵三进一　车3平7
17. 马三进四　士4进5
18. 马九进七　马2进3
19. 车六平七　象3进1
20. 仕四进五　炮2平4
21. 炮四平三　马7进6
22. 马四进六　马6进4
23. 马六进八　炮4退1
24. 炮七平六　马4进6
25. 炮三平四　车7平2
26. 车七进三　马6退7

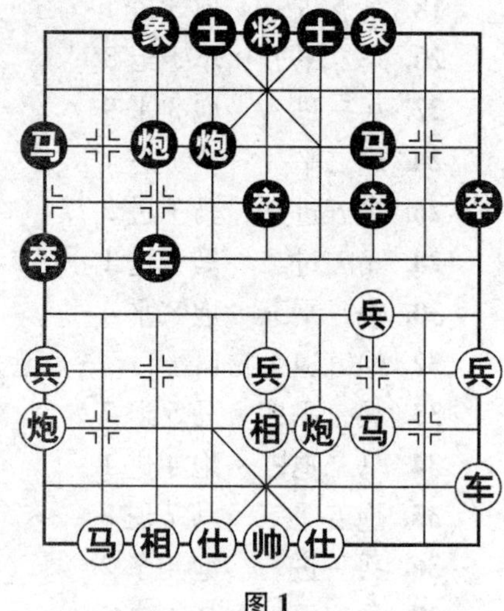

图1

27. 车七平六　炮5平4
28. 马八进六　士5进4
29. 车六进一　炮4平5
30. 炮四平三　炮5进5
31. 炮三进七　士6进5
32. 车六平三？马7进6？
33. 炮六进一？车2平6
34. 炮六平四　车6进2
35. 兵一进一　将5平6
36. 车三退七　卒5进1
37. 炮三退三　车6退3
38. 炮三退一　卒5进1
39. 炮三平八　卒5平4
40. 炮八退二　象1进3
41. 炮八退三　象3退5
42. 炮八平九　车6进1
43. 相七进九　炮5退1
44. 车三平二　车6进2
45. 相九退七　车6平1
46. 车二平四　将6平5
47. 炮九进二　车1平9！（图2）
48. 车四平二　卒1进1
49. 帅五平四　车9平6
50. 仕五进四　卒1进1
51. 炮九平七　卒1平2
52. 车二进九　士5退6
53. 车二退二　将5进1
54. 车二进一　将5退1
55. 车二退二　卒2进1

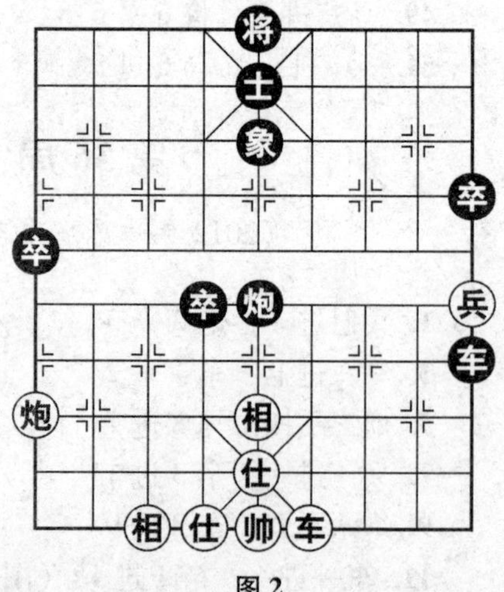

图2

第37局 洪智胜徐天红

（2007年天祥房地产杯中国象棋南北特级大师对抗赛）

1. 兵七进一　炮2平3
2. 相三进五　马2进1
3. 马八进七　车1平2
4. 车九平八　炮8平5
5. 炮八进四　马8进7
6. 炮二平四　车9平8
7. 马二进三　车8进4
8. 车一平二　车8平6
9. 仕四进五　卒1进1
10. 车二进四　车6平2
11. 车八进五　马1进2
12. 炮八平九　炮3平1!
13. 兵七进一!（图1）马2退3

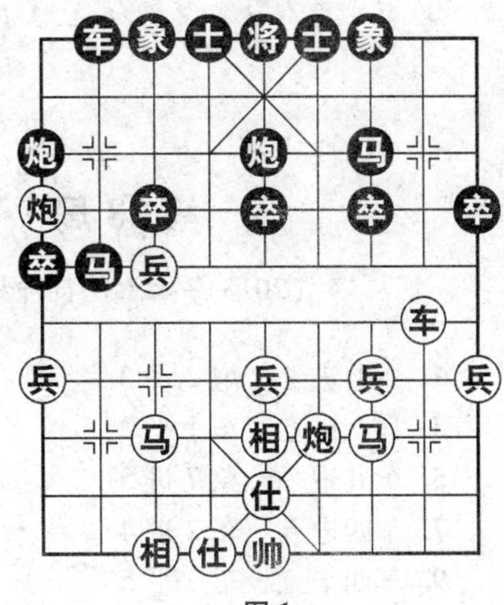

图1

14. 车二平八　车2进5
15. 马七进八　马3进1
16. 马八进九　卒3进1
17. 马九退七　卒7进1
18. 炮四进四　马7进6
19. 马七进五　炮5进4
20. 马五退七　炮5退4
21. 马七进六　将5进1
22. 炮四平九　炮5平7
23. 马六退四　炮7平6
24. 兵三进一　卒7进1
25. 相五进三　马6进4
26. 马三进五　炮1平5
27. 相三退五　炮5进1
28. 马四进二　象3进5
29. 马五进七　将5退1
30. 炮九平一　士4进5
31. 炮一平四　马4进6
32. 兵一进一　炮5进2
33. 马七退五　马6进7
34. 炮四退五　炮6进4!
35. 兵一进一　炮5平6
36. 相五进七　前炮平1
37. 马二退四　炮1平4
38. 兵一平二　卒1进1
39. 兵二进一　卒1平2
40. 马四退六　炮6平4
41. 相七退九　卒2进1
42. 马六退四　后炮平5
43. 帅五平四　卒2平3
44. 马四退三　炮5平9
45. 炮四进三　炮9进4
46. 炮四平一　卒3进1
47. 兵二平三　卒3进1

48. 兵三平四　炮4平2
49. 兵四平五　炮2退2
50. 马五进六　炮2进2
51. 兵五进一　炮9平7?
52. 马三进五　马7退6?
53. 炮一进五　马6退5
54. 马五进七　马5退7
55. 马六进四　士5进6
56. 马七进五!（图2）马7进6
57. 马四进六

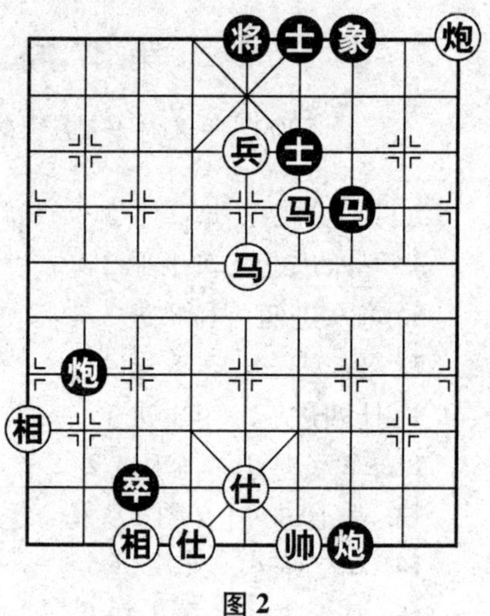
图2

第38局　曹岩磊胜吴贵临

（2013年永虹·得坤杯第十六届亚洲象棋个人赛）

1. 兵七进一　炮2平3
2. 相三进五　马2进1
3. 马八进七　车1平2
4. 马七进六　马8进7
5. 车九进一　象7进5
6. 车九平四　士6进5
7. 车四进五　车2进4
8. 炮八平六　车9平6
9. 车四平三　车2平5
10. 马二进三　车6进5?（图1）
11. 车三退二　马7进8
12. 炮二进五　炮3平8
13. 仕四进五　炮8平7
14. 车一平四　车6进4
15. 仕五退四　炮7进4
16. 兵五进一!　车5平6
17. 马六进五　卒1进1
18. 炮六平九　炮7平2
19. 车三平二　炮2退3
20. 马五退六　马8退6
21. 仕四进五　车6平4

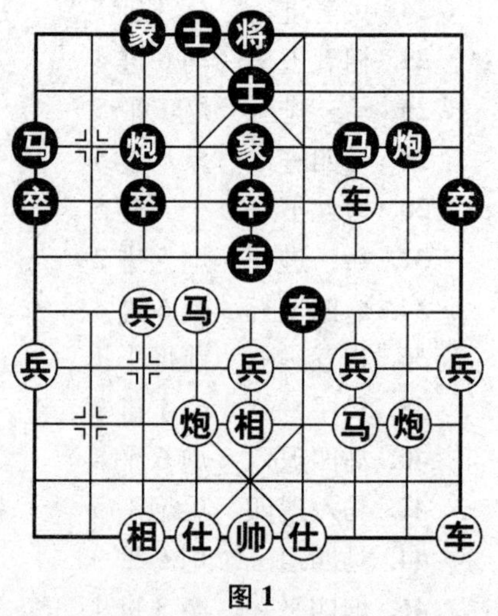
图1

22. 马六退七 马1进2
23. 炮九进三 马2进1
24. 兵七进一! 车4平3
25. 马七进九 车3平1
26. 马九进七 车1平3
27. 兵五进一 马6退4
28. 车二平五 炮2进1
29. 兵五进一 车3平7
30. 马三进四 马4进3
31. 车五退一 车7平6
32. 马四退二 象5退7
33. 兵五平六 炮2退2
34. 兵六进一 将5平6
35. 兵六平七 炮2平1
36. 马二退四 车6退2
37. 兵七进一 炮1平5
38. 兵七进一! 车6进3
39. 车五进二 车6进1
40. 兵一进一 炮5进1
41. 马七进九 炮5平6?
42. 相五进七 炮6进4
43. 兵七平六! 士5退4
44. 仕五进四 车6退3
45. 车五进四 将6进1
46. 车五平三 车6平5
47. 仕六进五 士4进5
48. 马九进八 马3进5
49. 马八进六!(图2) 车5退1

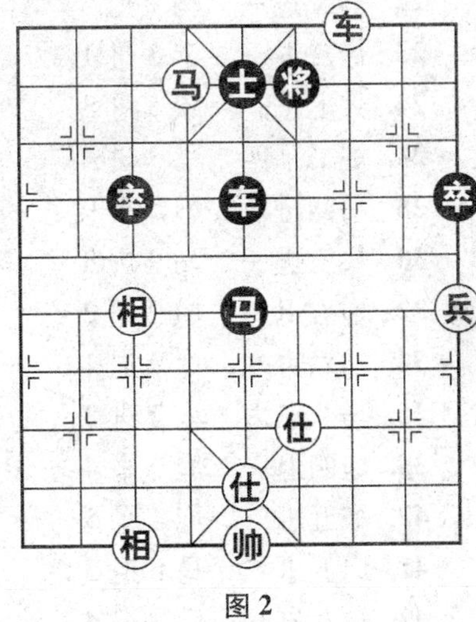

图2

50. 相七退五 马5退4
51. 车三退三 马4退6
52. 马六退七 车5进3
53. 车三平一 马6进7
54. 车一退一 马7退6
55. 车一进三 将6退1
56. 车一进一 将6进1
57. 兵一进一 车5平8
58. 车一平三

第39局 庄玉庭胜徐超

(2008年惠州华轩杯全国象棋甲级联赛)

1. 兵七进一 炮2平3
2. 相三进五 炮8平5
3. 马八进七 马8进7
4. 车九进一 马2进1
5. 炮八退一 车1进1
6. 兵三进一 车1平6
7. 车一进二 卒5进1
8. 炮八平五 车6进6?(图1)
9. 炮二进二 车6平9
10. 马二进一 卒9进1

11. 马七进六　卒9进1
12. 兵一进一　车9进5
13. 相五退三　车9退1
14. 马六退四　士6进5
15. 炮五进四　将5平6?
16. 车九平四！车9平6
17. 马四退二　车6进4
18. 马二退四　炮5进4
19. 马四进五　炮3平5
20. 炮二进三　炮5进4
21. 马一进二　象7进5
22. 马二进三　马1退3
23. 炮二退一　卒3进1
24. 兵七进一　象5进3

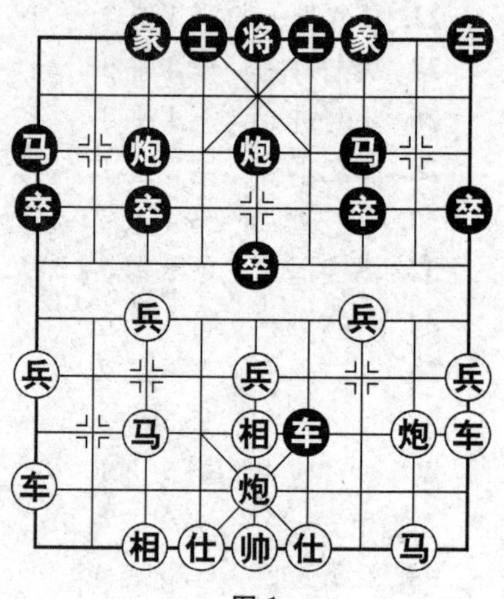

图1

25. 炮二退四　象3退5
26. 炮二平四　马3进4
27. 马三退四　将6平5
28. 马四进六　炮5平9
29. 兵三进一　马7进9
30. 兵三进一　马9进8
31. 兵三平四　马8进6
32. 炮五退三　炮9退2
33. 仕六进五　马6退5
34. 马六进八　炮9退1
35. 兵四平五　马4退2
36. 马八退六　马2进3
37. 兵五进一　马3进4?
38. 炮四退一　炮9平4
39. 兵五平四　马4退6
40. 炮五进二　炮4平5
41. 炮五进二　马6退5
42. 马六进八！后马退4
43. 仕五进四　马4进2
44. 兵四进一　象3进5
45. 炮四平九　马5退4
46. 马八进六　士5进4
47. 炮九进五　马2进3?（图2）
48. 炮九进一　马3进5
49. 炮九平五　马5进6
50. 帅五平六　马6进7
51. 炮五退七　马7退8
52. 兵九进一　马8退6

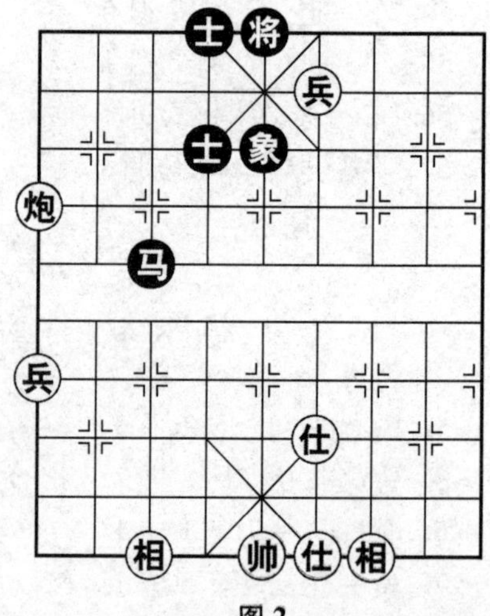

图2

53. 兵九进一 马6退4
54. 兵九进一 马4退6
55. 兵九平八 马6进8
56. 兵八平七 马8退7
57. 仕四进五 士4进5
58. 兵七进一！

第40局 韩勇胜黎德志

（2013年第三届同峰杯象棋大赛）

1. 兵七进一 炮2平3
2. 相三进五 马2进1
3. 马八进七 车1平2
4. 车九平八 炮8平5
5. 炮八进四 马8进7
6. 马二进一 车9平8
7. 车一平二 卒1进1
8. 炮二平三 车8进9
9. 马一退二 车2进1
10. 炮三进四 卒3进1
11. 车八进四 卒3进1
12. 车八平七 炮3进5
13. 车七退二 炮5进4
14. 仕四进五 象7进5
15. 马二进三 卒5进1？（图1）
16. 车七平八！车2平6
17. 马三进五 车6进2
18. 炮三退二 卒5进1
19. 马五进七 马7进6
20. 炮八进二 马1退3
21. 车八进一 卒5平4
22. 马七进九 车6平1
23. 兵九进一 车1平8
24. 马九进八 车8进6
25. 仕五退四 车8退3
26. 车八平四 马3进4

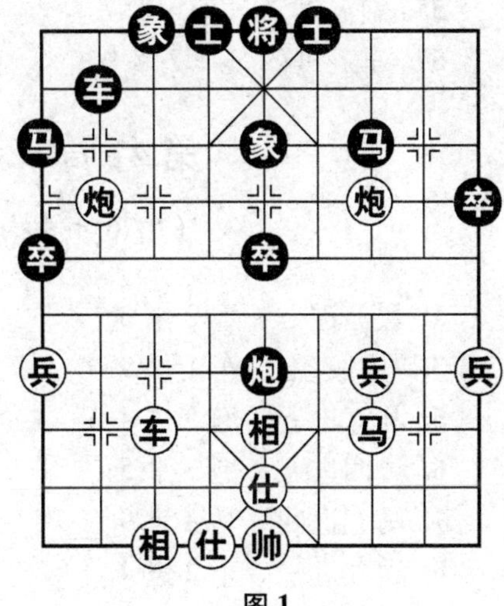

图1

27. 马八退六 马6退4
28. 兵一进一 士6进5
29. 仕六进五 马4退2
30. 车四进一 卒4进1
31. 车四退一 马2进3
32. 炮八退四 车8退3
33. 炮八平七 车8平4
34. 兵九进一 车4进2
35. 相七进九 马3进1
36. 车四进三 马1进2
37. 车四平八 马2进4
38. 炮七退三 车4平5
39. 车八平六 马4退3
40. 相九进七 卒4平5
41. 车六退四 卒5进1

42. 车六平七　卒5进1
43. 仕四进五　马3退1
44. 兵九平八　士5进4
45. 炮七平九　象5进7
46. 帅五平四　车5进3
47. 炮三平九！（图2）车5平1
48. 车七平五　士4进5
49. 相七退九　车1平2
50. 炮九平五　将5平4
51. 兵八平七　车2退2
52. 兵三进一　象7退5
53. 兵七进一　车2平6
54. 帅四平五　车6退1
55. 炮五进二　车6平7

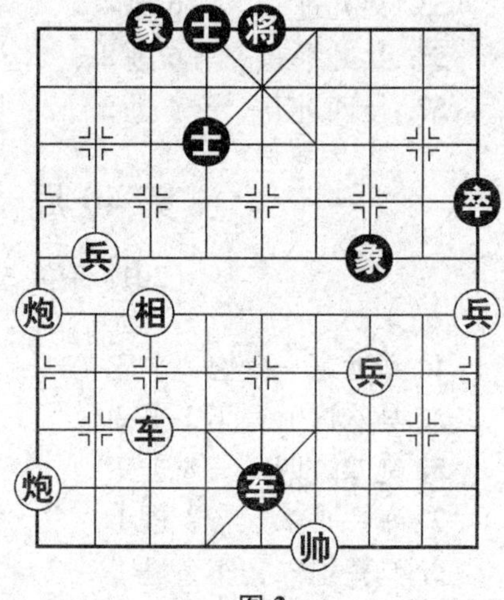

图2

56. 炮五平六　将4平5
57. 车五进四　车7平9
58. 炮六平一

第41局　臧如意负柳大华

（1976年中南协作区象棋邀请赛）

1. 兵七进一　炮2平3
2. 相三进五　马2进1
3. 马八进七　车1平2
4. 马七进六　炮8平5
5. 马六进五　炮5进4
6. 仕四进五　炮3平5
7. 马五退四　马8进9
8. 兵九进一　车2进4
9. 车九进三　前炮退1
10. 炮二平四　车9进1
11. 马二进三　卒3进1
12. 兵七进一　车2平3
13. 炮八平七　车9平4
14. 车一平二　卒9进1
15. 车二进七！（图1）车4进1
16. 帅五平四　士4进5
17. 马四进三　后炮平6

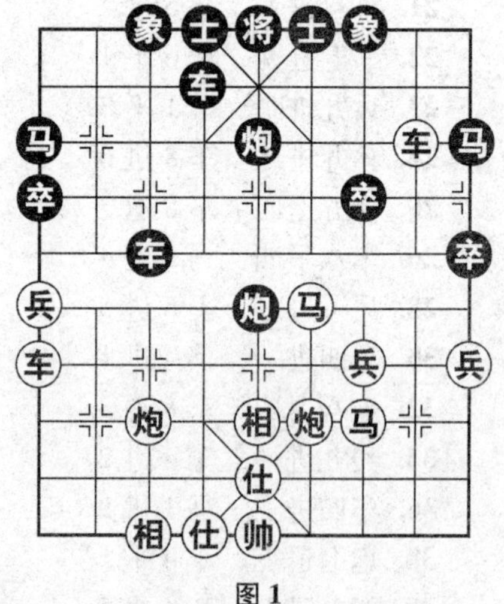

图1

18. 帅四平五 炮5退3
19. 前马进五 象3进5
20. 车九平四 炮6进5
21. 炮七平四 车3平8
22. 车二平三 马1进3
23. 车四进五 马3进5
24. 兵三进一 车8退4?
25. 兵三进一 马5进4
26. 炮四进一 象5进7
27. 车三退二 车8进2
28. 炮四平五 将5平4
29. 仕五进六 车8平7
30. 车四退三 车7进2
31. 车四平三 象7进5
32. 车三平一 马9进7
33. 车一平四 马7进5
34. 仕六进五 象5退7
35. 车四进一 马4退3
36. 马三进四 马5进6
37. 马四退二 车4平6
38. 车四平七 象7进5
39. 车七平六 士5进4
40. 马二进一 士6进5
41. 炮五进五? 车6退1!
42. 马一进二 车6平5
43. 马二退四 车5平8
44. 相五退三 车8进8
45. 相七进五 马6进7
46. 帅五平六 马7退5
47. 马四进六 车8平7
48. 帅六进一 马3进5
49. 车六退三 车7退3
50. 马六进八 将4平5
51. 车六平三 前马退7

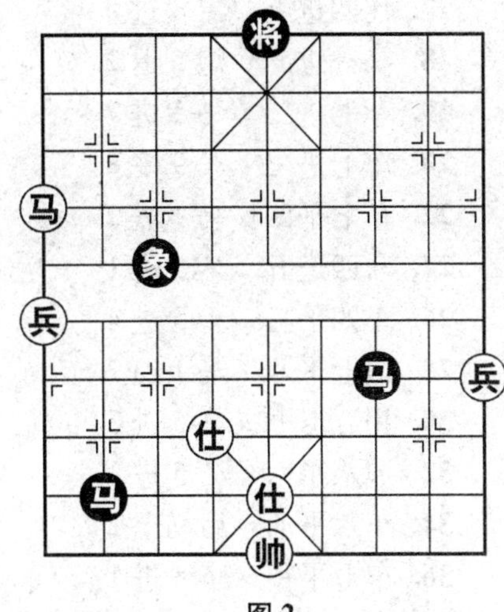

图2

52. 马八退九 马5进3
53. 帅六退一 马3进2
54. 帅六平五 象5进3!（图2）
55. 帅五平四 马7进8
56. 帅四进一 马2退3
57. 马九退七 马3进5
58. 马七退五 马5退6

第42局 庄玉庭胜聂铁文

（2008年惠州华轩杯全国象棋甲级联赛）

1. 兵七进一 炮2平3
2. 相三进五 马2进1
3. 马八进七 车1平2
4. 车九平八 炮8平5
5. 炮八进四 马8进7
6. 马二进一 车9平8

7. 车一平二　车 8 进 6
8. 炮二平三　车 8 平 9
9. 相五退三　车 9 退 2
10. 相七进五　卒 1 进 1
11. 车二进八！（图 1）卒 3 进 1

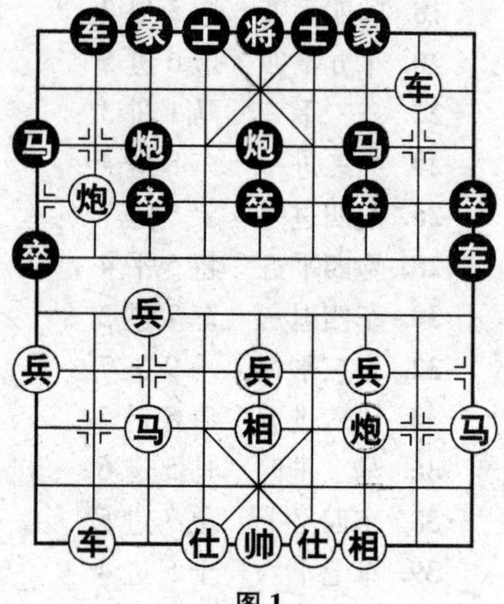

图 1

12. 炮八平三　马 7 退 5
13. 车八进九　马 1 退 2
14. 车二退四　卒 3 进 1
15. 车二平七　炮 3 进 5
16. 后炮平七　炮 5 进 4
17. 仕四进五　象 3 进 5
18. 马一进二　炮 5 退 2
19. 车七进二　马 5 进 7
20. 车七进二　车 9 平 8
21. 马二退四　马 2 进 1
22. 车七平四！马 1 进 2
23. 炮三进三　士 6 进 5
24. 马四进五　卒 5 进 1
25. 炮三平一　马 7 进 5
26. 车四平三　士 5 进 4
27. 车三退四　马 2 进 1
28. 炮七平八　马 1 退 2
29. 车三平八　马 2 退 3
30. 相五退七　马 5 进 3
31. 车八进二　前马进 4
32. 炮八平六　卒 5 进 1
33. 车八平六　马 4 退 3
34. 车六平七　后马退 2
35. 炮六平五　马 2 进 1
36. 车七平一　卒 5 进 1？
37. 炮五进五　马 1 进 2
38. 车一平四　马 3 进 2
39. 帅五平四　后马进 4
40. 炮五退三　将 5 进 1
41. 车四进二　将 5 进 1
42. 炮一退六　车 8 进 2
43. 车四退三　士 4 退 5
44. 炮一进一　车 8 退 1
45. 炮一进三　士 5 退 6
46. 车四平五　将 5 平 4
47. 车五平六　将 4 平 5
48. 车六平五　将 5 平 4
49. 炮五平三　车 8 退 2
50. 仕五进四　卒 5 平 6
51. 仕六进五　车 8 平 9
52. 炮一平二　车 9 平 8
53. 炮二平一　车 8 平 9
54. 炮一平二　车 9 平 5
55. 车五平六　将 4 平 5
56. 炮三进三　将 5 退 1
57. 车六平一　车 5 平 8？
58. 车一进三　将 5 退 1
59. 炮三进二　士 6 进 5
60. 炮二进一！（图 2）将 5 平 6
61. 炮三平一　将 6 进 1

62. 炮二退一　将6进1　　**63.** 车一平二！车8平9

64. 炮一平三

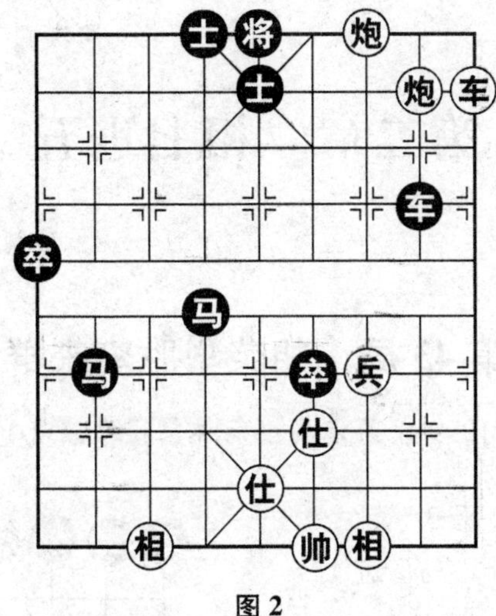

图2

第二章　相七进五

第43局　胡荣华胜李来群

（1999年第十届银荔杯象棋争霸赛）

1. 兵七进一　炮2平3
2. 相七进五（图1）马2进1
3. 马八进七　车1平2
4. 车九平八　炮8平4
5. 马二进一　马8进7
6. 车一平二　象7进5
7. 炮二平三　士6进5
8. 车二进四　车9平6
9. 兵一进一　卒1进1
10. 仕六进五　卒3进1
11. 炮八平九　车2进9
12. 马七退八　车6进4
13. 马八进六　卒7进1
14. 马六进八　马1进3

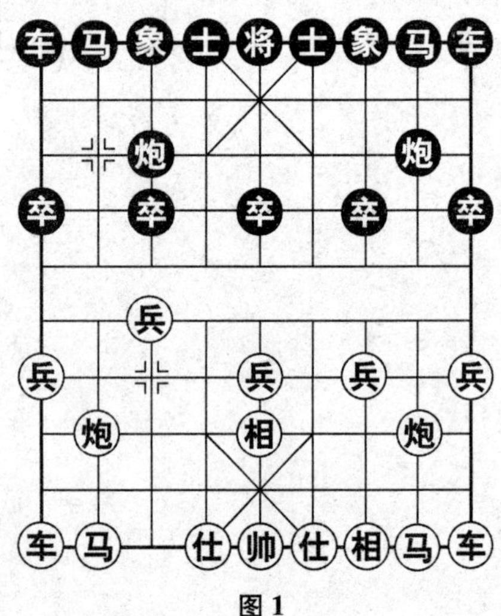

图1

15. 炮九退二　炮3平1?
16. 炮九平七　炮1进4
17. 兵三进一　卒7进1
18. 车二平三　马7进8
19. 兵七进一　车6平3
20. 马八进七　炮1平3
21. 车三平二　车3平2
22. 炮三进一　炮3进2
23. 炮三退二　炮3平7
24. 炮七进六　炮7退8
25. 炮七平一　炮7平8
26. 车二平三　车2平7?
27. 车三进一　象5进7
28. 兵一进一　马8退7
29. 炮一平三　象7退5
30. 马一进二　炮8平7
31. 炮三平四　卒1进1

32. 马七进八　卒1平2
33. 马八进七　炮4退1
34. 兵五进一　士5进4
35. 炮四退三　炮7进1
36. 马七退八　士4退5
37. 马八退六　炮4平2?
38. 马六退八　炮2进3
39. 兵一进一　炮2退1
40. 马八进七　马7进8
41. 兵一平二　马8进6
42. 马二进四　马6进8
43. 炮四平七!（图2）炮7平9
44. 兵二平三　马8退7
45. 兵三进一　炮9进3
46. 马四退三　炮2进2
47. 马三进二　马7进5
48. 炮七平五　马5退7
49. 相五进三!炮2平4?
50. 马七退六　卒5进1
51. 马二进一

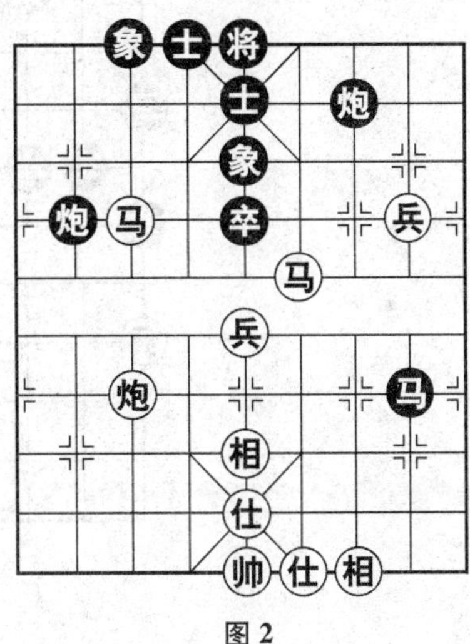

图2

第44局　聂铁文负赵国荣

（2011年句容茅山·碧桂园杯全国象棋个人赛）

1. 兵七进一　炮2平3
2. 相七进五　马2进1
3. 马八进七　车1平2
4. 车九平八　炮8平5
5. 炮八进四　马8进7
6. 炮二平四　车9平8
7. 马二进三　车8进4
8. 车一平二　车8平6
9. 仕六进五　卒1进1
10. 炮八退三　车2进3
11. 车二进四　士4进5
12. 马七进六　车6平4
13. 车八平六?（图1）炮3进3!

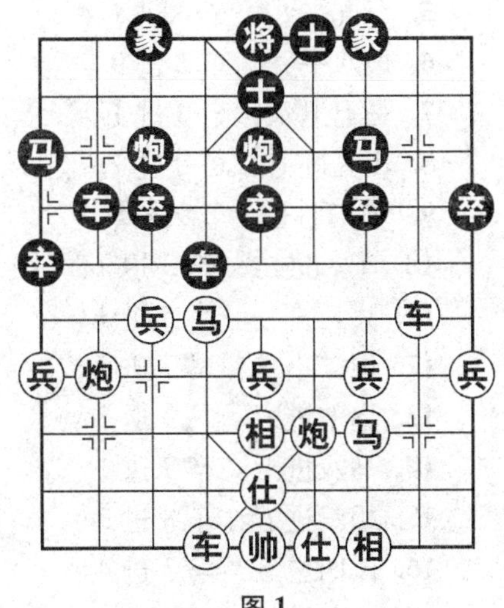

图1

14. 炮八平六　炮3平8　　15. 炮六进二　炮5平4
16. 兵三进一?（图2）炮8平4　　17. 马三进四　车2进1

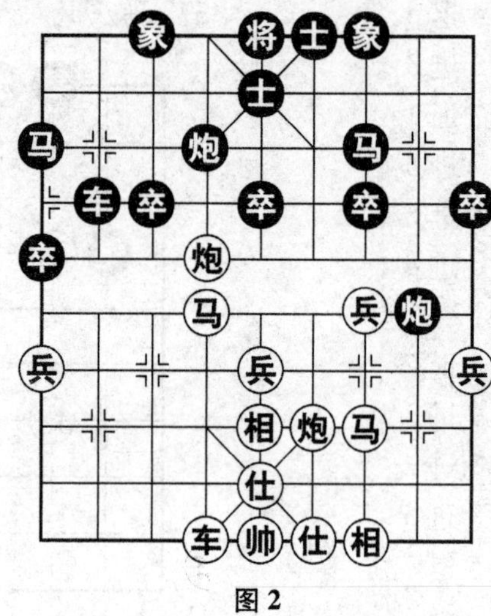
图2

第45局　李强负张江

（1997年全国象棋团体赛）

1. 兵七进一　炮2平3　　2. 相七进五　马2进1
3. 马八进七　炮8平5　　4. 马二进三　车1平2
5. 车九平八　卒3进1
6. 炮八平九　车2进9
7. 马七退八　卒3进1
8. 相五进七　马8进7
9. 炮九平七　车9平8
10. 车一进二　炮3退1!（图1）
11. 兵三进一　卒5进1
12. 炮二进二? 马7进5
13. 炮七进六　马1退3
14. 马八进七　卒7进1
15. 相三进五　车8进3
16. 仕四进五　马3进4
17. 马七进六　卒7进1

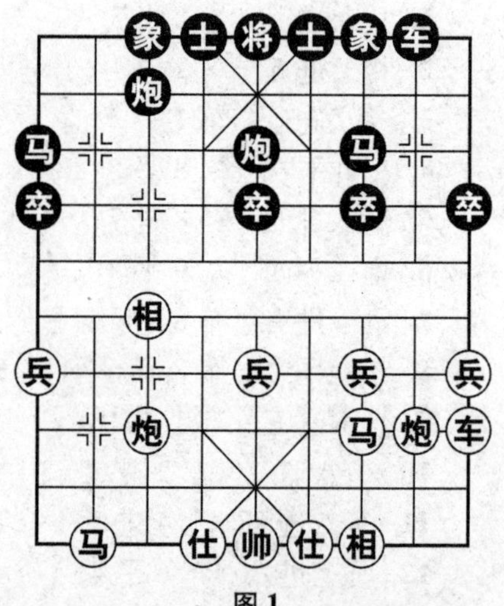
图1

18. 相五进三　卒5进1
19. 炮二平五？马4进5
20. 马六进五　马5进7！（图2）
21. 马五退三　车8平7
22. 车一平二　车7进1
23. 车二进二　炮5平1

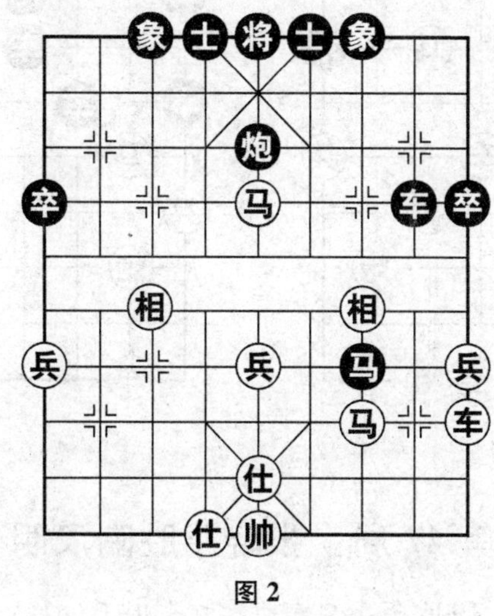

图2

第46局　钟少鸿胜童本平

（2012年同峰杯上海——全国业余顶尖棋手象棋对抗赛）

1. 兵七进一　炮2平3
2. 相七进五　马2进1
3. 马八进七　车1平2
4. 车九平八　炮8平4
5. 马二进一　马8进7
6. 车一平二　象7进5
7. 炮二平三　士6进5
8. 仕六进五　车9平6
9. 车二进四　车6进4
10. 兵一进一　卒1进1
11. 车二平六　车2进4
12. 马一进二　车6平8
13. 炮三平二　车8平4
14. 车六平四　卒3进1
15. 兵七进一　车2平3
16. 马七进八　车4退1
17. 马二进三　马7退9？（图1）
18. 车四平二　马9退7
19. 车二进五　炮3退1
20. 兵三进一　士5退6
21. 炮二进四　马7进6？
22. 马三进五！卒5进1
23. 炮二退一！（图2）卒5进1
24. 车二平四　将5进1
25. 马五退六！

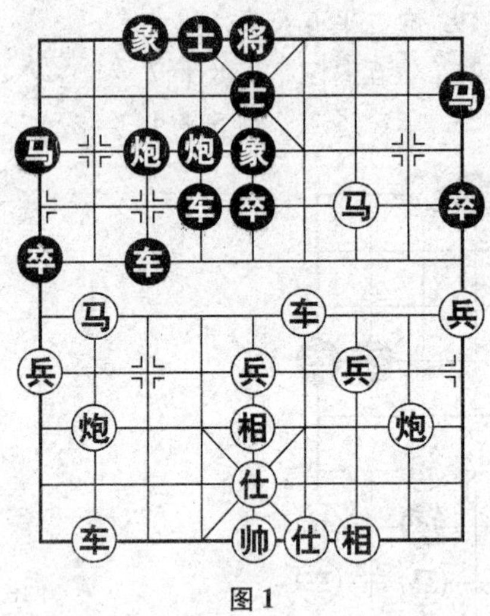

图 1

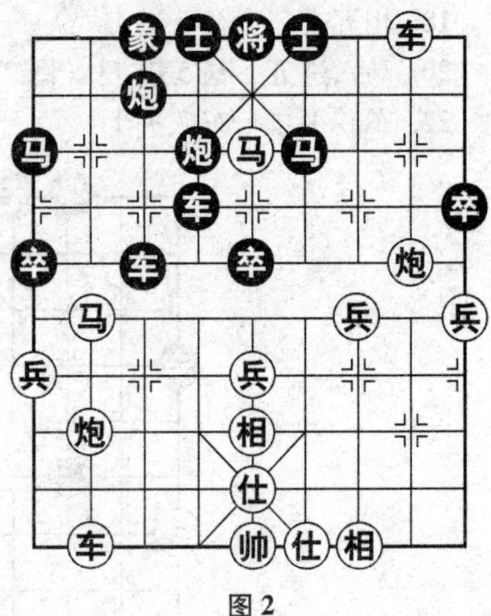

图 2

第 47 局　张晓平胜陶汉明

（1996 年嘉丰房地产杯全国王位赛）

1. 兵七进一　炮 2 平 3
2. 相七进五　马 2 进 1
3. 马八进七　车 1 平 2
4. 车九平八　炮 8 平 5
5. 马二进一　马 8 进 7
6. 炮八进四　车 9 平 8
7. 车一平二　卒 1 进 1?（图 1）
8. 炮二平三　车 8 进 9
9. 马一退二　卒 7 进 1
10. 炮三进三　象 7 进 9
11. 炮三进一　卒 3 进 1
12. 马七进六　卒 3 进 1
13. 马六进四　卒 3 进 1
14. 马二进三　车 2 进 1
15. 兵三进一　炮 5 平 4
16. 马四进二　炮 3 进 1
17. 兵三进一！马 7 退 8
18. 马三进四　马 8 进 6
19. 炮八进一　马 6 进 7
20. 兵三进一　炮 4 进 1
21. 车八进四　炮 4 平 7?

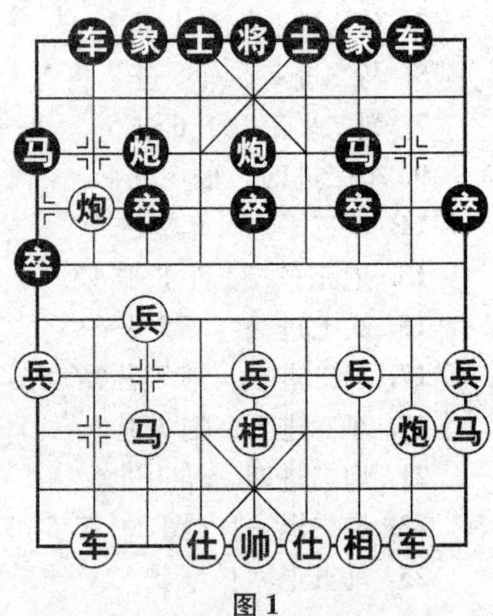

图 1

22. 车八平五！（图 2）车 2 平 5　　23. 车五进二　车 5 进 2
24. 马二进三　将 5 进 1　　25. 马四进五　炮 3 退 2
26. 马五进七

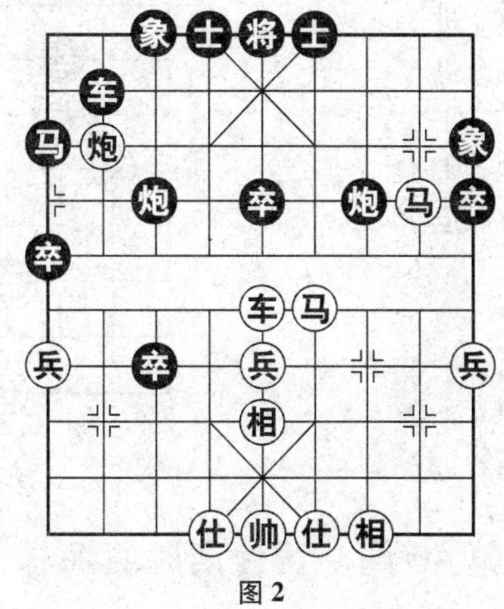

图 2

第 48 局　李强负张学潮

（2008 年楚河汉界杯象棋棋王争霸赛）

1. 兵七进一　炮 2 平 3　　2. 相七进五　马 2 进 1
3. 马八进七　车 1 平 2
4. 车九平八　车 2 进 4
5. 马二进三　马 8 进 7
6. 炮二进二　卒 7 进 1
7. 马七进八　车 2 平 6
8. 马八进九　炮 3 平 6
9. 兵九进一？（图 1）象 7 进 5
10. 车一进一　炮 8 平 9
11. 炮二平一　炮 9 进 3
12. 兵一进一　车 9 平 8
13. 炮八平九　车 8 进 6
14. 车八进八　士 6 进 5
15. 兵一进一　车 8 平 7

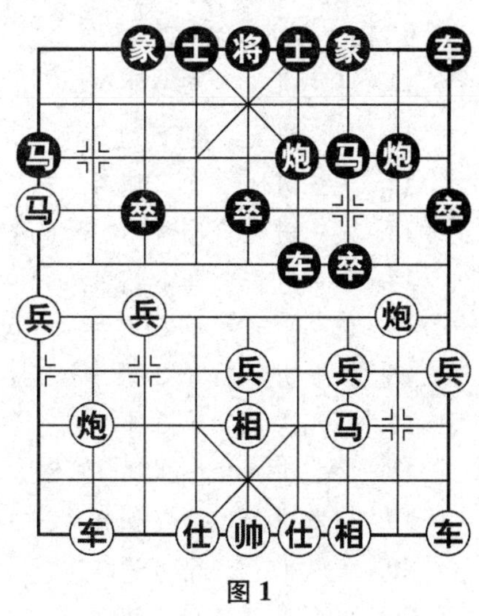

图 1

16. 兵一进一　卒7进1
17. 兵一平二　马7进8
18. 车一进四　车6平4
19. 兵七进一　车4进3！
20. 马九退八　马8进6
21. 马三进一　卒7平8
22. 炮九进五？炮6平1
23. 车一进四　象5退7
24. 相五进三　炮1平6！（图2）
25. 车一平三　士5退6
26. 马一进二　车7平5
27. 仕四进五　车4平7！
28. 相三进五　马6进5

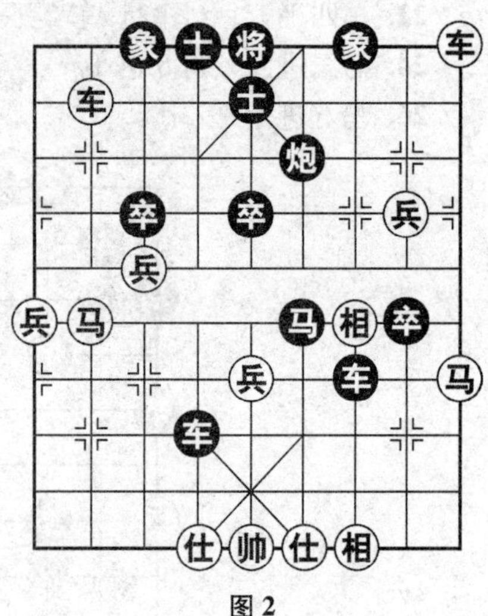
图2

第49局　黄仕清胜黄海林

（2004年大江摩托杯全国象棋个人赛）

1. 兵七进一　炮2平3
2. 相七进五　马2进1
3. 马八进七　车1平2
4. 马七进六　炮8平5
5. 马六进五　炮3退1
6. 仕六进五　炮5进4
7. 车九平六　象7进5
8. 马五退四　马8进6
9. 炮二平四　士6进5
10. 马二进三　车9平8
11. 车六进三　炮5退2
12. 兵三进一　车2进4
13. 兵一进一！（图1）卒1进1
14. 车一进三　车8进4？
15. 车一平五　炮5平4
16. 兵七进一！车2平3
17. 炮四进六　炮3平6
18. 兵三进一！（图2）车8进3
19. 车六进二　卒7进1
20. 车六平七　卒3进1
21. 车五进三　马1进2

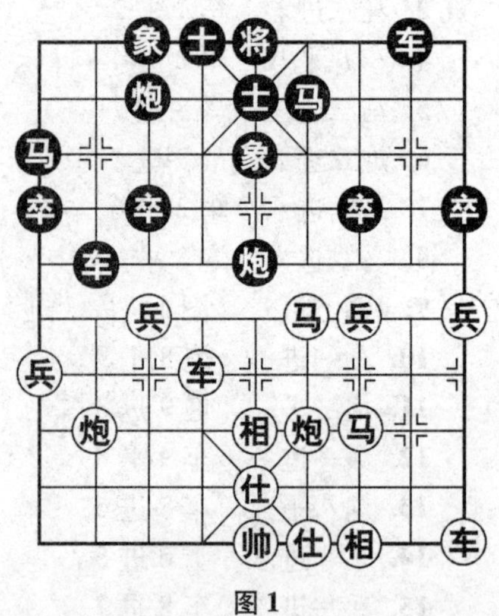
图1

22. 马四进六　马2进1
23. 马三进四　车8退5
24. 炮八进七　马1进3
25. 马四进三　车8平7
26. 马三进五　马3退4
27. 车五平一　士5进4
28. 马五进六　马4进2
29. 车一进三　将5进1
30. 前马退四

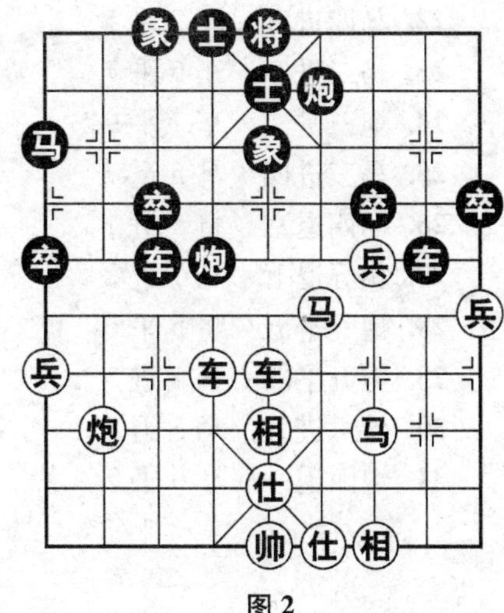

图2

第50局　宋国强负吕钦

（2010年第四届全国体育大会）

1. 兵七进一　炮2平3
2. 相七进五　马2进1
3. 马八进七　车1平2
4. 车九平八　炮8平4
5. 炮八进四　马8进7
6. 马二进一　车9平8
7. 车一平二　车8进4
8. 炮二平三　车8平4
9. 车二进一　象7进5
10. 车二平八　卒3进1
11. 前车进四　卒1进1
12. 前车平九?（图1）车4退1!
13. 车九平七　车4平2
14. 车七进二　前车进6
15. 马七退八　士6进5!
16. 马八进七　卒5进1!（图2）
17. 兵一进一　马7进5
18. 车七平六　士5进4
19. 马一进二　卒7进1
20. 马七进六　车2进3
21. 马六退四　车2进3

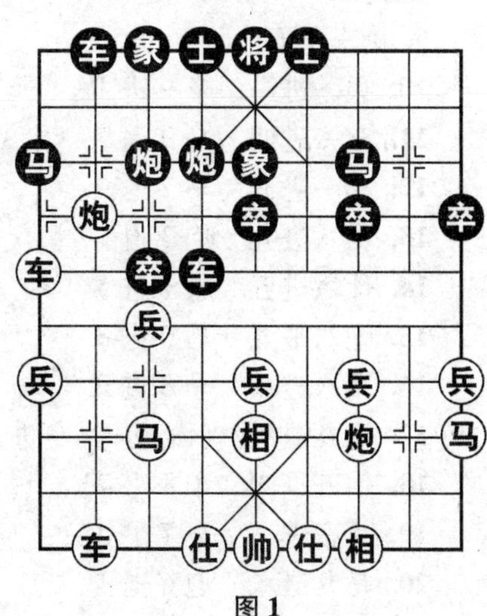

图1

22. 马四进五　车2平5
23. 马二进三　车5平7
24. 炮三平一　车7平9
25. 马三进四　马5退7
26. 马四退六　将5进1
27. 相五退七　马1进2
28. 炮一平五　将5平6
29. 炮五平四　马2进3
30. 仕六进五　马3退5
31. 炮四退一　车9平2

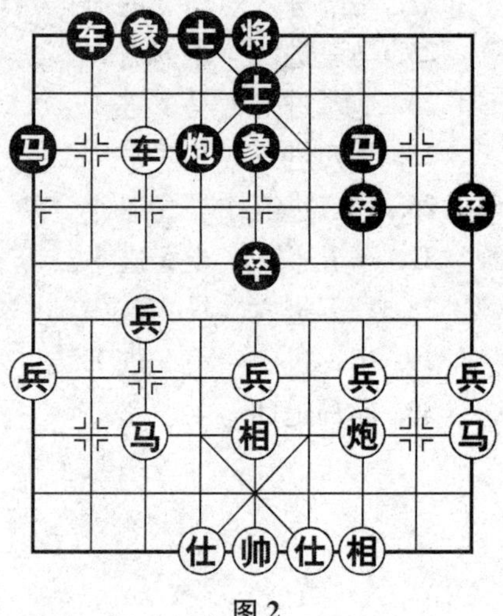

图2

第51局　尚威负李鸿嘉

（2000年全国象棋团体赛）

1. 兵七进一　炮2平3
2. 相七进五　马2进1
3. 马八进七　车1平2
4. 车九平八　车2进4
5. 炮二进二　炮8平6
6. 马七进八　车2平8
7. 炮二平一　马8进9
8. 马二进三　卒9进1
9. 炮一平五　士6进5
10. 兵一进一　卒9进1
11. 车一进四　马9退7
12. 车一进五　马7退9
13. 马八进九　炮3退1
14. 仕六进五　象7进5
15. 炮八平九　马9进8
16. 车八进八　马8进9
17. 炮九退一？（图1）马9进8
18. 炮五平四　车8平7！
19. 兵三进一　车7平4
20. 马九退八　炮6退1
21. 炮四退三　马8进7

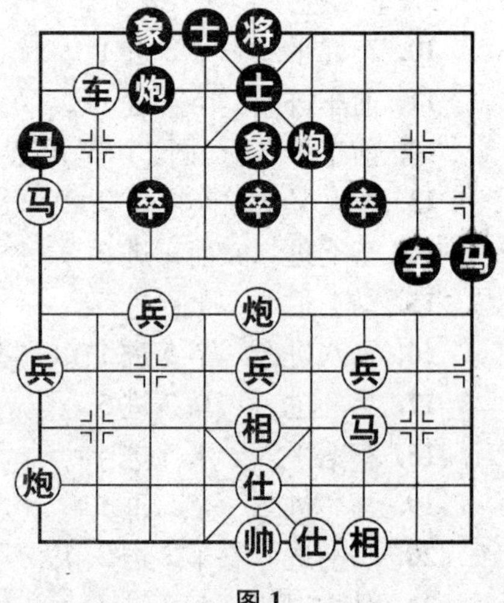

图1

22. 仕五进六　车4平6!
23. 帅五进一　炮6平8
24. 兵三进一　车6平7
25. 马三进二　马1进2
26. 帅五退一? 马2进4
27. 马二进一　车7平6
28. 仕六退五　马4进5!（图2）
29. 帅五平六　炮8平6
30. 马一退二　车6平4
31. 炮九平六　炮3平4

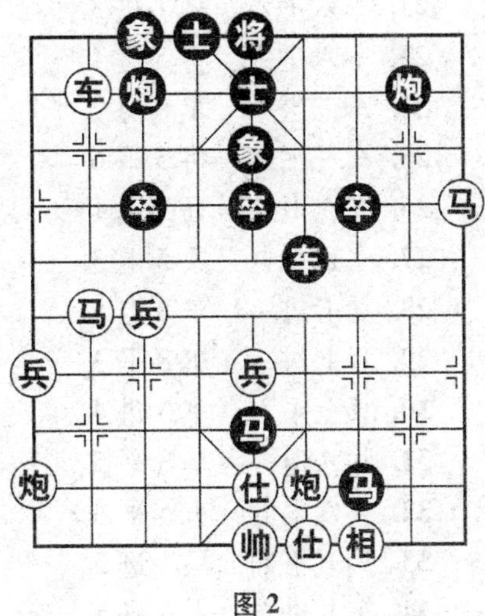
图2

第52局　段书航胜李小龙

（2008年楚河汉界杯象棋棋王争霸赛）

1. 兵七进一　炮2平3
2. 相七进五　马2进1
3. 马八进七　车1平2
4. 马七进六　炮8平5
5. 马六进五　炮3退1
6. 车一进一　车2进6
7. 仕六进五　车2平5
8. 马五退六　车5退1
9. 车九平六　马8进7
10. 车一平四　车9平8
11. 车四进五　炮3平2?（图1）
12. 车四平三　车8进2
13. 炮二平三　车8进7
14. 车三进一　炮2平5
15. 车六进二　象7进9
16. 炮八进五! 车5平6
17. 马六进七　前炮进6
18. 帅五平六? 前炮平4?
19. 仕四进五! 车6进3
20. 炮八平五!（图2）象3进5
21. 帅六进一　炮5平4

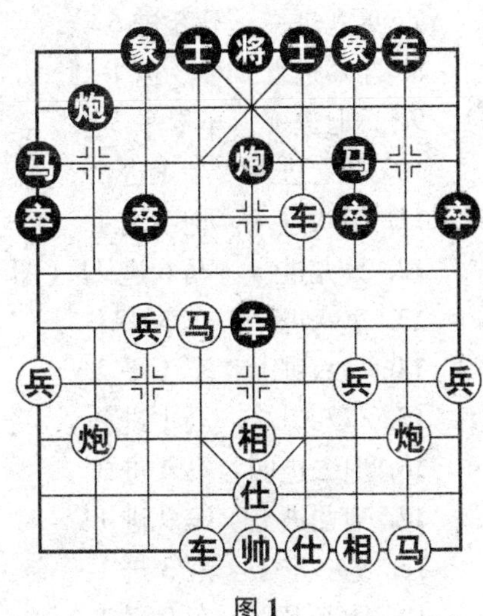
图1

22. 车六进六　马 1 进 3
23. 车六进一　将 5 进 1
24. 车三进一　车 6 退 7
25. 车三平四　将 5 平 6
26. 车六退三　马 3 退 1
27. 车六平九　象 5 退 3
28. 兵七进一　车 8 退 5
29. 兵七进一　车 8 平 3
30. 兵七平六　车 3 进 4
31. 帅六退一　车 3 平 5
32. 兵六平五　车 5 平 3
33. 兵五平四　马 1 进 3
34. 车九进二　士 6 进 5
35. 炮三平四

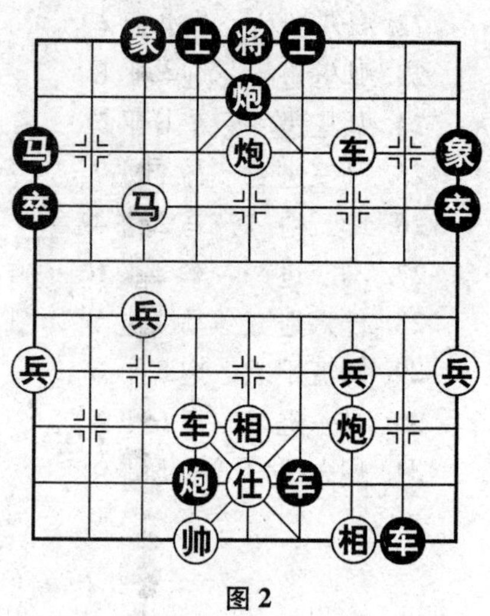

图 2

第 53 局　张晓平负庄玉庭

（1996 年全国象棋个人赛）

1. 兵七进一　炮 2 平 3
2. 相七进五　马 2 进 1
3. 马八进七　车 1 平 2
4. 车九平八　车 2 进 4
5. 炮八平九　车 2 平 6
6. 马二进一　象 7 进 5
7. 兵九进一　马 8 进 6
8. 仕六进五　卒 3 进 1
9. 兵七进一　车 6 平 3
10. 马七进六　卒 1 进 1
11. 车八进八　炮 3 退 1
12. 兵九进一　马 6 进 4！（图 1）
13. 车八退一　车 3 平 1
14. 马六进七　车 1 平 2
15. 车八退二　马 1 进 2
16. 炮二进四？马 4 进 3
17. 炮九进七　车 9 进 1！
18. 车一进一　炮 3 进 1
19. 仕五退六　车 9 平 1

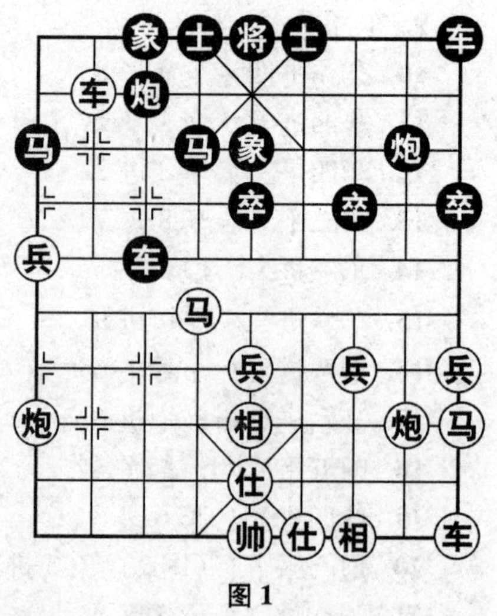

图 1

20. 炮九平八　车1平2
21. 炮八平九　车2平1
22. 炮九平八　车1平2
23. 炮八平九　车2退1
24. 车一平九　马2进3
25. 相五进七　前马退1!（图2）

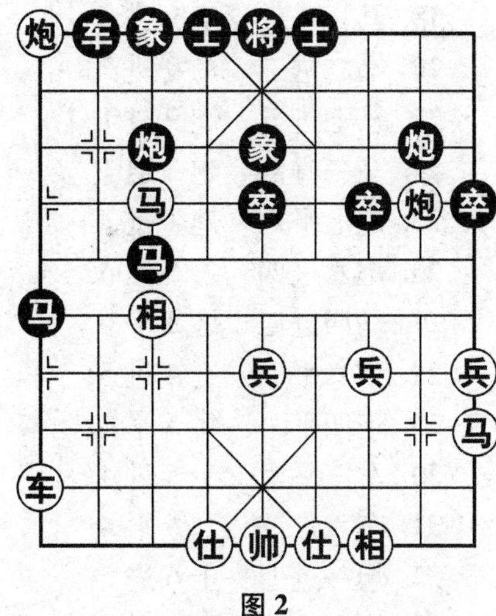
图2

26. 炮九退一　士6进5
27. 炮九平六　车2进1
28. 炮六退四　马1进2
29. 相三进五　车2平4
30. 炮六平四　车4进5
31. 炮二退三　马2退3
32. 兵五进一　前马进4
33. 车九平六　车4退3
34. 仕四进五　车4平3
35. 车六进一　马3进5
36. 车六进二　车3进4!

第54局　阎文清负崔岩

（1997年全国象棋个人赛）

1. 兵七进一　炮2平3
2. 相七进五　马2进1
3. 马八进七　象7进5
4. 车九平八　车1进1
5. 马二进一　车1平4
6. 炮二平四　车4进3
7. 车一平二　马8进9
8. 车二进六　炮8平6
9. 车二平一　卒1进1
10. 仕六进五　士6进5
11. 车八平六　车4平2
12. 炮八退二　车9平8
13. 炮八平七　炮6退1
14. 车一退二　炮6平9
15. 车一平五　车8进8
16. 兵一进一　卒5进1
17. 车五平二　车8退3

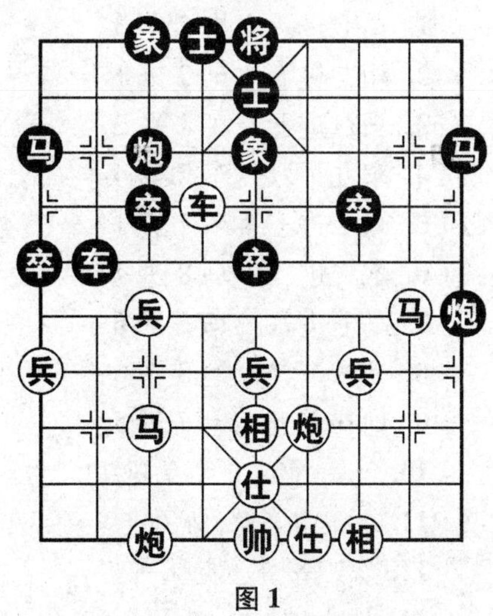
图1

18. 马一进二　炮9进4　**19.** 车六进六！（图1）卒5进1
20. 马二进三　马9进7　**21.** 车六平三　卒5进1
22. 马七进五　炮9进1　**23.** 马五进三　炮9平1
24. 马三进四　炮3退1
25. 炮七平六　炮1进3
26. 炮六进四　士5退6?
27. 马四进三　炮3平6
28. 炮六平五　士4进5
29. 炮四平一　将5平4
30. 车三平六　士5进4
31. 车六进一　炮6平4
32. 炮一进七！士6进5
33. 炮五进四?（图2）车2进5
34. 仕五退六　车2平4
35. 帅五进一　车4退7
36. 炮五进一　象5退7
37. 炮五退一　象7进5

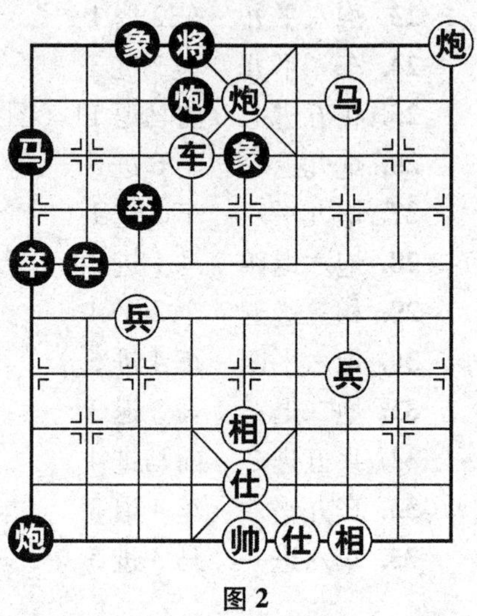

图2

第55局　李强胜王新光

（2008年第二届济南潍坊象棋擂台赛）

1. 兵七进一　炮2平3
2. 相七进五　马2进1
3. 马八进七　车1平2
4. 车九平八　车2进4
5. 马二进三　卒7进1
6. 炮二进二　马8进7
7. 马七进八　车2平6
8. 马八进九　炮3平6
9. 炮二平五　象7进5
10. 车一平二　卒7进1！
11. 兵三进一　马7进8
12. 车二平一　炮8平7
13. 仕六进五　炮7进5?（图1）

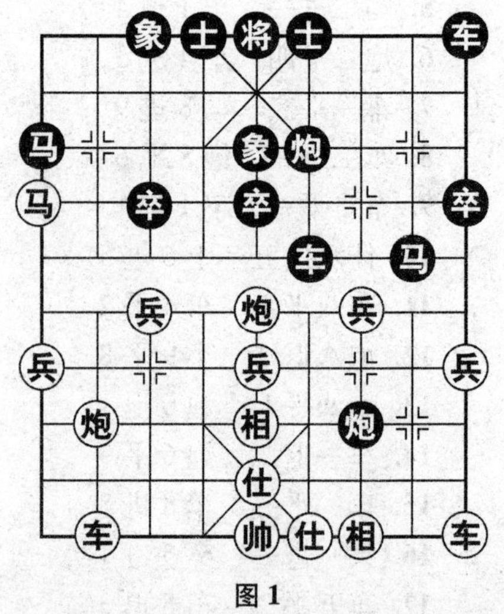

图1

14. 炮八平三　车6进2
15. 车一平二　马8进9
16. 炮三平一　车9平7
17. 车二进六　卒5进1
18. 炮五平六　车6平5？
19. 炮六进二　士6进5
20. 炮六平五　车5平6
21. 车八平六　马9退7
22. 车二进二　车7进3？
23. 车二进一　炮6退2
24. 马九进七！（图2）车6进3

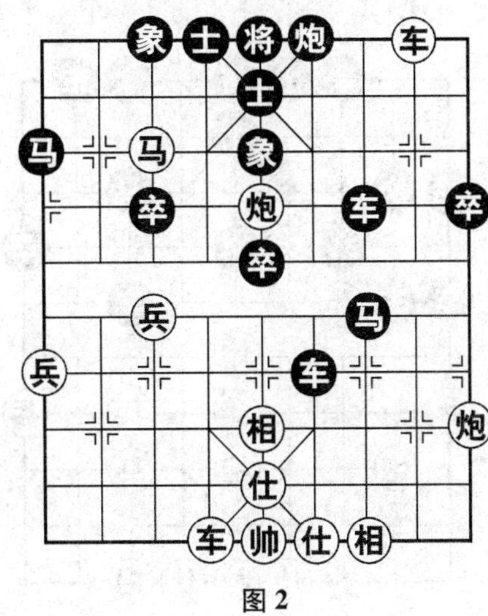

图2

25. 帅五平四　马7进6
26. 车二平四　将5平6
27. 车六进五　车7平6
28. 仕五进四　车6进4
29. 帅四平五　车6进2
30. 帅五进一　车6退1
31. 帅五退一　车6进1
32. 帅五进一　卒5进1
33. 车六平五　卒5平4
34. 兵九进一　卒4进1
35. 兵九进一　车6退2
36. 车五平六　卒4平3
37. 炮五退二　前卒进1
38. 马七退五

第56局　宋国强胜夏金凯

（2012年第二届辛集国际皮革城杯象棋公开赛）

1. 兵七进一　炮2平3
2. 相七进五　马2进1
3. 马八进七　车1平2
4. 车九平八　车2进4
5. 马二进三　卒7进1
6. 车一进一　马8进7
7. 炮二进二　卒1进1
8. 车一平六　士6进5
9. 马七进八　车2平6
10. 车八进一　炮8平9
11. 马八进九　车9平8
12. 炮二平五　车6平2？
13. 马九进七　炮9平3
14. 车六进六　炮3平2
15. 兵七进一！（图1）车2进1
16. 车六平三　象7进5
17. 炮五进三！象3进5
18. 车三平五　炮2进5？
19. 车五平九　卒3进1
20. 马三退五　车8进8
21. 马五进七！车8平2
22. 马七进八　车2平3

23. 马八进六　炮 2 进 2　　24. 仕六进五　车 3 进 1
25. 仕五退六　车 3 退 4　　26. 仕六进五　车 3 平 4
27. 马六进四　车 4 平 6　　28. 马四进二　车 6 进 1
29. 车九平八　炮 2 平 1　　30. 马二退三　车 6 平 7
31. 车八平三!（图 2）车 7 平 5　　32. 车三进二　士 5 退 6

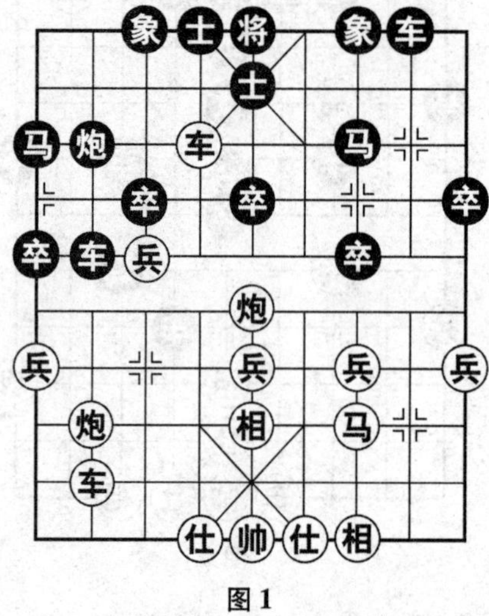

图 1

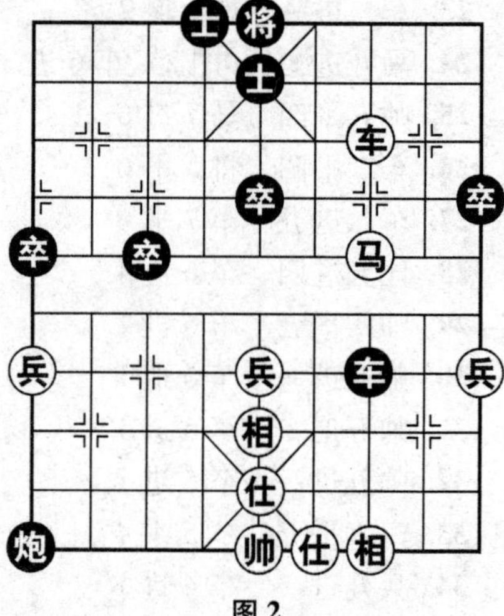

图 2

33. 马三进四　将 5 进 1　　34. 车三平四　车 5 平 4
35. 车四平五　将 5 平 6　　36. 马四进二　车 4 平 7
37. 车五平六　将 6 平 5　　38. 车六退三　车 7 退 4
39. 马二退一　车 7 平 5　　40. 马一退二

第 57 局　张晓平负阎文清

（1996 年全国象棋团体赛）

1. 兵七进一　炮 2 平 3　　2. 相七进五　马 2 进 1
3. 马八进七　车 1 平 2　　4. 车九平八　炮 8 平 5
5. 炮八进四　马 8 进 7　　6. 马二进一　车 9 平 8
7. 车一平二　卒 3 进 1　　8. 兵七进一　车 8 进 4
9. 兵七平八　卒 1 进 1　　10. 炮二平三　车 8 平 2
11. 车八进五　马 1 进 2　　12. 炮八平三　象 7 进 9
13. 车二进五? 马 2 进 1!（图 1）　　14. 车二平九　马 1 进 3
15. 后炮平七　炮 5 进 4　　16. 仕四进五　象 3 进 5

17. 兵一进一　车2进5!
18. 车九退二　炮5退2
19. 炮三退二　士6进5
20. 马一进二　马7进8
21. 车九平五　炮3平1
22. 炮七平九　炮1进3
23. 炮九进一　车2退1
24. 车五进一　炮1退2
25. 车五平九　炮1进3
26. 车九退一　炮5进1
27. 马二退一　车2平6
28. 炮三平二? 炮5平9
29. 兵三进一　卒5进1
30. 车九平五　马8退6
31. 仕五退四　车6平8
32. 仕六进五　卒5进1!（图2）
33. 车五平八　卒9进1
34. 车八进三　马6退4
35. 车八平五　马4进3!
36. 车五进一　马3进4
37. 车五平七　卒5平6
38. 兵三进一　车8平7
39. 炮二进五　车7平5
40. 马一进三　炮9进4

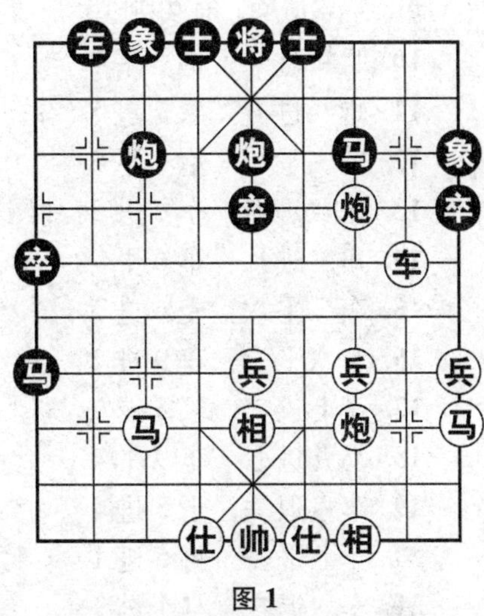

图1

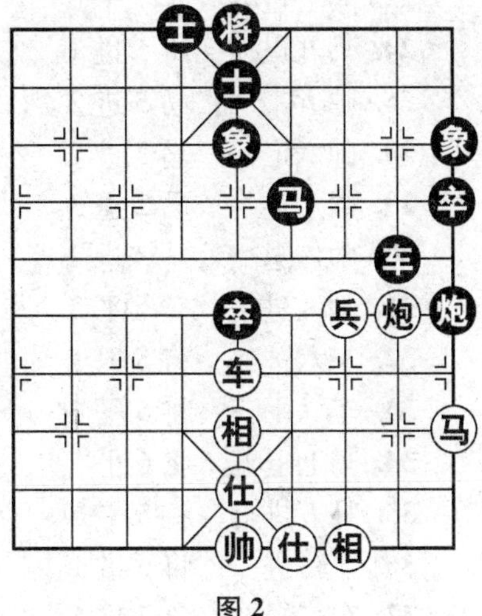

图2

第58局　宋国强胜张强

（2009年惠州华轩杯全国象棋甲级联赛）

1. 兵七进一　炮2平3
2. 相七进五　马2进1
3. 马八进七　车1平2
4. 车九平八　车2进4
5. 马二进三　卒7进1
6. 炮二进二　卒1进1
7. 马七进八　车2平6
8. 炮二平一！炮8平9

9. 马八进九　炮9进3
10. 兵一进一　炮3平7
11. 炮八进五　象7进5
12. 车一平二　炮7平2
13. 车八进七　车6进3？（图1）
14. 车二进八！车6平7？
15. 车二平六！士6进5
16. 车八平七！车9进2
17. 车七进二　象5退7
18. 马九进七　车9平4
19. 车六退一　士5进4
20. 车七平六　将5进1
21. 车六退二　马1进2
22. 马七进九　车7平6

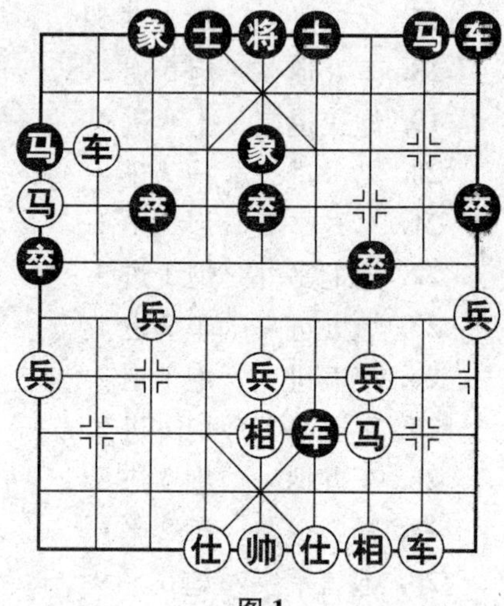

图1

23. 车六退二　马2进3
24. 马九退七　将5进1
25. 仕六进五　车6退7
26. 帅五平六　马3进2
27. 帅六进一　马2退3
28. 帅六退一　马3进2
29. 帅六进一　马2退3
30. 帅六退一　马3进2
31. 帅六进一　车6平3
32. 车六进二　将5退1
33. 车六平三　将5平6
34. 马七退五　将6平5
35. 马五进七　将5平6
36. 车三进一　将6进1
37. 车三平二　象7进5
38. 车二退二！（图2）象5进3
39. 兵七进一　卒3进1
40. 马七进五！车3平4
41. 马五退六

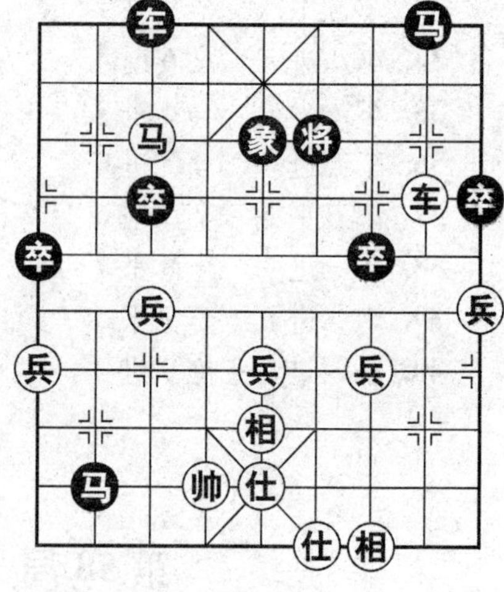

图2

第59局 黄仕清胜赵鑫鑫

（2006年第三届波尔轴承杯象棋公开赛）

1. 兵七进一　炮2平3
2. 相七进五　马2进1
3. 马八进七　车1平2
4. 车九平八　车2进6
5. 兵三进一　炮8平5
6. 马二进三　马8进7
7. 炮二进一　车2退2
8. 炮八平九　车2平4
9. 炮二平四！卒3进1
10. 车八进五　卒1进1
11. 车八平九　马1进3
12. 兵七进一　车4进4？（图1）
13. 马七退八！车4平2
14. 兵七进一　炮3平2
15. 马八进六　车2平4
16. 车九平八　炮2平4
17. 炮九平七　象3进1
18. 仕四进五　车9平8
19. 炮四平三　车8进3
20. 车一平二！车8进6
21. 马三退二　炮5进4
22. 兵三进一！车4退3
23. 炮三进三　象7进5
24. 马二进三　炮5退1
25. 炮三平二　马7退9
26. 炮二退二　车4进2
27. 炮七进二　车4退1
28. 马三进四　车4平5
29. 兵七平六　炮4平3
30. 车八进二！（图2）炮3进2
31. 炮二平五　车5退1
32. 车八平五　士6进5
33. 马四进三　马9退7
34. 车五退一　车5平4

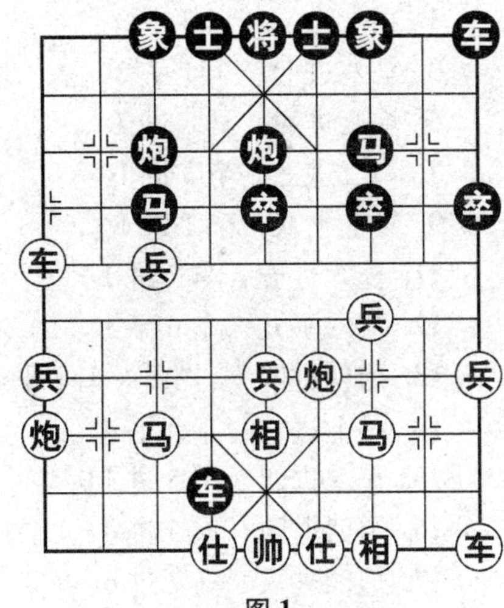

图1

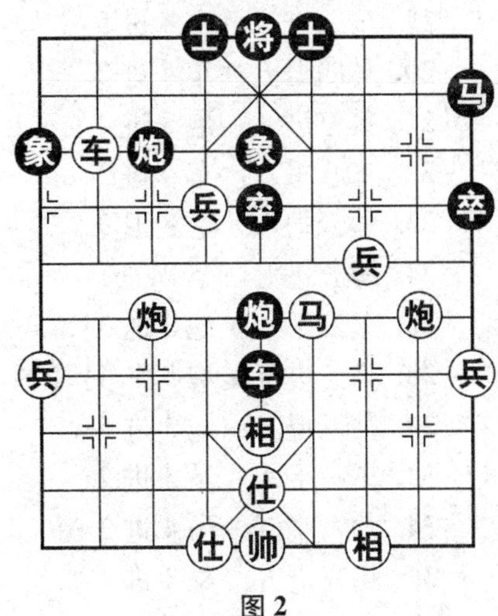

图2

35. 马三进五　马7进6
36. 车五平一　士5进4
37. 兵三平四　炮3平2
38. 炮七退二　车4平5
39. 兵六进一　象1进3
40. 兵四进一　马6退7
41. 马五进三　将5进1
42. 兵四进一

第60局　阎文清负郑一泓

（2005年蒲县煤运杯全国象棋个人赛）

1. 兵七进一　炮2平3
2. 相七进五　马2进1
3. 马八进七　车1平2
4. 车九平八　炮8平5
5. 炮八进四　马8进7
6. 炮二平四　车9平8
7. 马二进三　卒3进1
8. 兵七进一　车8进4
9. 兵七平八　卒1进1
10. 车一平二　车8平6
11. 仕六进五　卒7进1
12. 兵八平九　车6平1
13. 炮四进四?（图1）车1平3
14. 马七进六　车3平4
15. 车二进四　卒5进1!
16. 炮四退四　炮5进4
17. 炮四进三　马7进6
18. 马六进四　炮5退1
19. 车二进二　士4进5
20. 马四退五?车4进2
21. 兵三进一　炮3进4
22. 车八平六　车4进3
23. 帅五平六　炮3退3
24. 马五进七　卒7进1

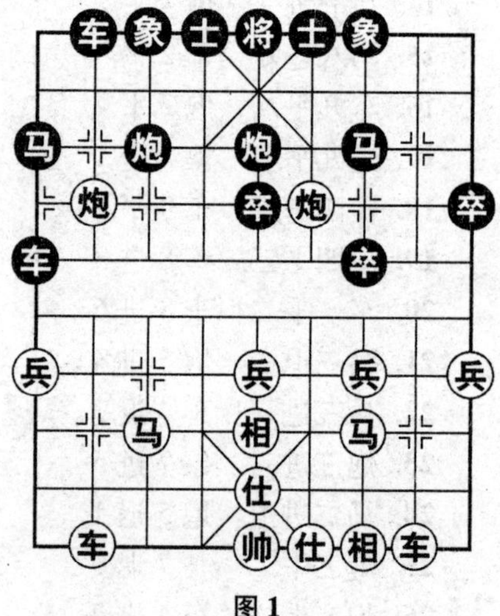

图1

25. 相五进三　象3进5
26. 车二平六　炮3退3!
27. 车六平一　马1退3
28. 马三进五　炮5平4!（图2）
29. 相三退五　卒5进1
30. 马五退三　炮3进5
31. 相五进七　车2进3
32. 车一平八　马3进2
33. 相七退五　马2退4
34. 帅六平五　马4进3
35. 相五进七　象5退3
36. 相三进五　象3进1
37. 仕五进六　士5进6
38. 仕四进五　士6进5
39. 马三退四　炮4退4

40. 兵一进一 炮4平1　41. 马四进二 炮1进5
42. 马二进三 炮1退2

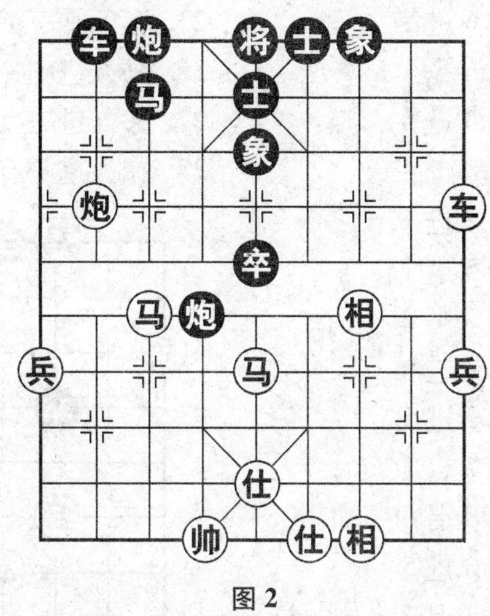

图2

第61局 陶汉明胜尚威

（1999年全国象棋个人赛）

1. 兵七进一 炮2平3　2. 相七进五 马2进1
3. 马八进七 车1平2　4. 车九平八 车2进4
5. 炮二进二 卒7进1
6. 马七进八 车2平6
7. 马八进九 炮3平6
8. 马二进三 马8进7
9. 仕六进五 象7进5
10. 兵九进一 车9进1
11. 车八平六 炮8进1
12. 马九退八 车9平3
13. 兵一进一 炮8平7
14. 车一平二 车3平8
15. 炮二平五！车8进8
16. 马三退二 卒5进1
17. 炮五进三！（图1）象3进5

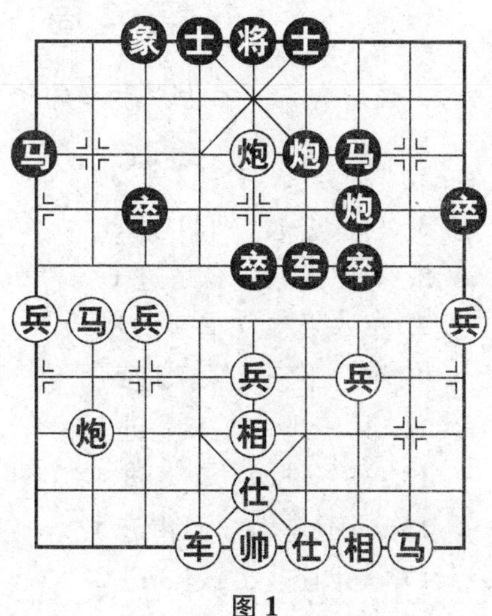

图1

18. 车六进六　炮7进3
19. 马二进一　卒7进1
20. 车六平五　将5进1
21. 马一进三　卒7进1
22. 兵九进一　炮6进7
23. 车五平三　炮6退4
24. 马八进九　车6平7
25. 马九进七　将5退1
26. 车三平六　士6进5
27. 兵九进一　炮6平8
28. 兵九进一　炮8进4
29. 相三进一　象5退3
30. 相五进三　卒7进1?
31. 马七进九　卒5进1
32. 马九进七　车7平2
33. 炮八平五　马7进8
34. 兵五进一　车2进5
35. 仕五退六　卒7进1
36. 帅五平四！马8退6?
37. 兵五进一? 马6进5
38. 车六退三　车2退1
39. 炮五退一　炮8平4?（图2）

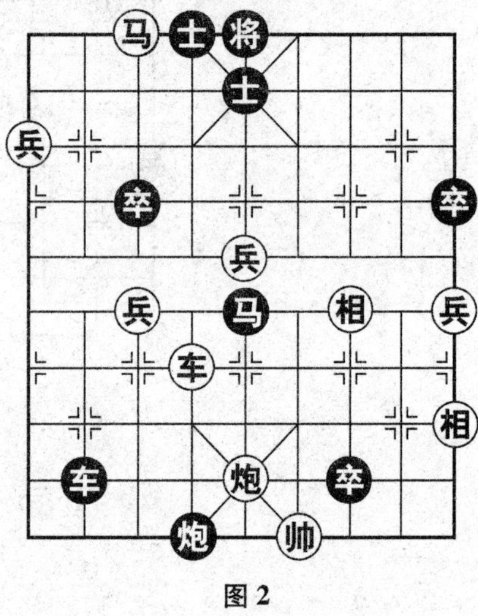

图2

40. 车六平二！车2平5
41. 车二进六　士5退6
42. 车二平四　将5进1
43. 车四退一

第62局　苗利明胜李智屏

（2009年惠州华轩杯全国象棋甲级联赛）

1. 兵七进一　炮2平3
2. 相七进五　马2进1
3. 马八进七　车1平2
4. 车九平八　车2进4
5. 马二进三　卒7进1
6. 炮二平一　马8进7
7. 车一平二　车9平8
8. 车二进六　炮8平9
9. 车二平三　象7进5
10. 炮八平九　卒1进1
11. 兵三进一　卒7进1
12. 车三退二　炮9退1
13. 马三进四　车8进4?（图1）
14. 车八进五　车8平2
15. 马七进六　士4进5?
16. 兵七进一！车2进1
17. 马四进六　炮3进2
18. 前马进四　士5进6
19. 炮一平二！炮9平2
20. 炮二进四　马7退9

21. 炮二平五　炮2平5
22. 炮五退一！马9进8
23. 车三平二　炮3进3
24. 马四进六　将5平4
25. 炮五平六　炮5平4
26. 炮六进三　将4进1
27. 前马退五　将4退1
28. 马五退六！（图2）炮3退1
29. 车二进二　将4平5
30. 前马进七　炮3平5
31. 仕四进五　车2平7
32. 相三进一　车7进1
33. 炮九进三　炮5平1
34. 马七进九　象3进1
35. 马六进五　士6退5
36. 马五退三　卒9进1
37. 炮九平五　车7平4
38. 车二平九　象1退3
39. 炮五平八　炮1平9
40. 炮八进四　士5退4
41. 马三进四　炮9平6
42. 车九平五　车4退4
43. 车五退三　车4平2
44. 车五平四　车2退2
45. 帅五平四！

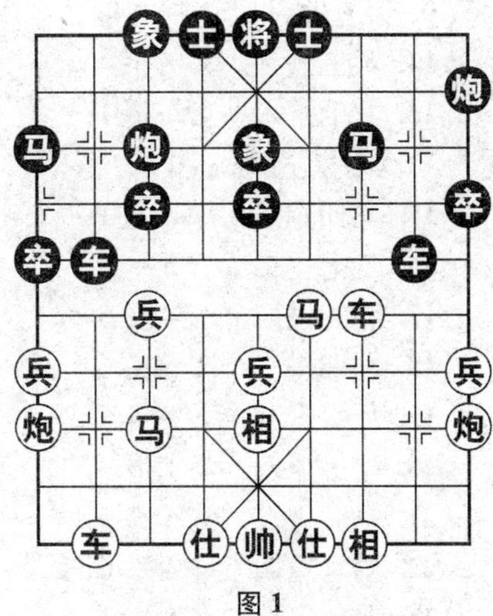

图1

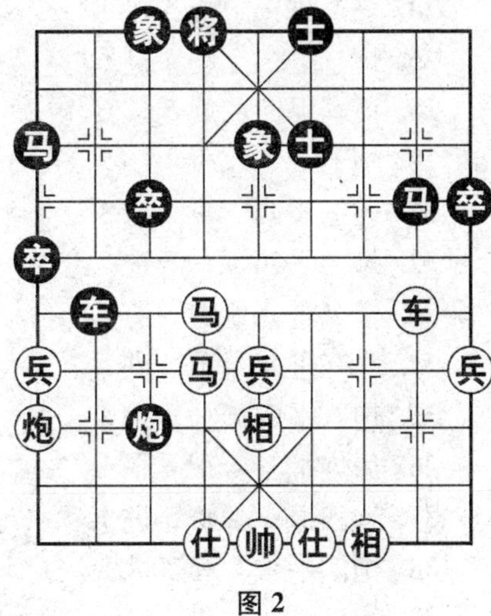

图2

第63局　李强负侯昭忠

（2008年第二届济南潍坊象棋擂台赛）

1. 兵七进一　炮2平3
2. 相七进五　马2进1
3. 马八进七　炮8平5
4. 车九平八　马8进7
5. 马二进三　车1平2
6. 炮二进二　车2进6
7. 马七进六　车9平8
8. 车一平二　车8进4

9. 兵七进一　车2平4
10. 兵七进一　炮3平4?
11. 兵三进一　车8平4
12. 炮八平七　马7退5
13. 兵七平六　后车退1
14. 马六进四!（图1）后车平3

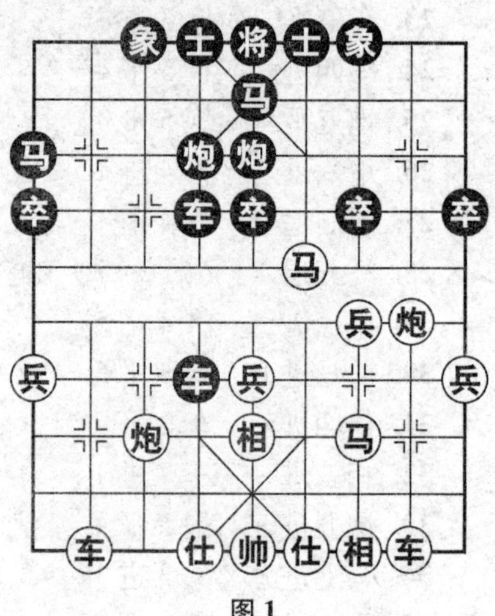

图1

15. 马四进二　炮4退1
16. 炮七进二　炮5平6
17. 马三进四　车4平5
18. 马四进三　车5平6
19. 仕六进五　马5进4
20. 炮七退四　马1退3
21. 马三进二　炮6平5
22. 前马退四　炮4平6
23. 马四退三　卒5进1
24. 马二进三　炮5退1
25. 炮二进二　马4进6?
26. 前马退四!炮5进6
27. 相三进五　车3平6
28. 炮七进九　士4进5
29. 车八进九　后车平2
30. 炮七平四　车2退3
31. 炮四平八　象7进9
32. 炮二平四　马6进7
33. 车二进九　炮6退1
34. 马三进四　士5进6
35. 炮八平四?马3进4
36. 后炮平三　车6平1
37. 炮四退一　将5进1
38. 炮四平一?马7进5
39. 炮三进二　将5进1
40. 车二平七　车1平3!（图2）

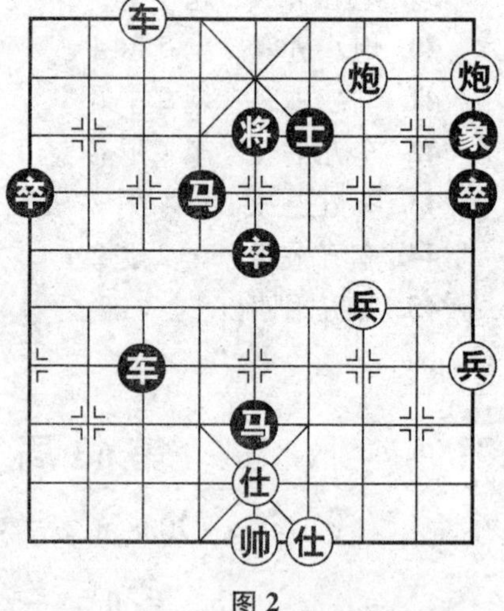

图2

41. 车七平五　士6退5
42. 仕五进六　车3平8
43. 车五平九　马4进3
44. 车九退三　马3进4
45. 帅五进一　马4进3

第 64 局　苗利明胜王行梁

（2009 年第一届全国智力运动会）

1. 兵七进一　炮 2 平 3
2. 相七进五　马 2 进 1
3. 马八进七　车 1 平 2
4. 车九平八　炮 8 平 5
5. 炮八进四　马 8 进 7
6. 炮二平四　车 9 平 8
7. 马二进三　卒 3 进 1
8. 兵七进一　车 8 进 4
9. 兵七平八　卒 1 进 1
10. 车一平二　车 8 平 6
11. 炮八平三　象 7 进 9
12. 仕六进五　车 2 进 4
13. 车八进五　马 1 进 2
14. 车二进四　车 6 平 3
15. 车二平八　卒 5 进 1
16. 兵三进一　马 2 退 1
17. 马七退六　车 3 退 1
18. 马三进四　炮 5 进 4
19. 炮四平二　炮 5 平 8
20. 兵三进一　象 9 进 7
21. 炮三平二　炮 8 平 5
22. 前炮平三　炮 5 退 1
23. 炮二进三　象 7 退 5
24. 炮二进一　车 3 进 3
25. 马四进二　马 1 进 3？（图 1）
26. 马二进四！士 6 进 5
27. 炮三平七　车 3 平 6
28. 马四退五　卒 5 进 1
29. 炮七退五　马 7 进 6
30. 炮二平五　车 6 平 3
31. 炮七进六　车 3 退 4
32. 车八平五　车 3 进 1
33. 相五进七！（图 2）马 6 进 7
34. 车五进一　马 7 进 8

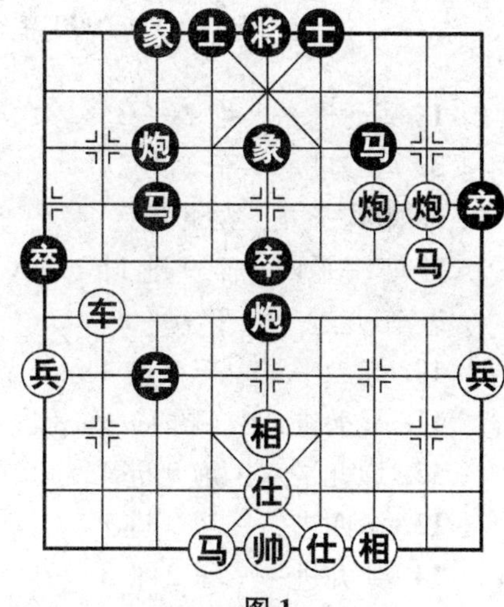

图 1

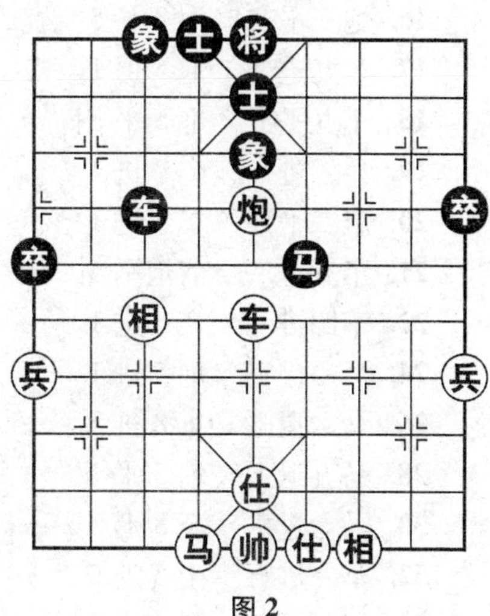

图 2

35. 马六进五　车3平2　　36. 马五退三　马8退9
37. 马三进二　马9退8　　38. 车五退二　马8退7
39. 炮五退一　车2平5　　40. 马二进四　马7进6
41. 车五退一　将5平6　　42. 相七退九　将6平5
43. 马四退六　马6进8　　44. 车五平二　马8进6
45. 车二进七　士5退6　　46. 马六进七！

第65局　刘忠来负许银川

（1990年全国象棋个人赛）

1. 兵七进一　炮2平3　　2. 相七进五　马2进1
3. 马二进一　车1平2　　4. 车一进一　象7进5
5. 炮八平九　马8进7　　6. 马八进七　士6进5
7. 车一平四　卒9进1！　　8. 兵三进一　炮8平9
9. 车九进一　车9平8
10. 炮二平三　车2进4
11. 马七进六？（图1）车8进4
12. 炮九平六　炮9进4
13. 车四进二　卒9进1
14. 兵九进一　车2平5
15. 仕六进五　炮9平8
16. 炮三平二？炮8平5
17. 车九进二　炮5退1
18. 车九平五　炮5平3！
19. 兵三进一　卒7进1
20. 炮二平三　车5进1！
21. 车五进一　前炮平5

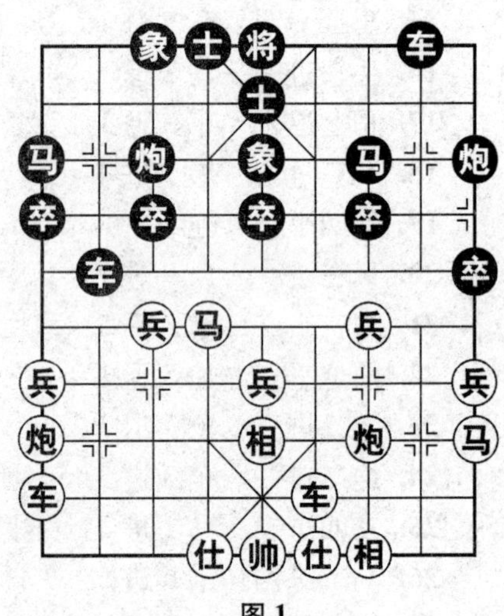

图1

22. 车四进一　卒5进1　　23. 车四平一　车8退1
24. 马一进三　炮5进1　　25. 炮六平七　炮3进5
26. 马六退七　车8进3　　27. 马三进五　马7进5
28. 马五退七　炮5平4　　29. 前马进八　马5进3
30. 马七进六　车8退3　　31. 马六退四　卒5进1
32. 车一进五　士5退6　　33. 车一退一　士4进5
34. 车一平四　马3进2　　35. 马八退七　马2进3

36. 马七退六　炮4退5
37. 车四退三　卒5进1
38. 马四进五　马1退3
39. 马五退七　后马进4
40. 马七进六　炮4进7!（图2）
41. 帅五平六　车8平4
42. 仕五进六　炮4平8
43. 车四退四　马3退5
44. 帅六平五　炮8退5
45. 车四进一　车4进4
46. 仕四进五　卒5平6

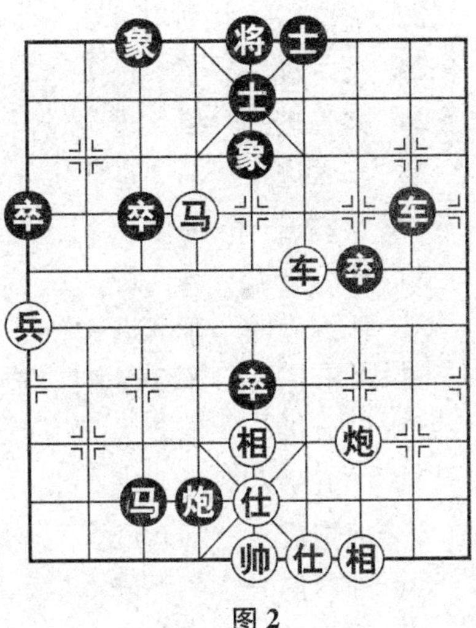

图2

第66局　幺毅负郑惟桐

（2013年第三届辛集国际皮革城杯象棋公开赛）

1. 兵七进一　炮2平3
2. 相七进五　马2进1
3. 马八进七　车1平2
4. 车九平八　炮8平4
5. 炮八进四　马8进7
6. 马二进一　车9平8
7. 车一平二　车8进4
8. 炮二平三　车8平4
9. 车二进一　卒1进1
10. 车二平八　象7进5
11. 兵三进一　卒3进1
12. 兵七进一　车4平3
13. 马七进六　车3平4
14. 马六退七　炮3进2?（图1）
15. 炮八平三　炮3平2
16. 前车平四　炮4平2
17. 车八平七　士6进5
18. 车四进三　车2进1
19. 仕六进五　车2平3
20. 车四平六　车4平3
21. 车七平六　前炮进3

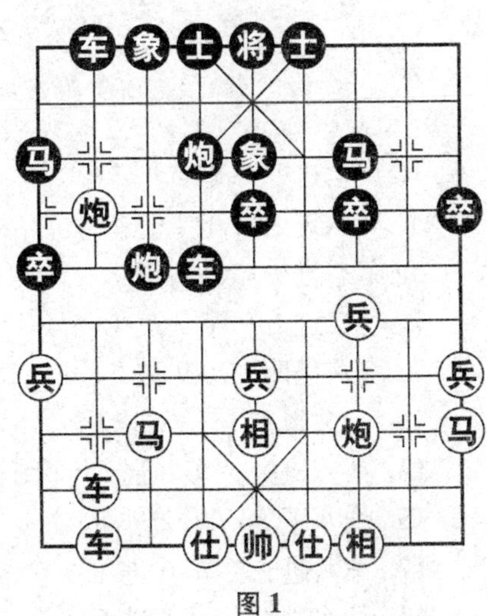

图1

22. 前车进一？ 马 1 进 2　　23. 前车平七　车 3 进 3
24. 马一进三　卒 5 进 1　　25. 车六进三　车 3 退 1
26. 兵三进一　象 5 进 7　　27. 马三进二　马 7 退 8
28. 车六进二　马 2 进 3
29. 车六退一？ 前炮平 5！
30. 相三进五　马 3 进 5
31. 仕五进四　车 3 进 4
32. 帅五进一　车 3 退 4！（图 2）
33. 帅五进一　炮 2 平 5
34. 帅五平六　马 8 进 6
35. 前炮进三　马 6 进 5
36. 帅六退一　卒 5 进 1
37. 车六进一　卒 5 进 1
38. 后炮平二　车 3 进 5
39. 帅六退一　车 3 进 1
40. 帅六进一　炮 5 平 4
41. 帅六平五　车 3 退 1

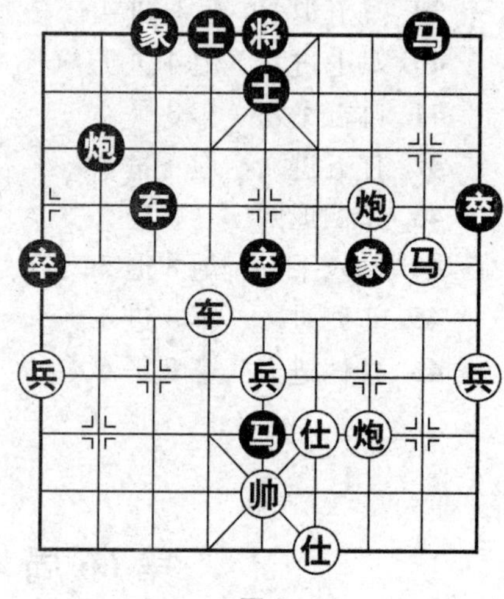

图 2

42. 帅五退一　车 3 平 8
43. 炮三平二　炮 4 平 5　　44. 帅五平六　车 8 进 1
45. 仕四退五　卒 5 进 1　　46. 车六平四　卒 5 进 1
47. 马二进一　炮 5 平 8

第 67 局　苗利明胜才溢

（2009 年浩坤杯全国象棋个人赛）

1. 兵七进一　炮 2 平 3　　2. 相七进五　马 2 进 1
3. 马八进七　车 1 平 2　　4. 车九平八　炮 8 平 4
5. 车一进一　马 8 进 7　　6. 炮二平四　车 9 平 8
7. 马二进三　卒 7 进 1　　8. 车一平六　士 6 进 5
9. 炮八进四　象 7 进 5　　10. 仕六进五　车 8 进 8
11. 炮八退五　车 8 退 2　　12. 炮八进二　车 8 进 2
13. 兵一进一　车 8 退 5？（图 1）　　14. 兵九进一　车 2 进 4
15. 炮八平九　车 2 进 5　　16. 马七退八　车 8 平 6
17. 车六进三　车 6 进 1　　18. 兵三进一　车 6 平 2
19. 马八进七　马 7 进 6　　20. 车六平四　卒 7 进 1

21. 相五进三　马6退7
22. 相三退五　卒3进1
23. 兵七进一　车2平3
24. 马七进八　炮3退1
25. 马八进九　车3平5
26. 车四平五　马1进3
27. 车五进一　卒5进1
28. 马三进四　炮4平1
29. 马四进六　马7进6?
30. 马六进八　炮1平2
31. 炮九平八! 炮2进4
32. 马八进七　马3退4
33. 马九退八　炮2平3
34. 马八进六　炮3退3
35. 相五退七!（图2）炮3平5
36. 炮四平六　马6进5
37. 马六进五　马5退3
38. 炮六平七　士5进6
39. 相七进五　马3进2
40. 炮七进七　将5进1
41. 马五退七　马4进3
42. 炮七退三　将5平6
43. 兵九进一　卒5进1
44. 炮七平一　卒5进1
45. 马七退六　马2退4
46. 帅五平六　炮5进1
47. 炮一平四　士6退5

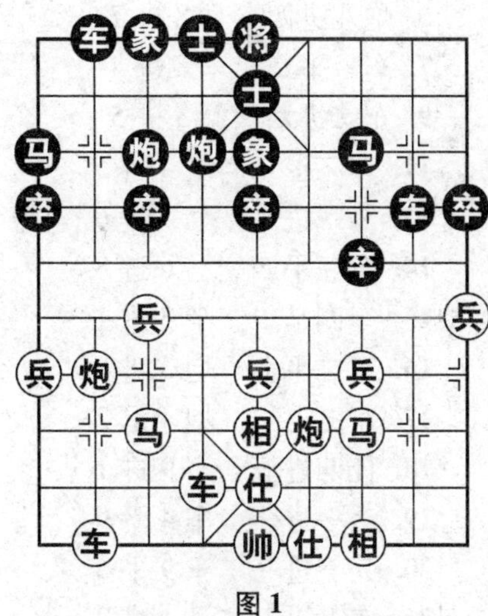

图1

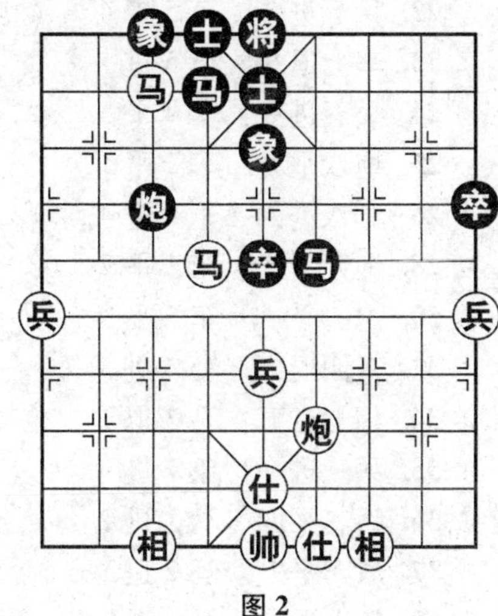

图2

48. 炮四退五! 炮5平4
49. 帅六平五

第68局　张晓平胜徐健秒

（1996年全国象棋个人赛）

1. 兵七进一　炮2平3
2. 相七进五　马2进1
3. 马八进七　车1平2
4. 车九平八　炮8平4

5. 炮八进四　马8进7
6. 马二进一　车9平8
7. 车一平二　车8进4
8. 炮二平三　车8平4
9. 车二进六　象3进5
10. 车二平三　卒3进1
11. 车三退二　士4进5
12. 兵一进一　卒1进1
13. 马一进二　马7进6?（图1）

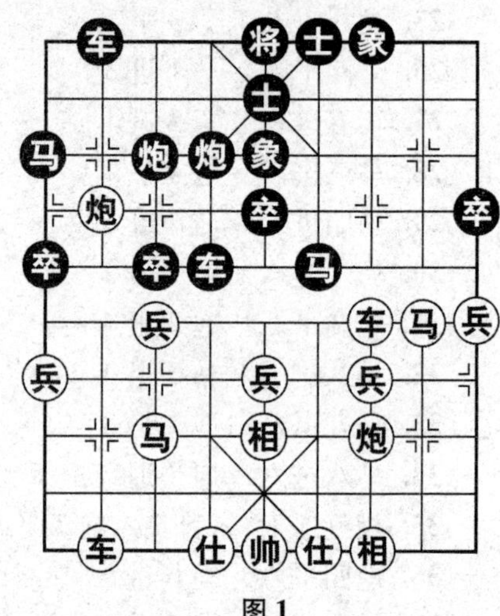

图1

14. 车三平四　马6进8
15. 车四平二　卒3进1
16. 车二平七　炮3进5
17. 车七退二　炮4退2
18. 仕四进五　卒9进1
19. 兵一进一　车4平9
20. 兵三进一　车9平5
21. 车七进五　马1进2
22. 兵五进一　车5平4
23. 车七退一　卒5进1
24. 兵五进一！车4平5
25. 炮八平九　车2平1
26. 车八进四　士5进4
27. 车七平四　马2进4
28. 炮九平八　车1平2
29. 车四进二　士6进5
30. 炮三平一　车5平9
31. 相五退七　车2进2
32. 车四退二　马4进3
33. 车八平四　炮4平3
34. 相七进五　马3退1
35. 兵三进一！象7进9
36. 兵三平四　马1进2
37. 后车平七　马2退1
38. 车七退一　马1退2
39. 车七进一　炮3平4
40. 炮八平九　车2退2
41. 炮九平五　马2进4
42. 炮五进二！（图2）车9平6

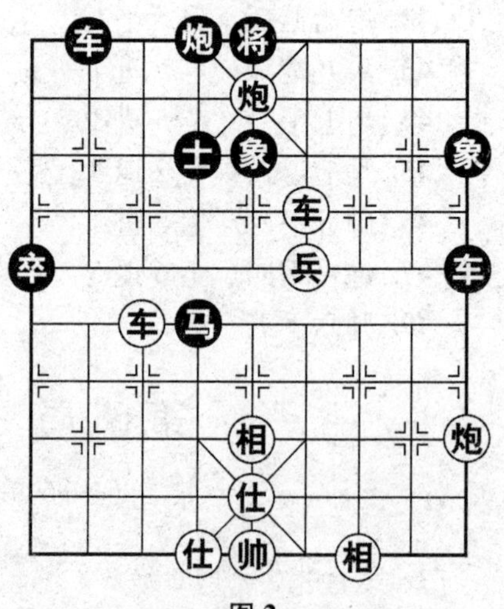

图2

43. 车四退一　马4退6
44. 炮五平九　象9进7
45. 相五进三　马6进4
46. 车七进四　将5平6

47. 炮一平四　马 4 进 2
48. 炮四退一　炮 4 平 3
49. 炮九退二　车 2 进 3?
50. 仕五进四　将 6 平 5
51. 炮九进三

第 69 局　赵国荣和王天一

（2013 年楠溪江杯决战名山全国象棋冠军挑战赛）

1. 兵七进一　炮 2 平 3
2. 相七进五　马 2 进 1
3. 马八进七　车 1 平 2
4. 车九平八　炮 8 平 4
5. 马二进一　马 8 进 7
6. 车一平二　象 7 进 5
7. 兵九进一　士 6 进 5
8. 炮二平三　车 9 平 6
9. 车二进四　车 6 进 4
10. 炮八平九　车 2 进 9
11. 马七退八　卒 7 进 1
12. 兵一进一　卒 1 进 1!（图 1）

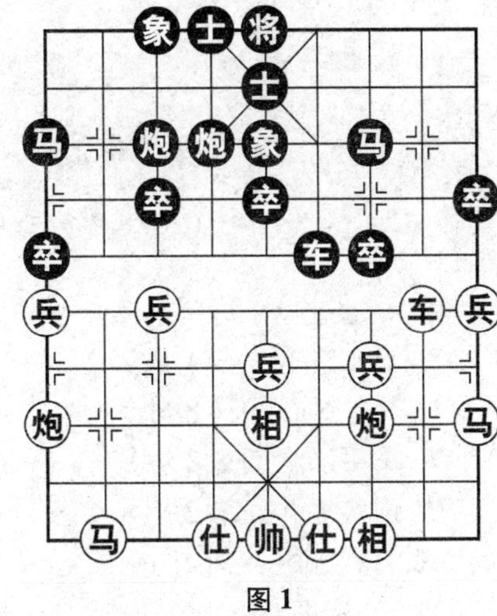

图 1

13. 炮九进三　马 1 退 3
14. 马八进七　炮 3 平 1
15. 兵七进一　车 6 平 3
16. 车二平八　炮 4 进 1?
17. 马一进二　马 3 进 2
18. 炮九平八!　炮 1 平 4
19. 仕六进五　车 3 进 2
20. 兵九进一　卒 3 进 1
21. 炮八平三　马 2 进 3!
22. 前炮进一　前炮进 2
23. 车八退三　马 3 退 1
24. 马二进四　前炮平 6
25. 马四进二　炮 6 退 4
26. 兵三进一　卒 3 进 1
27. 马二进三　卒 3 平 4
28. 前炮平二　马 7 进 8
29. 炮二进二　马 8 退 9!（图 2）
30. 炮二平四　马 9 退 7
31. 炮四退五　卒 4 进 1
32. 炮三进六　车 3 进 1
33. 车八进四　车 3 退 3
34. 车八平七　象 5 进 3
35. 炮四平六　马 1 进 2
36. 炮六平七　象 3 进 5
37. 炮三平二　士 5 进 6
38. 炮二退七　炮 4 退 1
39. 兵五进一　象 3 退 1
40. 炮二进七　马 2 退 3
41. 炮七平一　炮 4 进 2

42. 炮二退四　象1退3
43. 仕五进六　炮4平1
44. 仕四进五　炮1平2
45. 帅五平四　炮2平1
46. 相五退七　炮1平2
47. 相三进五　炮2平1
48. 相七进九　炮1平2
49. 相九进七　炮2进2
50. 炮二进一　炮2平5
51. 兵三进一　炮5退1
52. 兵三进一　卒9进1
53. 炮二平七　卒9进1

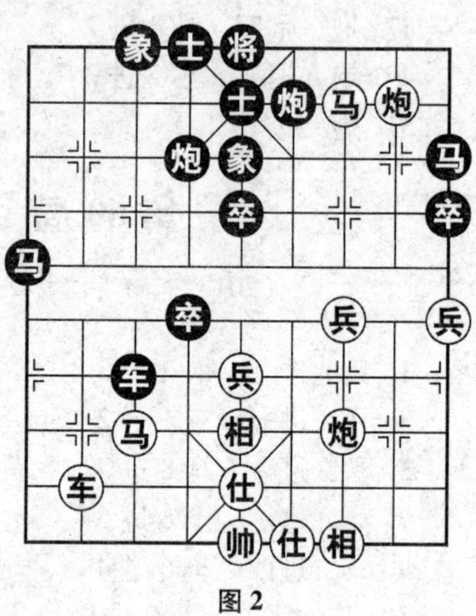

图2

第70局　黄仕清胜柳大华

（2011年第三届茨竹杯象棋公开赛）

1. 兵七进一　炮2平3
2. 相七进五　马2进1
3. 马八进七　车1平2
4. 车九平八　炮8平4
5. 马二进一　马8进7
6. 炮二平三　车9平8
7. 车一平二　车8进9
8. 马一退二　车2进4
9. 炮八平九　车2平8
10. 马二进一　卒1进1
11. 仕六进五　士6进5
12. 兵一进一　象7进5
13. 车八进四　卒9进1
14. 兵一进一　车8平9
15. 炮九退二　卒7进1?（图1）
16. 车八退一　车9平8
17. 炮三平四　车8平9
18. 车八平六　炮3进3
19. 炮九进五　卒7进1
20. 兵九进一　卒7进1?
21. 马一进三　炮3平8

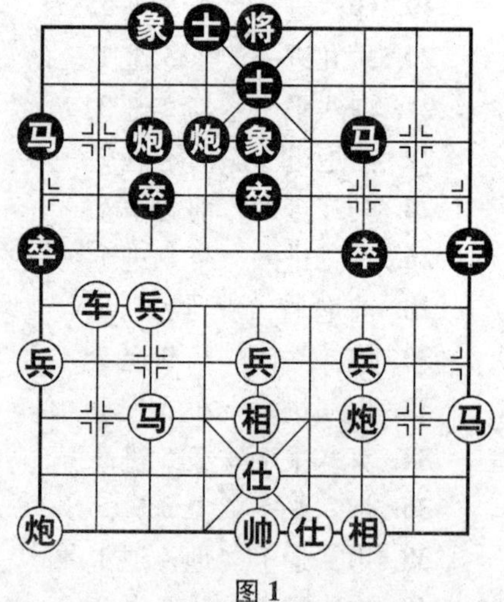

图1

22. 车六进一　炮8退5
23. 车六平二　炮8平7
24. 马三进五　车9平5
25. 炮四平一　炮7平9
26. 炮一平二　炮9平7
27. 相三进一　炮7平6
28. 马七进九　炮4平3
29. 马九进七　车5平2
30. 马七退六　车2进1
31. 炮九平一　卒5进1
32. 车二进三　炮6平7?
33. 炮一进四　士5退6
34. 马五进三！象5进7
35. 车二平三　象3进5
36. 车三退一　车2平9
37. 炮一退三　车9进2
38. 炮二进三　炮3退1
39. 炮二平五　炮3平5
40. 炮五进一！（图2）马1退2

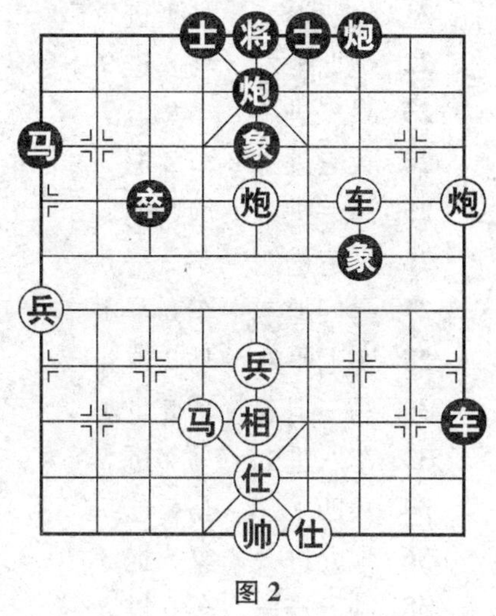

图2

41. 马六进五　马2进4
42. 马五进六　车9退1
43. 兵五进一　象7退9
44. 兵九进一　车9退2
45. 兵九进一　车9平4
46. 马六进七　炮5进2
47. 车三平五　车4退2
48. 车五平七　炮7进1
49. 炮一平五　象5退7
50. 炮五退一　炮7平3
51. 车七进二　马4进6
52. 炮五平八　车4平2
53. 炮八进一　马6进4
54. 车七退三

第71局　曾军胜夏刚

（2012年重庆永川首届乾鑫杯象棋公开赛）

1. 兵七进一　炮2平3
2. 相七进五　马2进1
3. 马八进七　车1平2
4. 车九平八　炮8平5
5. 炮八进四　马8进7
6. 马二进一　车9平8
7. 车一平二　卒1进1
8. 炮二平三　车8进9
9. 马一退二　车2进1
10. 仕六进五　车2平8
11. 马二进一　车8进3
12. 兵三进一　卒3进1?（图1）
13. 车八进四　卒3进1
14. 车八平七　炮3进5

15. 炮三平七　车8平2
16. 炮八平三　车2进5
17. 炮七退二　炮5进4
18. 炮三进三　士6进5
19. 兵三进一　象3进5
20. 兵三进一　马7退8?
21. 炮三退一　马1进2
22. 炮七平六　马8进9
23. 兵三进一　马9退7
24. 兵三进一　车2退3
25. 马一进三　炮5退2
26. 马三进四　车2平6
27. 马四退二　车6平1
28. 车七平八　马2退4

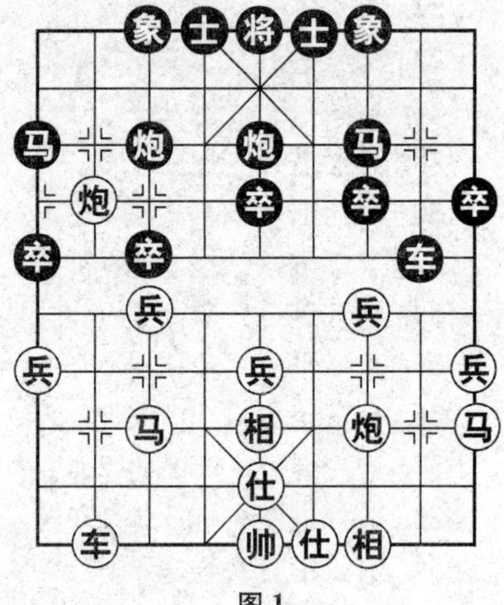

图1

29. 马二进三　车1平7
30. 马三退五　卒5进1
31. 兵三平四　车7平6
32. 车八进二　马4进5
33. 炮六进八！士5退6
34. 兵四平三　马5退7
35. 炮六平九　马7进8
36. 炮九进一　象5退3
37. 仕五进六　马8进7
38. 帅五进一　车6进3
39. 车八平五　士6进5
40. 车五平七　车6平2?
41. 车七进三　车2退1
42. 车七退八　车2退8
43. 炮九退三　将5平6
44. 帅五平六　卒5进1
45. 车七进五　卒9进1
46. 车七退一　将6平5
47. 兵三平四　士5退6
48. 车七平五　士4进5
49. 炮九平一！（图2）车2进8
50. 帅六退一　将5平4
51. 车五平六　士5进4
52. 车六进二　将4平5
53. 炮一进三　士6进5
54. 车六平三

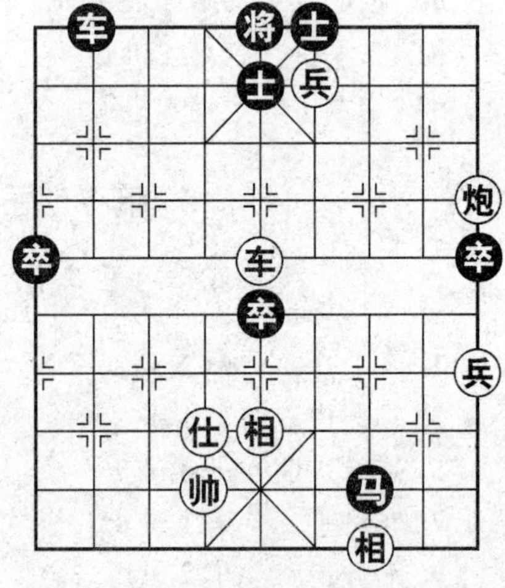

图2

第 72 局 胡荣华胜柳大华

（1999 年首届少林汽车杯全国象棋八强赛）

1. 兵七进一 炮 2 平 3
2. 相七进五 马 2 进 1
3. 马八进七 车 1 平 2
4. 车九平八 车 2 进 4
5. 炮八平九 车 2 进 5
6. 马七退八 卒 7 进 1
7. 炮二平三 象 7 进 5
8. 马二进一 马 8 进 7
9. 车一平二 炮 8 平 9
10. 炮九进四 士 6 进 5
11. 兵三进一！卒 7 进 1
12. 炮三进五 炮 3 平 7
13. 车二进七 炮 7 退 2
14. 炮九平五 炮 9 进 4
15. 车二平三 车 9 平 8
16. 车三退三 炮 7 平 6
17. 车三退一 车 8 进 3
18. 炮五进二？士 4 进 5
19. 车三平一 马 1 进 2？（图 1）
20. 兵五进一 马 2 退 4
21. 兵五进一 马 4 退 6
22. 车一平五 卒 3 进 1
23. 兵七进一 象 5 进 3
24. 马八进七 卒 9 进 1
25. 马一进三 卒 9 进 1
26. 兵五平六 象 3 退 5
27. 马三进五 车 8 平 3
28. 车五平七 车 3 进 3
29. 马五退七 马 6 进 7
30. 仕六进五 卒 9 平 8

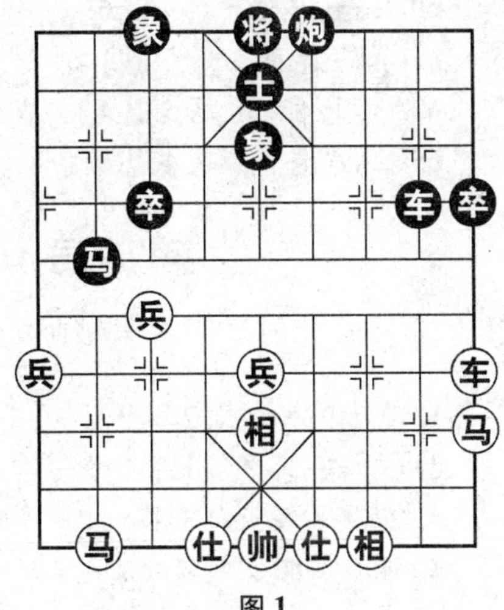

图 1

31. 兵九进一 炮 6 平 9
32. 兵九进一 炮 9 进 4
33. 兵九进一 卒 8 进 1
34. 兵九平八 卒 8 平 7
35. 兵八平七 卒 7 平 6
36. 兵六进一 将 5 平 6
37. 前马退九 将 6 平 5
38. 马九进八 炮 9 平 8
39. 马八退六 马 7 进 8
40. 马六进五 马 8 进 7
41. 帅五平六 象 5 进 7
42. 马五退三 炮 8 进 1
43. 兵六平五 马 7 退 8
44. 马三进五 卒 6 平 7
45. 兵五平四 炮 8 退 1
46. 马五退三 炮 8 退 3
47. 兵七进一 卒 7 进 1

48. 马七进五　马8退6
49. 马三进一　炮8平7
50. 相五进三！（图2）象7退9
51. 马一退二　马6进4
52. 马二进四　马4退2
53. 兵四平三　卒7进1
54. 兵三进一　炮7平9
55. 兵三进一　象9进7
56. 马四进五　象3进5
57. 兵三平四　士5进6
58. 前马进三　炮9进5
59. 兵七进一　马2退3
60. 马五进七　炮9平6
61. 马三退四　炮6退1

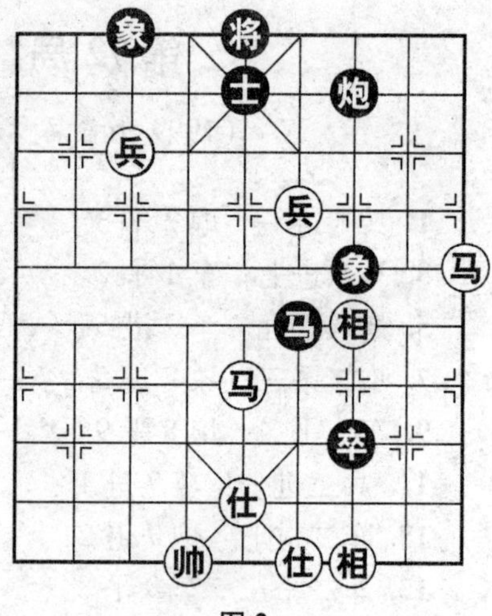

图2

62. 马七进九！马3进5
63. 兵七平六　马5退4
64. 马九进八　象5进3
65. 马八退七！马4退6
66. 马七进五

第73局　黄仕清负黎德志

（2009年深圳市公园文化节福永象棋个人赛）

1. 兵七进一　炮2平3
2. 相七进五　马2进1
3. 马八进七　车1平2
4. 车九平八　炮8平5
5. 炮八进四　马8进7
6. 炮二平四　车9平8
7. 马二进三　卒3进1
8. 兵七进一　车8进4
9. 兵七平八　卒1进1
10. 车一平二　车8平6
11. 炮八平三！（图1）象7进9
12. 仕四进五　车6平2
13. 车八进五　车2进4
14. 车二进四　车2平3
15. 马七进八　马1进2

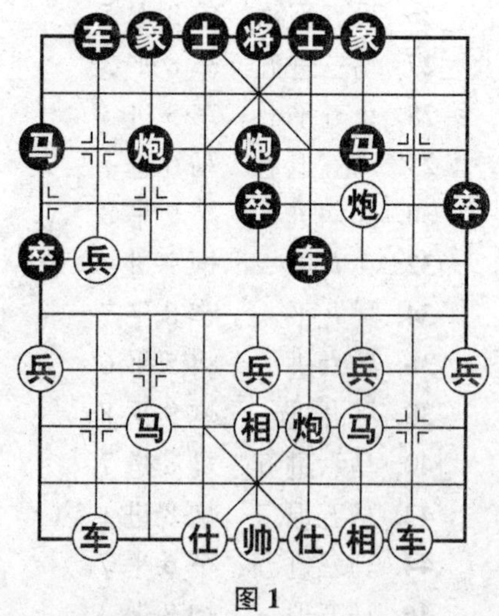

图1

16. 马八退六　车3进2
17. 炮四进一　炮3平2
18. 马六进五　车3退2
19. 马五进七　炮5平3
20. 马七退九　炮2退1
21. 兵九进一　车3平6
22. 炮四退三　车6退1
23. 车二平三　象3进5
24. 马九进八？象9进7！
25. 车三平七　车6平7
26. 兵三进一　卒5进1
27. 马三进四　车7平4
28. 兵九进一　炮2平3
29. 车七平八　马2进4
30. 兵三进一　象5进7
31. 马八进九　后炮平4
32. 马九退七　士6进5
33. 车八平七？马4退3
34. 兵九平八　炮3进3
35. 马七退六　炮3平1
36. 马四进三　马3进4
37. 马三退五　马7进6
38. 马六退四　马4退6
39. 炮四进四　象7退5
40. 炮四平五　将5平6
41. 帅五平四　炮4进2
42. 炮五进三　炮4平6
43. 帅四平五　炮6平5
44. 马五进七　炮5平4
45. 帅五平四　士5进6！（图2）

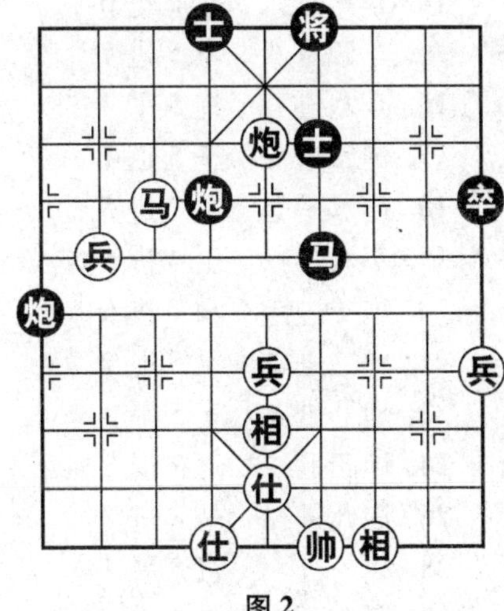

图 2

46. 炮五退三　马6进5
47. 马七进六　士4进5
48. 马六退五　将6平5
49. 兵八进一　炮1进4
50. 相五退七　炮4进1
51. 马五退四　将5平4
52. 炮五进一　炮4退1
53. 马四进五　马5退3
54. 炮五平六　将4平5
55. 兵八平七　炮4退1
56. 炮六退一　炮4平5
57. 马五退四　马3进2
58. 相三进五　炮5进6
59. 马四进六　炮5平8
60. 炮六平五　将5平6
61. 炮五平四　将6平5
62. 炮四平五　将5平6
63. 马六退四？马2进4
64. 帅四进一　炮1退1
65. 仕六进五　马4退3
66. 仕五进六　马3退5
67. 马四进三　将6平5
68. 马三退二　炮8平9

第 74 局　李锦欢胜刘明

（2005 年甘肃移动通信杯全国象棋团体赛）

1. 兵七进一　炮 2 平 3
2. 相七进五　马 2 进 1
3. 马八进七　炮 8 平 5
4. 仕六进五？车 1 平 2
5. 马七进六　马 8 进 7
6. 马二进一　车 9 平 8
7. 车一进一　卒 7 进 1
8. 车一平四　车 8 进 5
9. 车九平六　炮 5 进 4
10. 车六进三　车 8 平 5
11. 车四进二　炮 3 平 5
12. 兵七进一？（图 1）卒 3 进 1

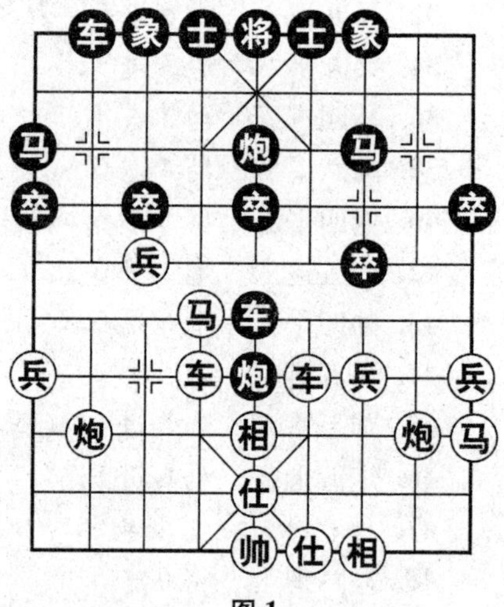

图 1

13. 马六退八　前炮平 2！
14. 车六平八　车 2 进 6
15. 车四平八　车 5 进 1
16. 车八进五　炮 5 平 4
17. 炮二进一　车 5 退 1
18. 炮八平七　象 7 进 5
19. 车八平六　士 4 进 5
20. 炮二进四　马 7 进 6
21. 炮二进二　象 5 退 7
22. 炮七进七　车 5 平 2
23. 炮七平四　马 6 退 7
24. 炮四退二　马 7 退 8
25. 炮四平九　车 2 退 3
26. 炮九进二　马 8 进 7
27. 车六平七　象 7 进 5
28. 兵一进一　将 5 平 4
29. 车七进一　将 4 进 1
30. 车七退三　炮 4 进 4
31. 仕五退六　炮 4 平 3
32. 车七平九　车 2 平 4
33. 车九进二　将 4 退 1
34. 仕四进五　车 4 进 3
35. 车九平八　马 7 进 6
36. 车八进一　将 4 进 1
37. 车八退七　炮 3 平 5
38. 帅五平四　车 4 平 6
39. 帅四平五　车 6 平 9
40. 炮九退四　卒 3 进 1
41. 车八进三　车 9 平 4
42. 帅五平四　马 6 退 7
43. 相五进七？车 4 平 6
44. 仕五进四　车 6 进 2
45. 帅四平五　车 6 平 4
46. 马一进二　车 4 进 2
47. 帅五进一　车 4 退 1

48. 帅五退一　卒 9 进 1
49. 车八进三　将 4 退 1
50. 车八进一　将 4 进 1
51. 炮九平一　车 4 平 8
52. 马二退一　炮 5 退 1
53. 车八退四　车 8 平 4
54. 炮一退一　车 4 退 2
55. 炮一进一　卒 7 进 1!
56. 兵三进一　车 4 平 5
57. 帅五平四　车 5 平 6
58. 帅四平五　马 7 进 6
59. 车八平六　士 5 进 4
60. 兵三进一　马 6 进 5
61. 相七退五　炮 5 退 1!（图 2）

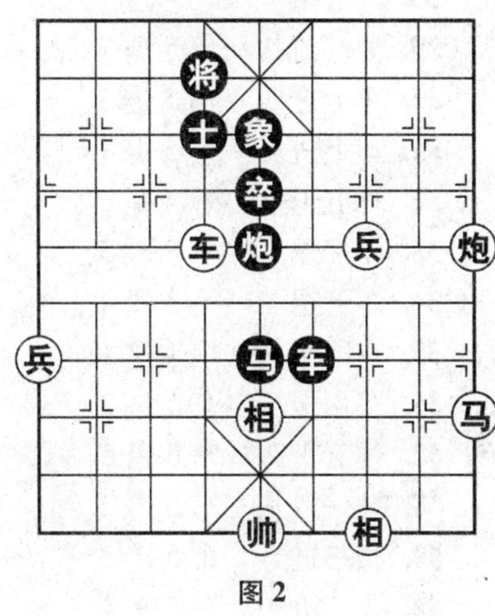

图 2

62. 车六进一　炮 5 平 9
63. 马一进二　车 6 平 8
64. 马二进三　炮 9 进 5
65. 相三进一　马 5 进 7
66. 帅五平六　车 8 进 3
67. 帅六进一　马 7 进 6
68. 帅六进一　车 8 退 1?
69. 车六进一

第 75 局　宋国强负赵鑫鑫

（2011 年第二届全国智力运动会）

1. 兵七进一　炮 2 平 3
2. 相七进五　马 2 进 1
3. 马八进七　车 1 平 2
4. 车九平八　炮 8 平 4
5. 炮八进四　马 8 进 7
6. 马二进一　象 7 进 5
7. 车一平二　士 6 进 5
8. 兵九进一　卒 9 进 1
9. 兵三进一　车 9 平 6
10. 仕四进五　卒 3 进 1
11. 兵七进一　车 6 进 4
12. 马七进六?　车 6 平 3
13. 炮二进七　马 7 退 8
14. 车二进九　士 5 退 6
15. 马六进五　炮 4 进 1
16. 兵五进一　卒 1 进 1
17. 车二退六?（图 1）卒 1 进 1
18. 车二平六　车 3 退 1
19. 炮八进二　炮 3 平 4
20. 车六平八　马 1 退 3
21. 炮八退三　士 4 进 5?
22. 炮八平二　车 2 进 6
23. 车八进三　前炮进 5
24. 炮二进一　前炮平 1

25. 车八退三　车3进3
26. 车八平七　车3平8
27. 炮二平一　马3进4
28. 马五进三　马4进5!
29. 炮一进三　象5退7
30. 车七进四　马5进3
31. 车七进五　士5退4
32. 相五退七　炮4平5
33. 马三退五　车8平5!
34. 车七退二　马3退4
35. 车七平六　炮1进1
36. 车六退二　车5进2
37. 帅五平四　车5退5
38. 马一退三　车5进2

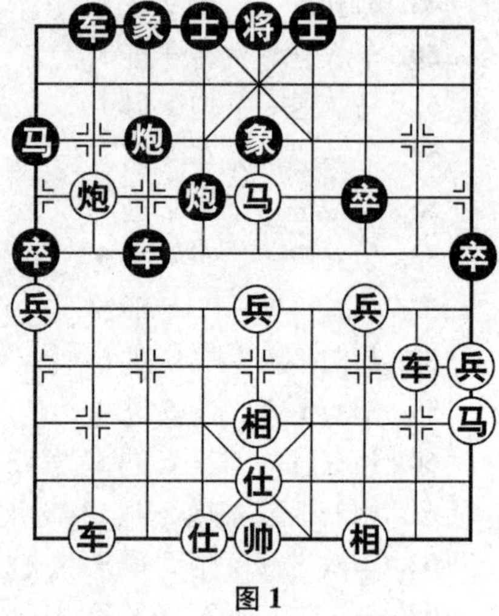

图1

39. 马三进五　炮5进5
40. 相三进五　车5进2
41. 车六平四　士4进5
42. 兵三进一　车5平4
43. 帅四进一　车4进2
44. 相七进五　车4退6
45. 帅四平五　卒1进1
46. 车四平五　卒7进1
47. 相五进七　将5平4
48. 车五进三　卒1平2
49. 车五平四　车4平5
50. 帅五平四　车5平9
51. 车四进一　将4进1
52. 车四退一　将4进1
53. 车四退五　将4退1
54. 车四进五　将4进1
55. 车四退三　炮1退6!（图2）
56. 车四平六　将4平5
57. 车六平五　炮1平5
58. 车五平三　车9平6
59. 帅四平五　车6进3
60. 车三进四　车6平5
61. 帅五平四　卒2平3
62. 车三退七　卒3平4
63. 车三平四　将5退1
64. 炮一退三　炮5平8
65. 车四进六　将5退1
66. 车四进一　将5进1

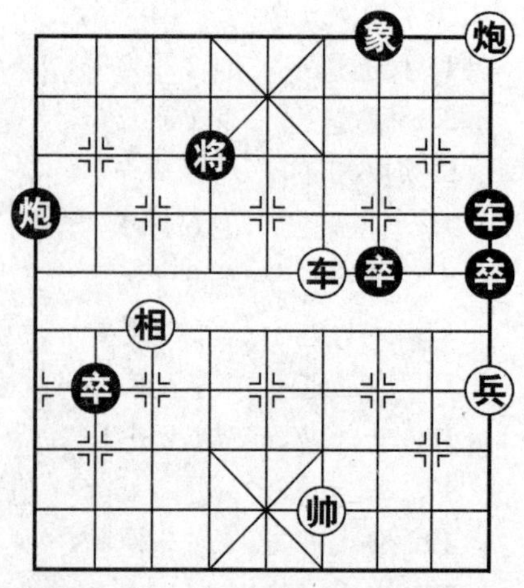

图2

67. 车四退七　车5进2　　68. 帅四退一　车5退3
69. 车四进六　将5退1　　70. 车四退二　炮8进2

第76局　李艾东胜韩松龄

（1993年全国象棋团体赛）

1. 兵七进一　炮2平3　　2. 相七进五　马2进1
3. 马八进七　炮8平5　　4. 车九平八　车1平2
5. 炮八进四　马8进7　　6. 马二进一　车9平8
7. 车一平二　车8进4　　8. 炮二平三　车8平4
9. 车二进六　卒3进1?　　10. 炮八平三　象7进9
11. 车八进九　马1退2　　12. 车二退二　卒1进1
13. 仕六进五　马2进1
14. 车二平六!（图1）车4进1
15. 马七进六　卒3进1
16. 相五进七　炮5进4
17. 相七退五　炮5退1
18. 兵一进一　炮3进3
19. 马一进二　马1进2
20. 马二进四　马2进4
21. 马四退六　士6进5
22. 后炮平四　象3进5
23. 炮四进三　炮3退4
24. 炮四平八　士5进4
25. 马六进七　炮3平1
26. 炮八进四　士4进5

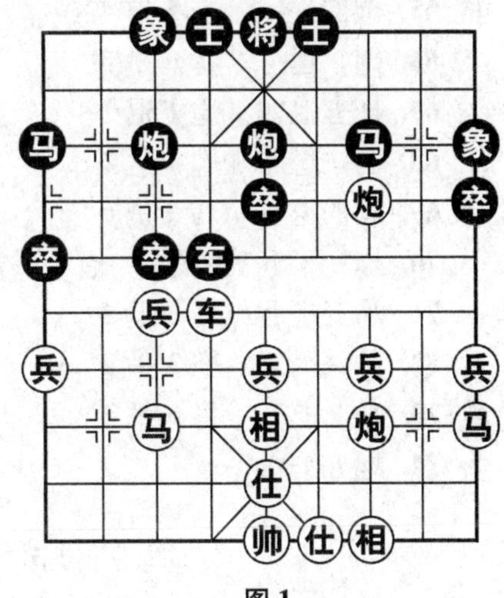
图1

27. 炮八平九　炮5平6?
28. 马七退九　炮6退5　　29. 马九进八　炮1平2
30. 炮九退五　卒5进1　　31. 马八退六　炮6平7
32. 炮三进三　象9退7　　33. 马六退七　马7进8
34. 兵三进一　马8进7　　35. 马七进五　炮2进4
36. 炮九进二　炮2平9　　37. 马五进三　炮9进1
38. 炮九平一　炮9平1　　39. 炮一进三　象7进9
40. 马三进一　炮1退4　　41. 马一进三　将5平6
42. 马三退四　马7退9　　43. 炮一退四　炮1退1

44. 马四退六　象5退7？　45. 炮一进四　将6进1
46. 马六退四　炮1进5　47. 马四进三　将6进1
48. 炮一退四　炮1平7　49. 马三退五　将6退1
50. 炮一平四　象7进9　51. 炮四退三　马9进8
52. 相三进一　将6退1　53. 炮四进二　将6平5
54. 炮四平八　炮7平3　55. 炮八平七　炮3平2
56. 炮七平五　将5平6　57. 马五进三　炮2退4
58. 马三进二　将6进1　59. 炮五平四　马8退6
60. 相一退三　炮2平3　61. 帅五平六　炮3平1
62. 仕五进四　马6退4
63. 仕四进五　马4退3
64. 炮四退一　马3退5
65. 炮四平一　士5退4
66. 炮一退二　将6平5
67. 仕五退四　炮1退1
68. 马二退四　炮1进1
69. 马四退五　马5进6
70. 炮一平五！（图2）炮1平3
71. 马五进七　马6退5
72. 帅六平五　炮3平2
73. 马七退五　将5平4
74. 炮五平六

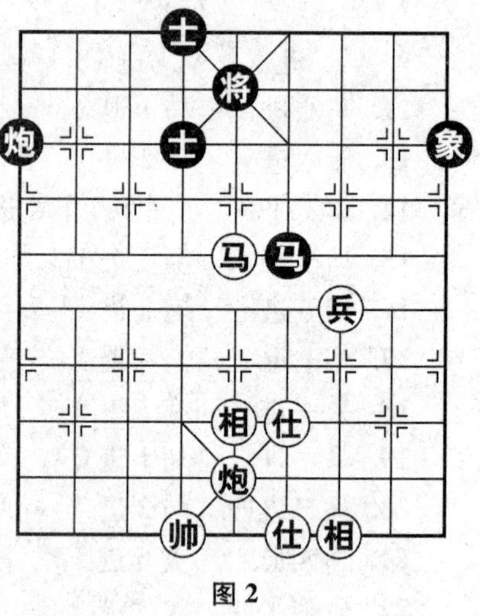

图2

第77局　黎德志胜程鸣

（2008年楚河汉界杯象棋棋王争霸赛）

1. 兵七进一　炮2平3　2. 相七进五　马2进1
3. 马八进七　车1平2　4. 车九平八　马8进7
5. 马二进一　车2进4　6. 炮八平九　车2进5
7. 马七退八　炮8平9　8. 车一平二　卒7进1？（图1）
9. 炮二平三　象7进5　10. 炮九进四　士6进5
11. 马八进七　炮9进4　12. 车二进三　炮9退2
13. 马七进六　卒3进1　14. 兵七进一　炮9平3
15. 兵三进一！卒7进1　16. 炮三进五　后炮平7

17. 车二进三　车9平6
18. 车二平三　炮7平9
19. 马六进五　车6进6
20. 马五退六　车6退1?
21. 车三退二　车6退2
22. 炮九平五　将5平6
23. 马一进二! 马1进3
24. 仕六进五　炮3平8
25. 马六进七　车6平5
26. 马七退六　车5进1
27. 车三进三　炮9退2
28. 马六退四! 车5进2
29. 车三平二　炮9平7

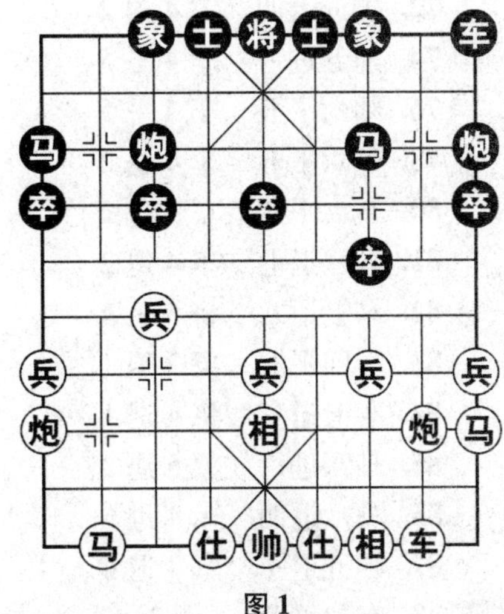

图1

30. 车二退二　车5平1
31. 车二进一　将6平5
32. 车二平四　炮7平6
33. 马四进五　车1退2
34. 马五退七　车1平3
35. 马二进三　士5进4
36. 马三进一　士4进5
37. 车四平一　炮6进2
38. 马一进三　将5平4
39. 马三退四　车3退1
40. 车一进三　炮6退2
41. 马四进六! 士5进4
42. 车一平四　将4进1
43. 车四退四　将4平5
44. 车四平六　车3退1
45. 马七进八　车3进1
46. 马八进九　车3退2
47. 马九退八　车3平2
48. 马八退七　车2平3
49. 车六进二　车3进3
50. 车六退一　将5退1
51. 马七退五　车3平7
52. 马五进六　车7平5
53. 帅五平六　车5平6
54. 相五进三　车6进2
55. 马六进四　将5平6
56. 帅六平五　车6退2
57. 马四进三　车6退2
58. 仕五进四　将6进1
59. 马三退四　象3进1
60. 马四进六　车6进2
61. 马六进八　象1进3
62. 车六进二　将6退1
63. 车六进一　将6进1
64. 车六平五　车6平5
65. 仕四进五　车5平4
66. 仕五退六　车4平5
67. 仕四退五　车5平4
68. 马八进六　车4退2
69. 仕五进六　车4进2
70. 相三退五　车4退2
71. 仕六退五　车4进2

72. 仕五退四　车4退2
73. 相五进三　车4进2
74. 帅五进一　车4平5
75. 帅五平六　车5平4
76. 帅六平五　车4平5
77. 帅五平六　车5平4
78. 帅六平五　车4退2
79. 车五平二　将6平5
80. 车二平四　车4进2
81. 马六退七　车4退2
82. 马七退八　将5平4
83. 车四平七　象3退1
84. 车七退三　将4退1
85. 马八进六　象5退3?
86. 马六退四　车4进6
87. 帅五退一　车4退4
88. 车七平五！（图2）车4进5
89. 帅五进一　车4退7
90. 车五进三　将4进1
91. 马四进五

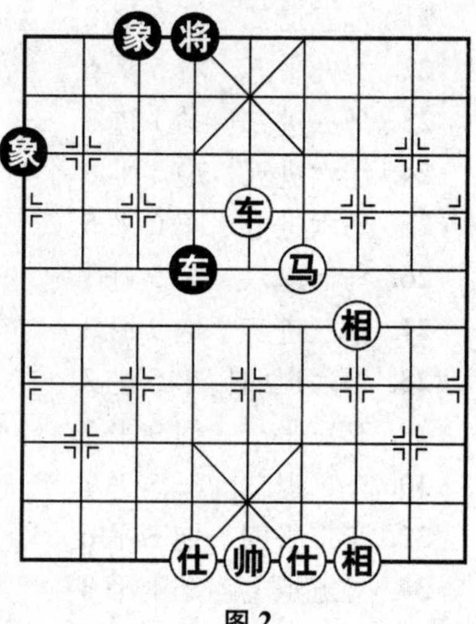
图2

第三章　马二进三

第78局　李来群胜徐天红

（1999年首届少林汽车杯全国象棋八强赛）

1. 兵七进一　炮2平3
2. 马二进三（图1）卒3进1
3. 炮二平一　卒3进1
4. 马八进九　象7进5
5. 车一平二　马2进1
6. 车二进四　马1进3
7. 炮八平四　卒7进1
8. 相七进五　炮8平7
9. 车二进四　卒7进1
10. 相五进三　炮7进4?
11. 相三进五?士6进5
12. 兵九进一　卒1进1
13. 车九进一!炮3退1
14. 车二退五　卒1进1

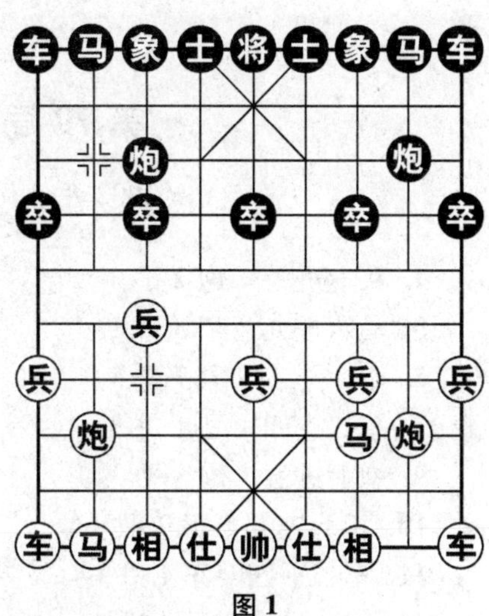

图1

15. 车九平二　马8进7
16. 前车平三　卒1平2
17. 兵五进一　车1进4
18. 车三平五　卒3平4?
19. 马三进四　卒2平3
20. 炮一平三　马7进8
21. 马四进五　马8退6
22. 车二进五　马6进5
23. 马五退六!（图2）卒3平4
24. 车二平七　车9平6
25. 仕四进五　炮3平1
26. 马九进八　车1平8
27. 车七平九　炮1平2
28. 马八退七　车6进5
29. 车九退二　马5退6
30. 炮四进四　车6退2
31. 车九平六　炮2进3

32. 炮三退二　车6进5
33. 车六进二　卒9进1
34. 炮三平四　车8平3
35. 马七进八　车6退3
36. 马八退九　车3进3
37. 车六平八　车3平1
38. 车八退一　车1退4
39. 车八平一　车1平8
40. 车一进四

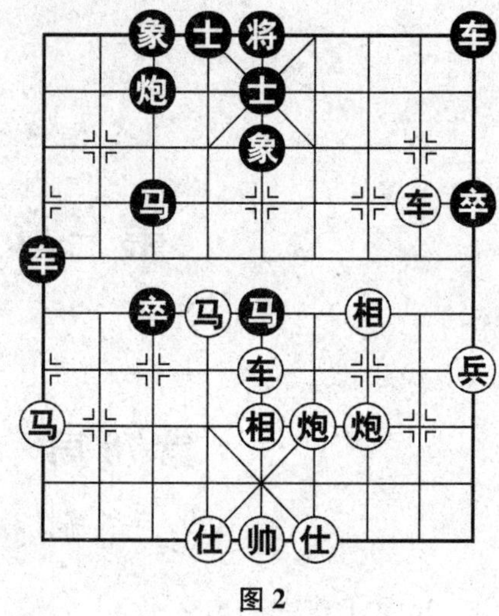

图2

第79局　邱东胜汪洋

（2002年嘉周杯全国象棋团体赛）

1. 兵七进一　炮2平3
2. 马二进三　卒3进1
3. 马八进九　卒3进1
4. 炮二平一　马2进1
5. 车一平二　象7进5
6. 车九平八　马8进6
7. 车二进四　马1进3
8. 炮八平七　马3进4
9. 炮七进五　炮8平3
10. 相七进五　车9平8
11. 车二平四　车1进1
12. 相五进七　马4进3？（图1）
13. 车八进二　车8进7
14. 马三退五！车8平4
15. 马五进七　车4平3
16. 车八进五　炮3平4
17. 炮一平四　车3平4
18. 仕四进五！车4退1
19. 炮四进六　车1平3
20. 马九退七！（图2）

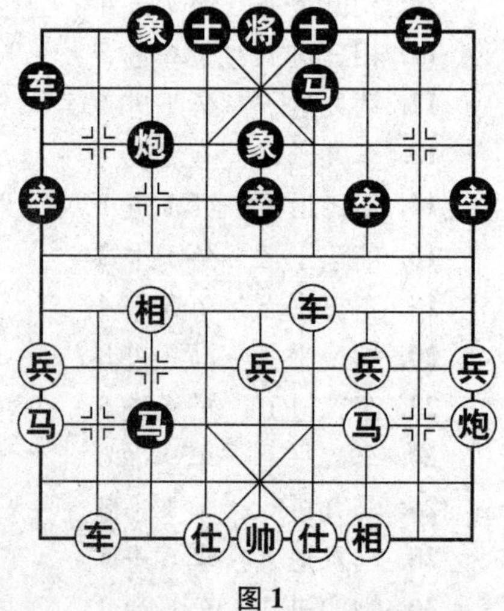

图1

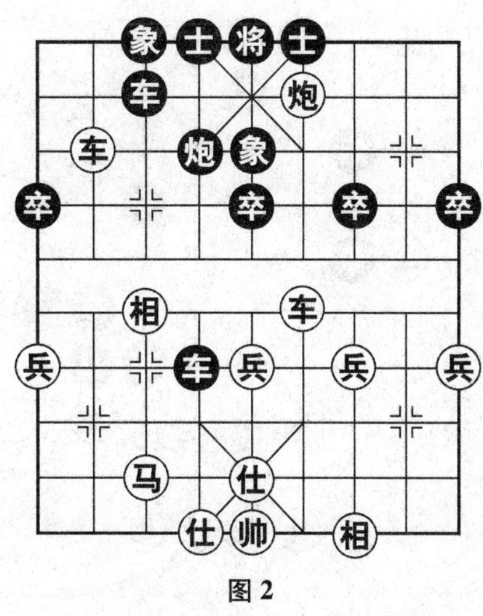

图 2

第 80 局　冯丹负许银川

（2008 年第一届世界智力运动会）

1. 兵七进一　炮 2 平 3
2. 马二进三　卒 3 进 1
3. 炮八平五　象 7 进 5
4. 炮二进二　卒 3 进 1
5. 马八进九　马 8 进 6
6. 兵五进一　马 2 进 1
7. 炮二平七　车 1 平 2
8. 车一平二　车 2 进 6
9. 车二进五？（图 1）车 2 平 7
10. 兵五进一　马 1 进 3！
11. 炮七平一　车 9 平 8
12. 兵五进一　士 6 进 5
13. 兵五进一　象 3 进 5
14. 马三退五　马 6 进 5
15. 车九平八　马 5 进 6
16. 车二退四　马 6 进 8
17. 炮五平二　炮 8 进 5
18. 车二进一　车 8 进 5
19. 车八进五　象 5 进 3！（图 2）
20. 马九退七　炮 3 平 5
21. 马七进五　车 8 平 6

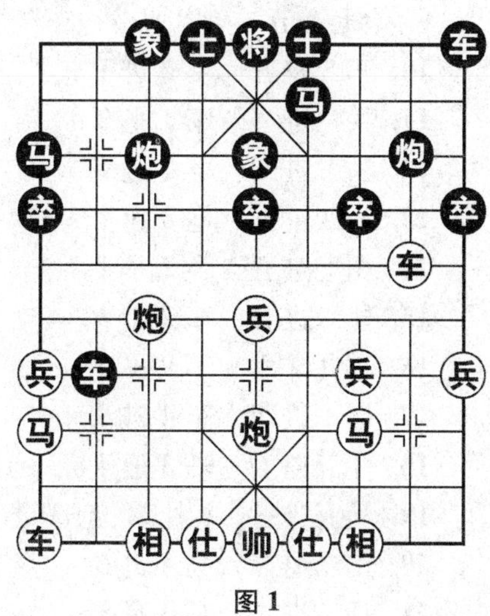

图 1

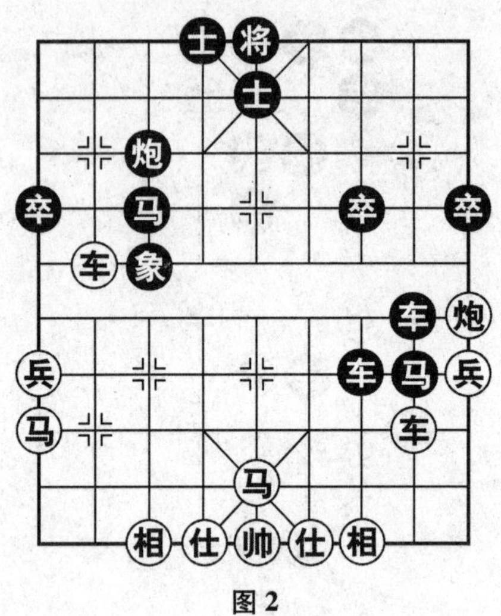

图 2

第 81 局　阎文清胜肖革联

（1998 年全国象棋团体赛）

1. 兵七进一　炮 2 平 3
2. 马二进三　卒 3 进 1
3. 炮二平一　卒 3 进 1
4. 马八进九　马 2 进 1
5. 车一平二　象 7 进 5
6. 车二进四　马 1 进 3
7. 炮八平四　车 9 进 1？（图 1）
8. 炮四平七！卒 3 平 2
9. 炮七进五　炮 8 平 3
10. 车二进五　卒 2 进 1
11. 兵三进一　车 1 平 2
12. 马三进四　卒 2 进 1
13. 马四进五　炮 3 退 1
14. 相七进五　卒 2 平 1
15. 仕六进五　车 2 进 6
16. 车九平六　车 9 平 4
17. 炮一进四　车 4 进 8
18. 仕五退六　马 3 退 4
19. 马五进三？（图 2）炮 3 进 1
20. 车二退二　马 4 进 6
21. 马三进二　车 2 平 5

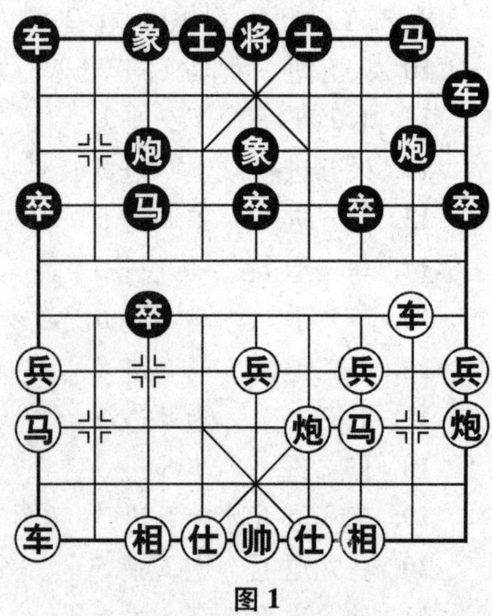

图 1

22. 马二退四　马 6 进 5　　23. 车二退二

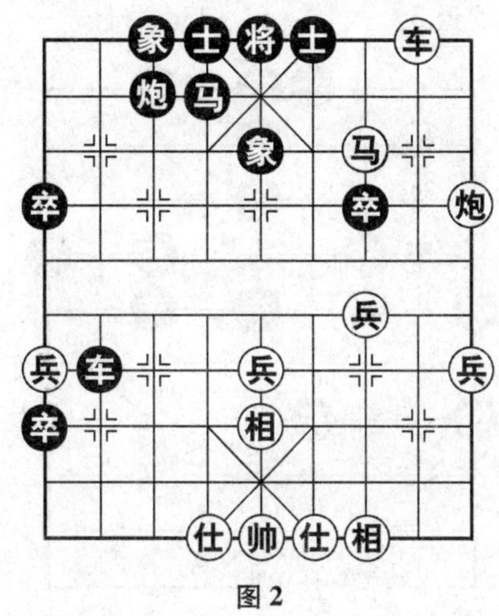

图 2

第 82 局　赵鑫鑫胜谢业枧

（2006 年交通建设杯全国象棋大师冠军赛）

1. 兵七进一　炮 2 平 3　　2. 马二进三　卒 7 进 1
3. 马八进七　马 8 进 7　　4. 马七进六　象 3 进 5
5. 炮二进四　马 2 进 4?（图 1）　　6. 炮八平六　车 9 进 1

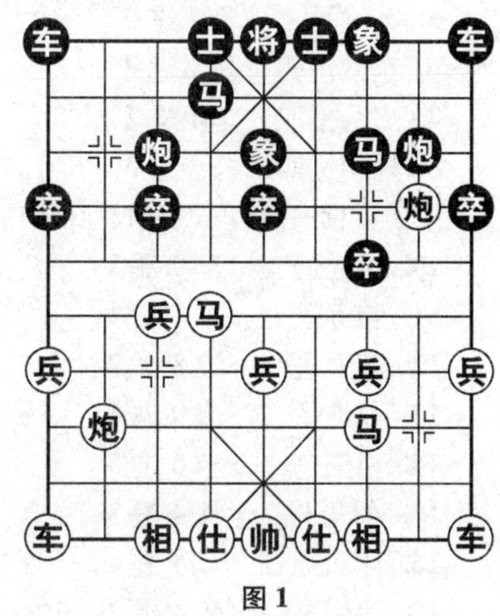

图 1

7. 炮二平三　车 1 平 2
8. 车一平二　炮 8 平 9
9. 相三进五　车 2 进 6
10. 仕四进五　车 2 平 4
11. 车二进四　卒 5 进 1
12. 车九平八　马 7 进 5?
13. 车八进八！车 9 平 7
14. 马六进五　车 7 进 2
15. 马五进七　炮 9 平 3
16. 炮六进六　士 6 进 5
17. 炮六平七　炮 3 平 1
18. 车八退二　炮 1 进 4
19. 炮七平八　卒 1 进 1

20. 兵七进一！（图2）炮1平5　21. 马三进五　车4平5
22. 炮八进一　象5退3　23. 兵七进一

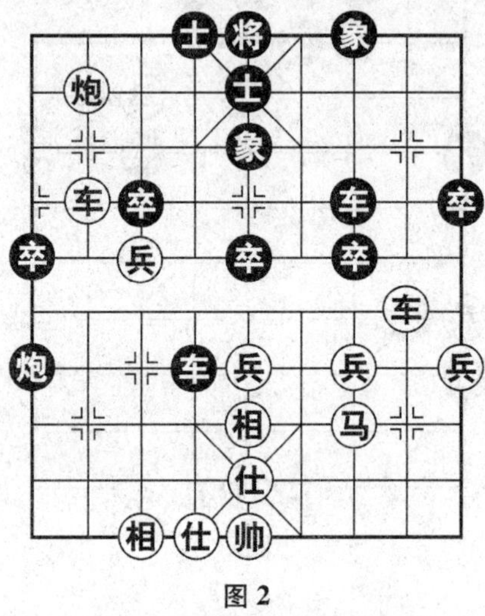

图2

第83局　王斌负蒋川

（2007年七斗星杯全国象棋甲级联赛）

1. 兵七进一　炮2平3　2. 马二进三　卒3进1
3. 马八进九　卒3进1　4. 炮二平一　马2进1
5. 车一平二　象7进5
6. 车二进四　马1进3
7. 炮八平四　车1进1
8. 炮四进四　马3进4
9. 炮四平一　车9进1！（图1）
10. 相七进五　车9平8
11. 相五进七　车1平4
12. 车九进一　炮8平9
13. 前炮平二？炮9进5
14. 相三进一　士6进5
15. 车九平四　马4进3
16. 仕四进五　车4进4
17. 兵三进一？车4平3

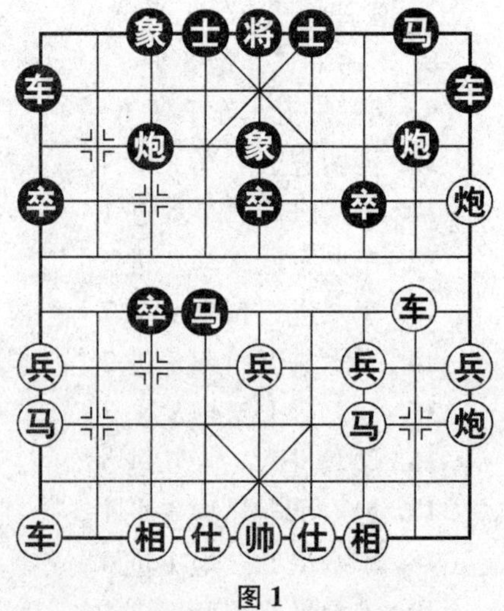

图1

18. 炮二进三　车8进4
19. 马三进二　马3退5
20. 车四平二　车3进2！（图2）
21. 仕五进六　车3平1
22. 炮二平一　炮3进7
23. 仕六进五　炮3退4
24. 马二进一　炮3平5

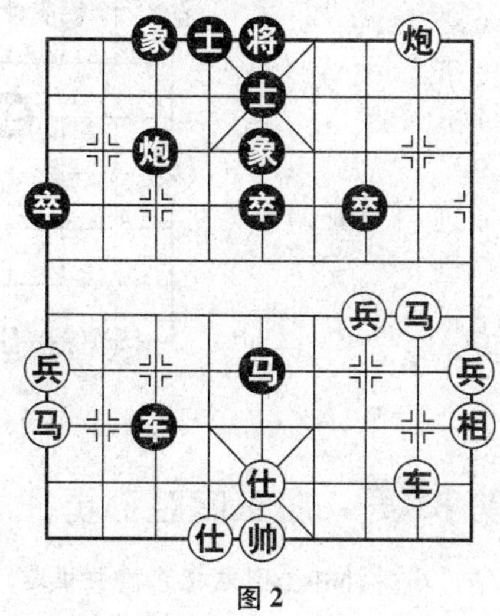

图2

第84局　曹岩磊负张申宏

（2007年鄞州杯全国象棋大师冠军赛）

1. 兵七进一　炮2平3
2. 马二进三　卒3进1
3. 马八进九　卒3进1
4. 兵三进一　马2进1
5. 炮二进二　车1平2
6. 炮八平五　象7进5
7. 炮二平一　炮8平9
8. 炮一平七　马8进6
9. 车一平二　车2进5
10. 炮七平四　车9进1
11. 马九进七？（图1）车2平3
12. 马七进五　车3进3
13. 马五进六　炮9平7

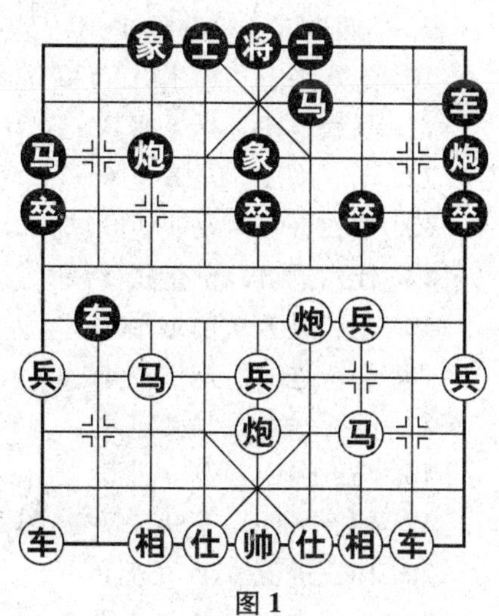

图1

14. 炮四退二　卒 7 进 1!
15. 兵三进一　车 3 退 5
16. 马三进四　车 3 平 4
17. 兵三进一　炮 7 退 2
18. 兵三平四　士 6 进 5
19. 兵四平五　车 4 进 2
20. 车二进四　马 1 进 3
21. 车九平八　车 9 平 7
22. 相三进一　马 6 进 7!（图 2）
23. 马四进三　车 7 进 2
24. 车二平六　马 3 进 4
25. 前兵进一　车 7 平 3

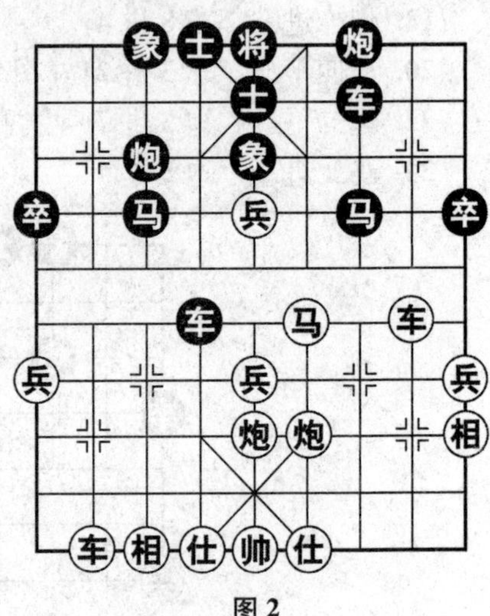

图 2

第 85 局　庄玉庭胜孙勇征

（2013 年首届财神杯全国电视象棋快棋邀请赛）

1. 兵七进一　炮 2 平 3
2. 马二进三　卒 3 进 1
3. 相七进五　卒 3 进 1
4. 兵三进一　象 7 进 5
5. 相五进七　马 2 进 1
6. 马三进四　车 1 平 2
7. 马八进六　车 2 进 4
8. 车九平八　炮 8 进 3
9. 马四进五　炮 3 退 1
10. 炮八平五!（图 1）车 2 进 5
11. 马六退八　炮 8 平 3
12. 车一平二　马 8 进 6
13. 炮二平一　马 1 进 3
14. 仕六进五　前炮进 3
15. 车二进五　前炮平 1
16. 马八进七　炮 1 进 1
17. 帅五平六　马 6 进 4
18. 马五退四　士 6 进 5
19. 炮五平四　车 9 平 7?（图 2）
20. 相三进五　卒 7 进 1
21. 兵三进一　象 5 进 7

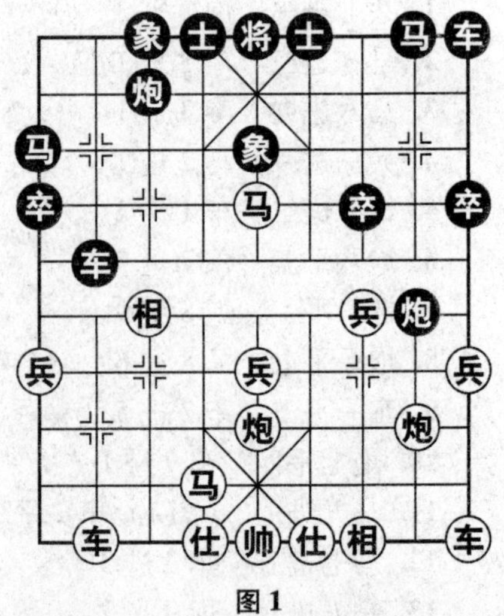

图 1

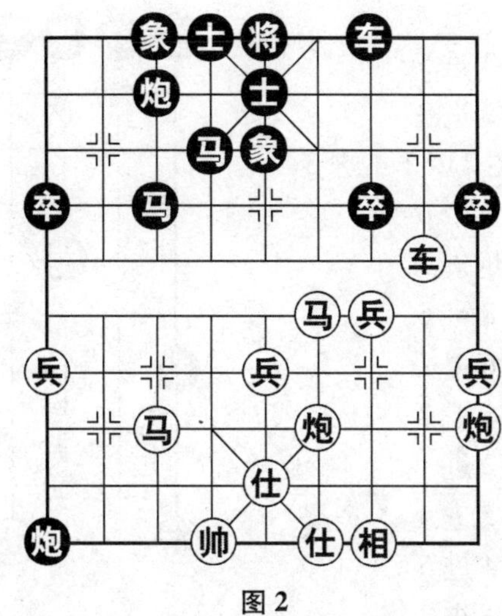
图 2

22. 炮一进四　炮 3 进 6
23. 炮四平七　马 3 进 4
24. 马四退六！　象 3 进 5
25. 车二退一　前马退 5
26. 兵五进一　马 5 进 3
27. 马六进七　马 4 进 3
28. 兵五进一

第 86 局　武俊强胜刘安生

（2013 年第三届周庄杯海峡两岸象棋大师赛）

1. 兵七进一　炮 2 平 3
2. 马二进三　卒 3 进 1
3. 炮二平一　卒 3 进 1
4. 马八进九　炮 8 进 2？（图 1）

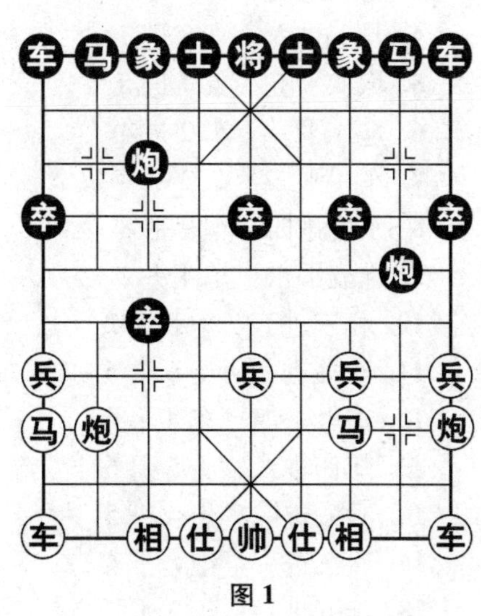
图 1

5. 车一平二　炮 8 平 5
6. 相七进五　马 8 进 7
7. 车二进四　炮 5 平 3
8. 相五进七　车 9 平 8
9. 车二平六　士 6 进 5
10. 兵九进一　卒 1 进 1
11. 马九进八！卒 1 进 1
12. 相七退五　车 8 进 4
13. 马八进六　后炮平 6

14. 炮一退一　卒1进1
15. 炮一平七　象7进5
16. 马六退四　车8进3
17. 炮八进六！（图2）车1进3
18. 兵三进一　炮3平6
19. 车九平八　后炮进3
20. 马三进四　车8平6
21. 仕六进五　车6退1
22. 车八进五　炮6退2
23. 炮八平六　马2进1
24. 车六平七　士5进4
25. 炮七进八　士4进5
26. 炮七平九　马1进3
27. 车八进四　士5退4

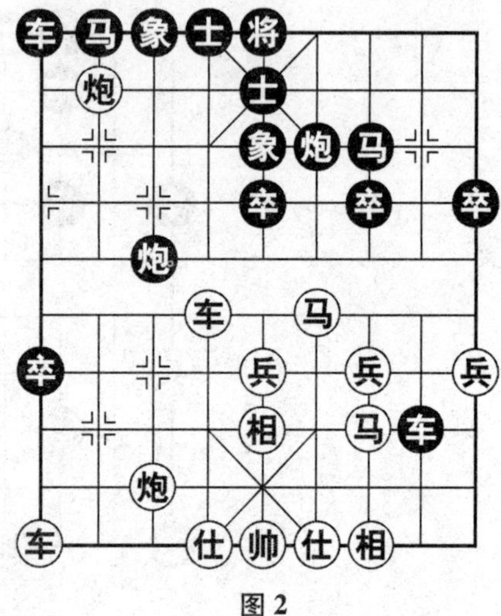

图2

28. 马四进六！

第87局　聂铁文胜张华明

（2002年第二届全国体育大会）

1. 兵七进一　炮2平3
2. 马二进三　马2进1？（图1）
3. 马八进七　车1平2
4. 马七进六　马8进7
5. 炮八平五　象7进5
6. 炮二平一　车2进4
7. 车一平二　车2平4
8. 车二进四　车9平8
9. 炮五平六　车4平2
10. 相三进五　炮8进2
11. 车九进一　士6进5
12. 车九平四　车8平6
13. 车四进八　士5退6
14. 兵一进一！士4进5

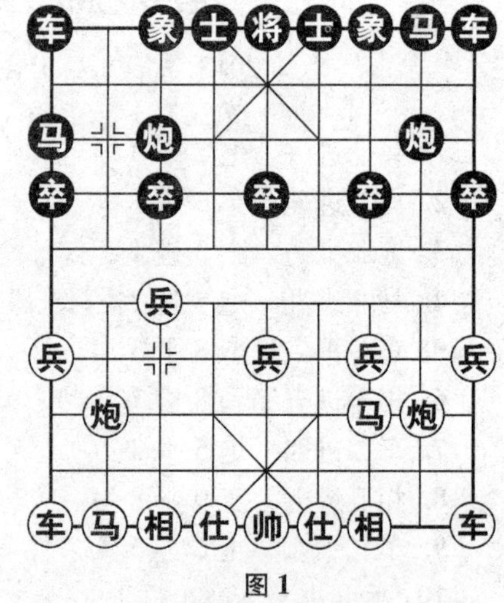

图1

15. 仕四进五　卒1进1？
16. 兵三进一　炮8平4
17. 马三进四！（图2）炮4进3
18. 仕五进六　车2平5？
19. 车二进三　车5进2

20. 炮一进四　象 5 退 7
21. 车二平三　象 3 进 5
22. 车三退一　车 5 退 1
23. 马四进五　炮 3 进 3
24. 炮一平二　炮 3 进 1
25. 车三平四　卒 3 进 1
26. 仕六退五　卒 3 进 1
27. 炮二退二　车 5 退 1
28. 马六退四

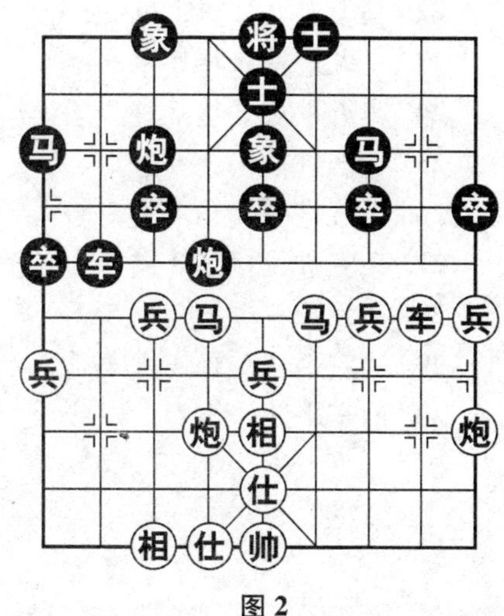

图 2

第 88 局　张晓平胜黄仕清

（1998 年全国象棋团体赛）

1. 兵七进一　炮 2 平 3
2. 马二进三　卒 3 进 1
3. 炮二平一　卒 3 进 1
4. 马八进九　象 7 进 5
5. 车一平二　马 2 进 1
6. 车九平八　车 1 进 1？（图 1）
7. 炮八平七　马 8 进 6
8. 车二进四　车 9 平 8
9. 车二平七　炮 3 进 5
10. 炮一平七　马 6 进 4
11. 马九进七　炮 8 平 7
12. 相七进五　车 8 进 4
13. 车七平六　马 4 进 3
14. 兵三进一　车 1 平 6

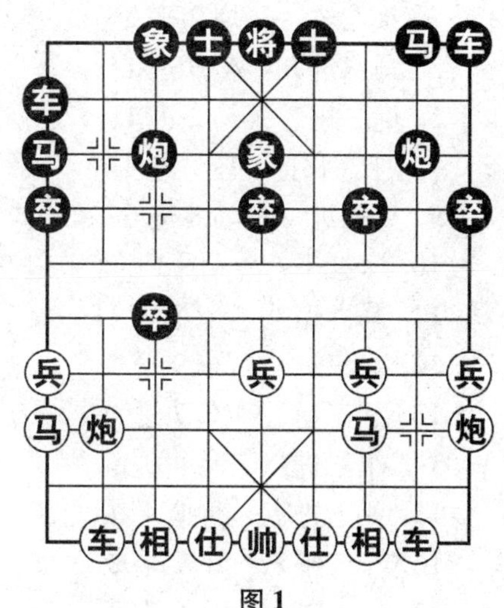

图 1

15. 车八进六　车 6 进 3
16. 马三进四　炮 7 平 6？
17. 马四进六　士 6 进 5
18. 仕六进五　车 6 平 5
19. 兵五进一　车 5 平 6
20. 车八平五　车 6 进 2
21. 炮七进三　象 5 进 3

22. 马七进九！（图 2） 象 3 退 5
23. 马九进八　将 5 平 6
24. 车五平三　炮 6 进 7
25. 兵五进一　炮 6 退 1
26. 兵五进一　马 1 进 3
27. 兵三进一！ 车 8 进 5
28. 车六平三　马 3 进 5
29. 兵三平四　马 5 进 4？
30. 前车平四

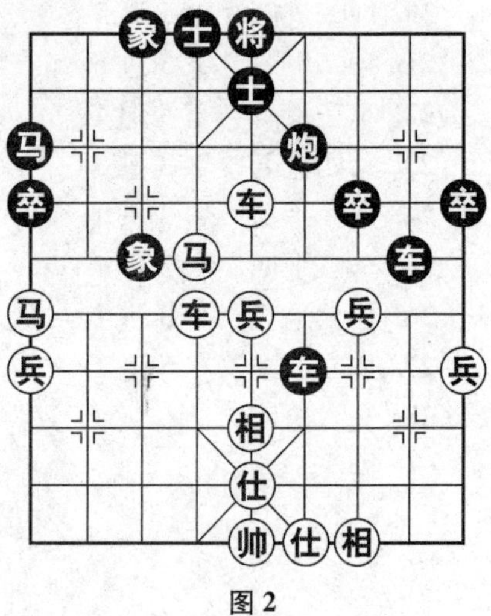

图 2

第 89 局　崔岩负许银川

（1993 年全国象棋团体赛）

1. 兵七进一　炮 2 平 3
2. 马二进三　卒 3 进 1
3. 马八进九　卒 3 进 1
4. 炮八平五　象 7 进 5
5. 炮二进二　马 2 进 1
6. 兵五进一　车 1 平 2
7. 炮二平七　马 1 进 3
8. 车一平二　马 3 进 4
9. 兵三进一　马 8 进 6
10. 车九平八？（图 1） 车 2 进 9
11. 马九退八　卒 7 进 1！
12. 兵三进一　车 9 平 7
13. 马三退五　车 7 进 4
14. 车二进三　马 4 进 5
15. 相七进五　炮 8 平 7
16. 车二平六　车 7 平 2
17. 马八进七　马 6 进 8
18. 马七进五　马 8 进 7
19. 后马进三　马 7 进 5
20. 车六进一　马 5 退 7
21. 马五进三　炮 3 平 1

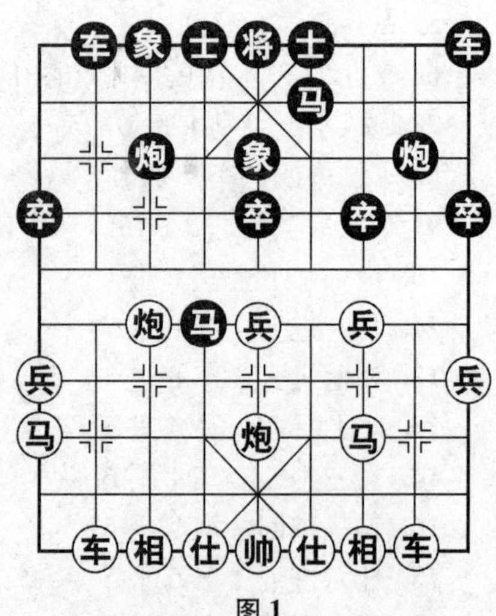

图 1

22. 炮七平九　卒5进1！（图2）
23. 炮九进三　炮7平1
24. 车六进二　卒5进1
25. 车六平九　车2进2
26. 后马进二　卒5平6
27. 马二进一　马7进5
28. 仕四进五　卒6平7
29. 相五进三　马5退3
30. 车九平七　车2平1
31. 相三退五　车1平3
32. 车七平八　马3进2

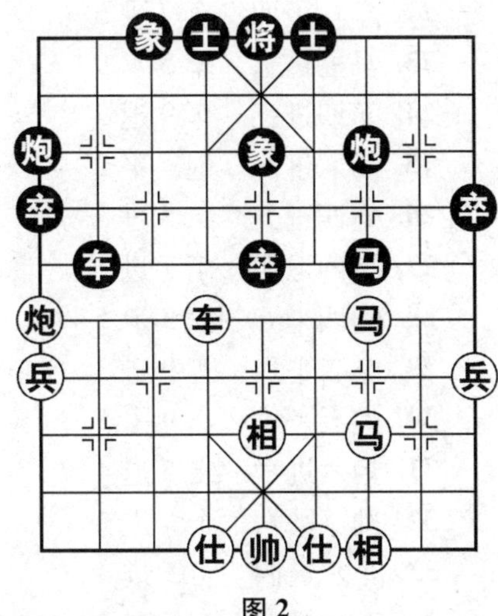

图2

第90局　孟辰胜王晟强

（2008年楚河汉界杯象棋棋王争霸赛）

1. 兵七进一　炮2平3
2. 马二进三　卒3进1
3. 炮二平一　卒3进1
4. 马八进九　象7进5
5. 车一平二　马2进1
6. 车二进四　马1进3
7. 车九平八　车1进1
8. 炮八平四　车1平6
9. 相七进五　车6进5
10. 仕六进五？（图1）车6平7
11. 车八进六　马3进4
12. 相五进七　车7进1
13. 车二平六　车7进2
14. 车六平二　马8进6
15. 相七退五　车7退2
16. 炮一退一　车7进1
17. 炮一进一　车9平8
18. 马九进七　车7退4
19. 车八平六　炮3平4
20. 炮一进四　士6进5
21. 车六退一？车7进2

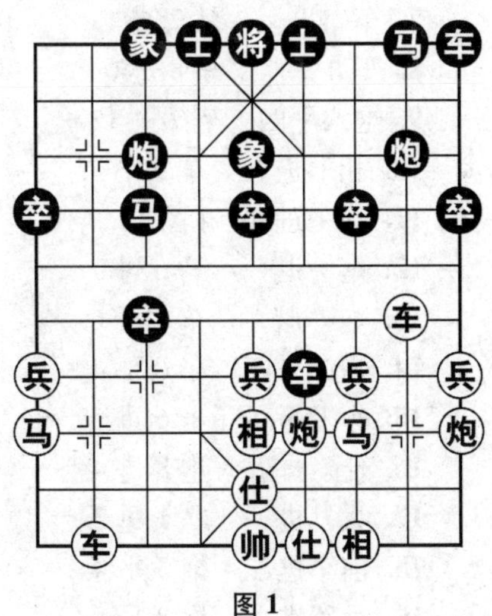

图1

22. 车六平四　车7平5
23. 马七进六　车5平9
24. 车四进三　车9退3
25. 马六进八　炮4平2
26. 炮四进五　象5进3
27. 炮四退四　卒7进1
28. 炮四平五　象3退5
29. 车二平六　车9进3
30. 炮五平六　车9平5?
31. 炮六进六　士5退4
32. 帅五平六　士4进5
33. 车六进四　士5进4
34. 车六平七　车5退2?（图2）
35. 马八进六

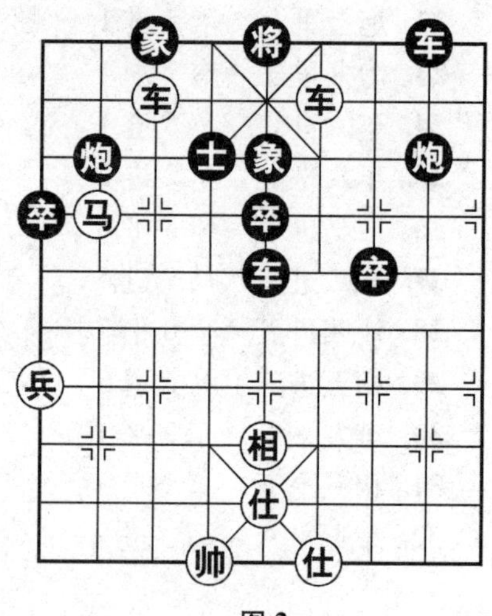

图2

第91局　苗永鹏负张江

（2004年将军杯全国象棋甲级联赛）

1. 兵七进一　炮2平3
2. 马二进三　卒3进1
3. 马八进九　卒3进1
4. 炮二平一　象7进5
5. 车一平二　卒1进1
6. 车二进四　车1进3
7. 车二平七　马2进1
8. 车九平八　马8进6
9. 炮八平四　卒7进1
10. 相七进五　车9平7
11. 炮一进四?（图1）卒5进1
12. 炮一退一　马6进7
13. 炮一退一　车1平6
14. 炮一平四　车6平4
15. 车七平八　士6进5
16. 仕六进五　炮8进4
17. 兵九进一　马1进3!
18. 前车进三　炮3平4
19. 后车进六　炮8平5

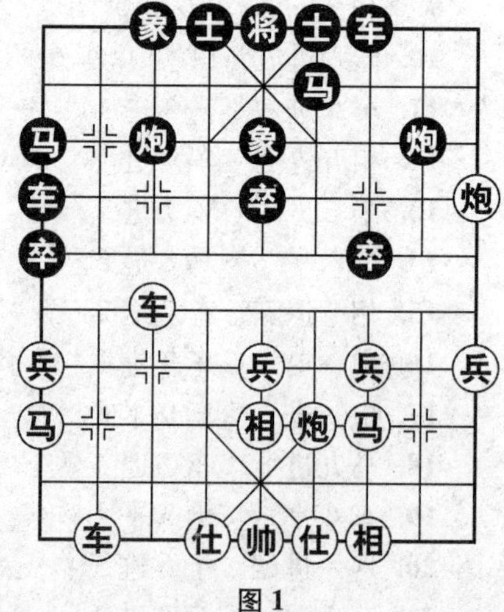

图1

20. 前车平七　卒 5 进 1
21. 前炮平一？马 7 进 5
22. 炮四进三　车 7 平 6
23. 马三进五　卒 5 进 1
24. 炮四退三　卒 5 进 1
25. 相三进五　车 4 进 3
26. 兵九进一　车 4 平 7
27. 炮一进二　马 5 进 4
28. 车七退一　车 6 进 7！
29. 车七平二　车 6 平 5
30. 车二进三　士 5 退 6
31. 车八平四　象 5 退 7！（图 2）

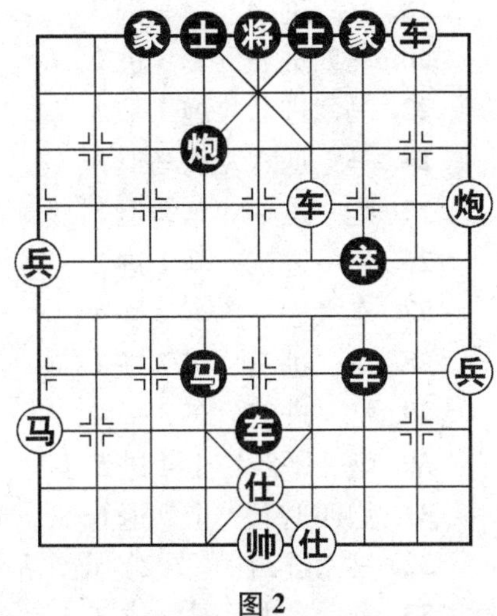

图 2

32. 炮一进三　车 5 进 1
33. 仕四进五　车 7 进 3
34. 车四退六　马 4 进 6
35. 帅五平六　车 7 平 6

第 92 局　周长林胜张辉

（2002 年嘉周杯全国象棋团体赛）

1. 兵七进一　炮 2 平 3
2. 马二进三　卒 3 进 1
3. 马八进九　卒 3 进 1
4. 炮二平一　象 7 进 5
5. 车一平二　马 2 进 1
6. 车二进四　马 8 进 6
7. 车二平七　马 6 进 4
8. 兵九进一　马 4 进 3
9. 车七平二　炮 8 平 7
10. 马九进八　车 1 进 1
11. 相七进五　车 9 进 1
12. 仕六进五　车 1 平 6
13. 车九平六　车 6 进 7？（图 1）

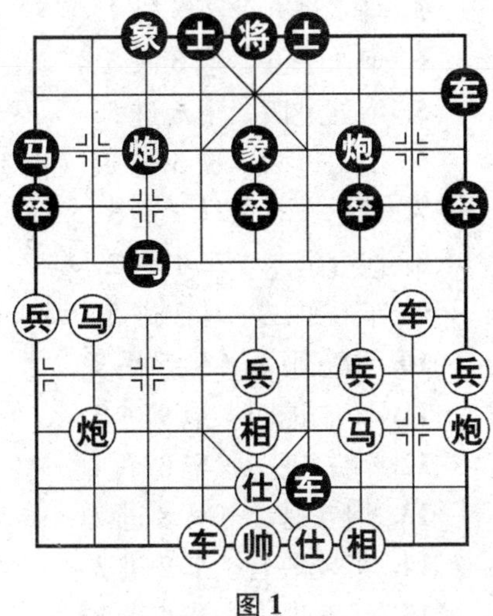

图 1

14. 兵三进一　马 3 进 1？
15. 炮八退一　车 6 退 2
16. 炮八进二　车 6 退 2
17. 车二进二　车 6 平 3

18. 兵一进一　后马进3
19. 马三进四　马3进1
20. 马四进五　车3进2
21. 马八进六！车3平2
22. 马六进七　炮7平3
23. 马五进七　车9平3
24. 马七退六　前马退3
25. 炮一进一　车2退3
26. 炮一进三　马1进2
27. 车六进一　车2平4
28. 车二进三　卒7进1
29. 炮一进三　车3平4
30. 炮一平四！士4进5
31. 炮四退七　士5退6
32. 马六进四！（图2）前车平6
33. 车六进七　马2进3
34. 帅五平六　后马进4
35. 炮四进七　车6退3
36. 车二退一

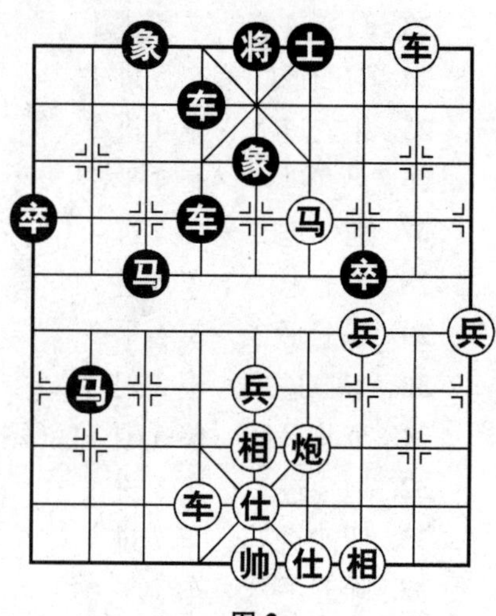

图2

第93局　郑鸿标负张学潮

（2007年船山杯全国象棋等级赛）

1. 兵七进一　炮2平3
2. 马二进三　卒3进1
3. 马八进九　卒3进1
4. 炮八平五　炮8平5
5. 炮五进四　士6进5
6. 炮二进六　炮3进1！（图1）
7. 相七进五　马2进3
8. 炮五退二　车1平2
9. 车一平二　马3进5
10. 炮五平一　炮5平9
11. 车二进四　炮9进3
12. 兵一进一　卒3平4
13. 炮二退二　马8进7
14. 车九平七　车2进3
15. 兵五进一　卒4平5

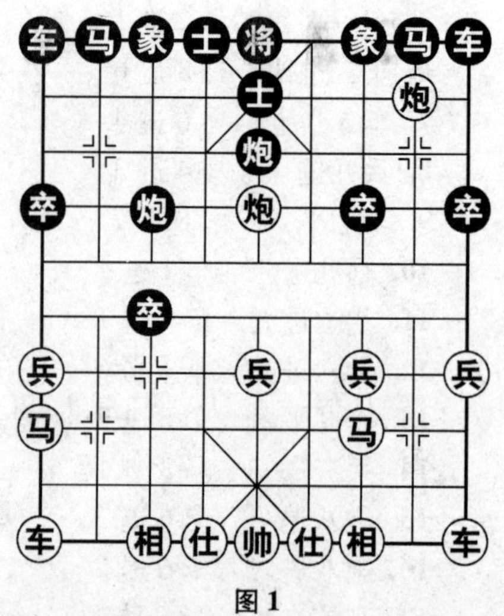

图1

16. 炮二平五　马7进5
17. 车二平五　马5进7
18. 车五平四？炮3平5
19. 仕四进五　车2进4
20. 兵三进一　马7进9
21. 马九退八　车2进1
22. 马三进五　炮5平2
23. 马五退七？（图2）马9进8
24. 车四平八　车2退3
25. 马七进八　马8退6
26. 前马进六　车9进1
27. 车七进四　马6进7
28. 帅五平四　炮2退1
29. 车七平四　炮2平6

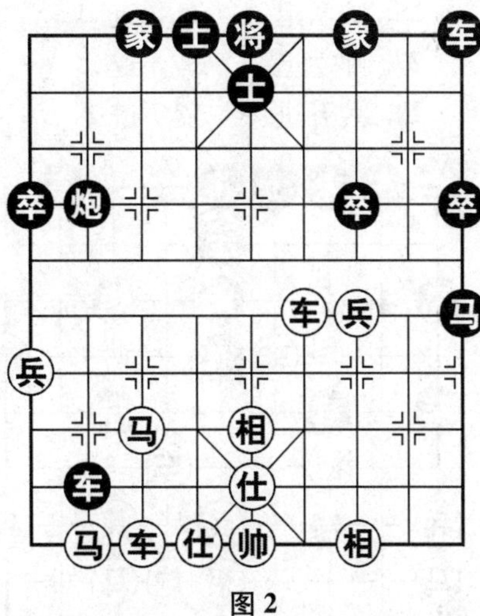

图2

30. 仕五进四　车9平8
31. 马八进七　车8进8
32. 帅四进一　车8平7
33. 马六进八　车7平5！
34. 马八进六　士5进4
35. 车四进三　马7退9
36. 仕四退五　马9退7
37. 帅四进一　车5平8

第94局　金松胜侯昭忠

（1999年全国象棋团体赛）

1. 兵七进一　炮2平3
2. 马二进三　卒3进1
3. 炮二平一　卒3进1
4. 马八进九　马2进1
5. 车一平二　象7进5
6. 炮八平四　马8进6
7. 车二进四　车1平2
8. 相七进五　炮8平7
9. 仕六进五　车9平8
10. 车二平四　马6进4
11. 车九平六　马4进3
12. 相五进七　士6进5
13. 炮一进四　卒7进1
14. 相三进五　卒1进1
15. 车六进五　炮3平2
16. 车六进一　炮2进6？（图1）
17. 炮一退一　车8进4
18. 炮一进四　炮2平1
19. 车四进四！炮1进1
20. 帅五平六　车2进9
21. 帅六进一　车2退1
22. 帅六退一　车2进1
23. 帅六进一　车2退7
24. 炮四进五　车2进6

25. 帅六退一　车2进1　　26. 帅六进一　车2退1
27. 帅六退一　马3退2　　28. 车六退三? 炮7进4
29. 兵五进一　卒7进1　　30. 兵五进一!（图2）车8退2

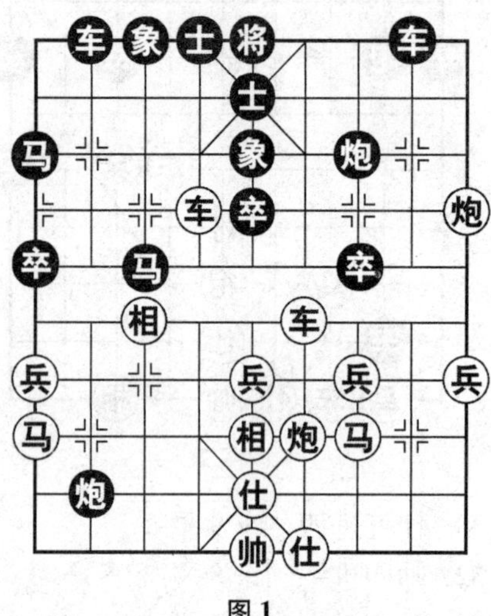
图1

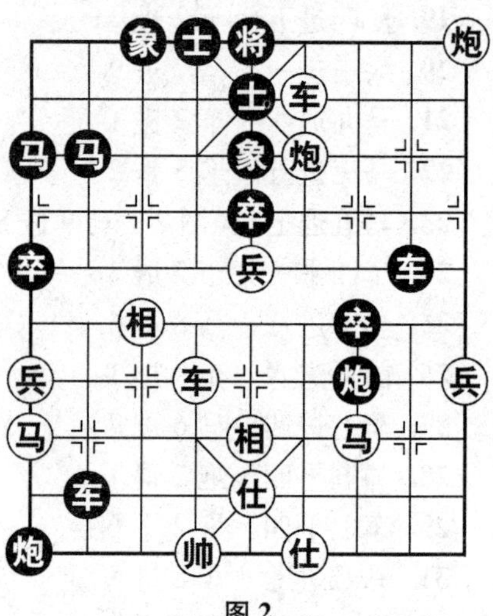
图2

31. 炮四退五　车2进1　　32. 帅六进一　车2退1
33. 帅六退一　车2进1　　34. 帅六进一　车2退1
35. 帅六退一　炮1平6?　　36. 仕五退四　车2退5
37. 兵五平六　士5进4　　38. 车六平四

第95局　徐彬胜张兰天

（2009年海龙杯山东省第十九届象棋棋王赛）

1. 兵七进一　炮2平3　　2. 马二进三　卒3进1
3. 马八进九　卒3进1　　4. 炮二平一　象7进5
5. 车一平二　马2进1　　6. 车二进四　马8进6
7. 车二平七　马6进4　　8. 兵九进一　马4进3
9. 车七平二　车1进1　　10. 相七进五?（图1）车1平2!
11. 炮八平六　车2进6　　12. 仕六进五　士6进5
13. 马九进八　车9平6　　14. 马八进六　马3进2
15. 车九平六　马2进4?　　16. 车六进二　车2平4
17. 仕五进六　车6进4　　18. 马六进七　炮8平3
19. 炮一进四　将5平6　　20. 仕四进五　车6进2

21. 兵一进一！（图 2）车 6 平 7　　22. 马三进一　车 7 退 2
23. 炮一平五　车 7 平 5　　24. 车二平五　车 5 进 1

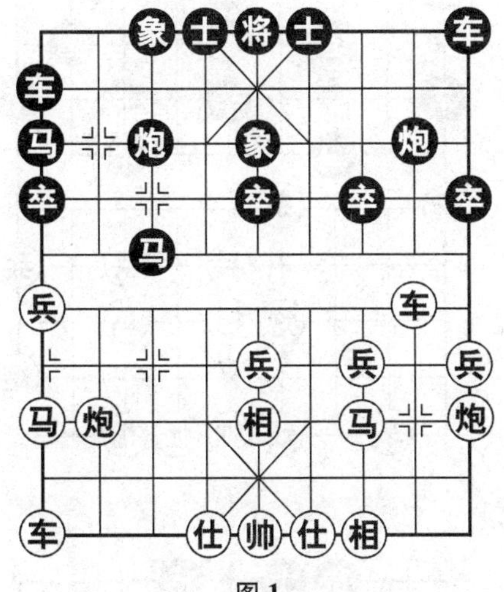
图 1

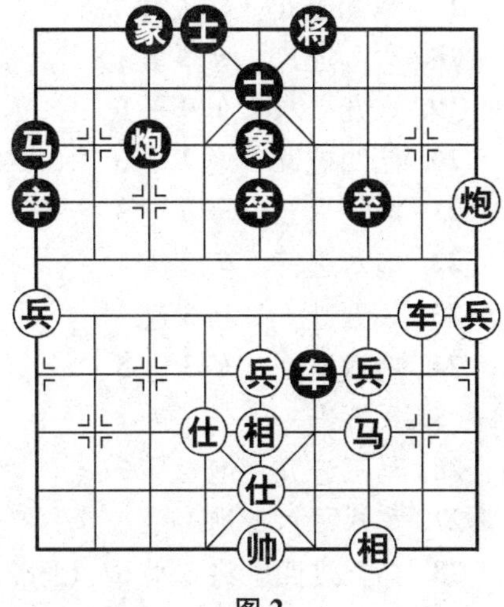
图 2

25. 兵五进一　马 1 退 3　　26. 马一进三　炮 3 平 1
27. 马三进一　卒 7 进 1　　28. 马一进三　马 3 进 2
29. 马三进二　将 6 平 5　　30. 兵一进一　马 2 进 1
31. 兵五进一　马 1 进 3　　32. 兵一平二　马 3 退 2
33. 兵二平三　马 2 进 4　　34. 兵五平六　马 4 进 6
35. 兵三平四　马 6 退 8　　36. 相五进三！马 8 进 7
37. 兵六进一　马 7 退 5　　38. 兵六进一　马 5 退 7
39. 兵四平三

第 96 局　邱东负谢岿

（2009 年惠州华轩杯全国象棋甲级联赛）

1. 兵七进一　炮 2 平 3　　2. 马二进三　卒 3 进 1
3. 炮二平一　卒 3 进 1　　4. 马八进九　马 2 进 1
5. 车一平二　象 7 进 5　　6. 车九平八　车 1 进 1
7. 车二进四　马 1 进 3　　8. 相七进五　卒 3 平 2
9. 兵九进一　马 8 进 6　　10. 马九进八　马 3 进 2
11. 车二平八　马 6 进 4　　12. 炮八平六　马 4 进 3
13. 前车平六　卒 7 进 1　　14. 炮一退一　士 6 进 5？（图 1）

15. 炮一平九　车1平3
16. 车八进五　炮8平7
17. 炮九进五　炮7进4
18. 车六进二　炮3平1
19. 炮九平八？车9平6
20. 仕四进五　炮7平6
21. 炮八平五　车6进3
22. 炮六进三　卒7进1
23. 兵五进一　马3进4
24. 炮六退一　车3进5
25. 兵五进一　卒7进1
26. 马三进五　炮6平9
27. 车八平六？炮1平4
28. 马五进四　将5平6！（图2）
29. 炮五平一　炮9进3
30. 相三进一　马4进3
31. 炮六退三　车6平9
32. 前车平一　炮9退6
33. 车六进一　炮9退1
34. 仕五进六　卒7进1
35. 仕六进五　将6平5
36. 兵五进一　象5进7
37. 车六退二　马3退2
38. 车六进二　车3进3
39. 炮六退一　马2进3

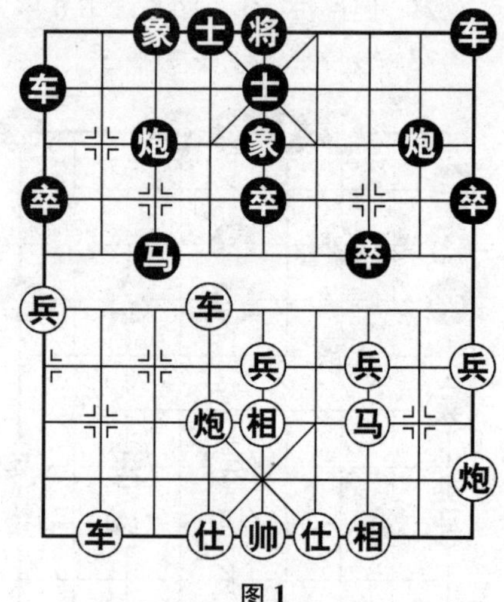

图1

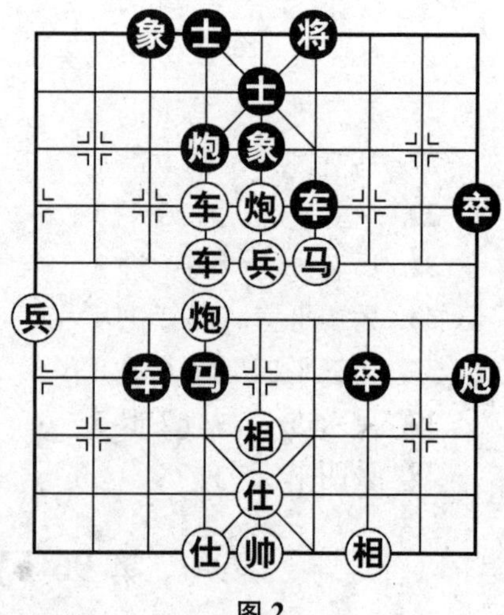

图2

第97局　邱东负廖二平

（2008年北仑杯全国象棋大师冠军赛）

1. 兵七进一　炮2平3
2. 马二进三　卒3进1
3. 马八进九　卒3进1
4. 炮二平一　马2进1
5. 车一平二　象7进5
6. 车二进四　马1进3
7. 车九平八　马8进6
8. 炮八平四　车1进1

9. 相七进五　车1平4
10. 相五进七　车4进4
11. 车二平六　马3进4
12. 兵五进一　卒7进1
13. 车八进三？（图1）车9平7

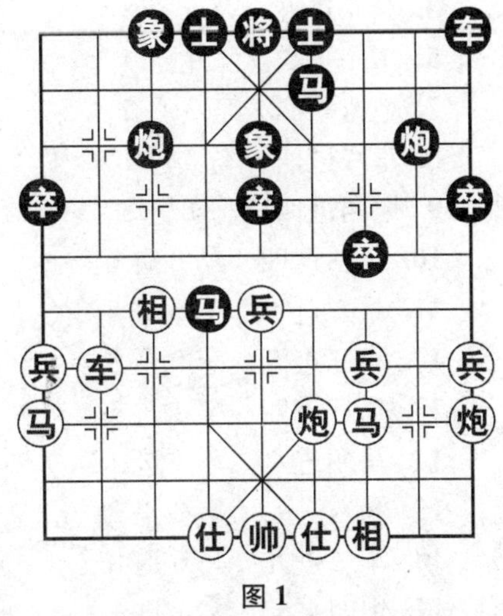

图1

14. 相三进五　炮8进4!
15. 车八进四　炮3进2
16. 车八进一　马6进4
17. 车八平二　卒7进1
18. 相五进三　炮8平1
19. 炮四平六　前马退3
20. 车二退二　马3进1
21. 炮六平五　马1进3
22. 炮五进四　士4进5
23. 炮五平一　车7进4
24. 仕六进五　炮1退1
25. 前炮退二　卒1进1
26. 车二平六　象5退7
27. 后炮退一　炮3平5!
28. 车六退三　炮5退2
29. 车六平七　马4进2
30. 后炮进一　车7平4
31. 马九进八　炮1进4
32. 车七平九　炮5平1
33. 车九平七　卒1进1
34. 马八进七　车4平2
35. 仕五进六　车2进5
36. 帅五进一　车2退1
37. 帅五退一　卒1进1
38. 相三退五　卒1平2!（图2）

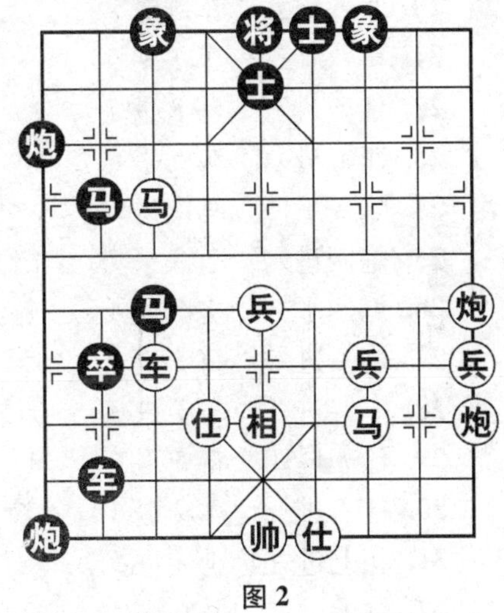

图2

39. 车七退一　前炮平2

第98局　杨砚胜崔俊

（2009年第六届威凯房地产杯全国象棋一级棋士赛）

1. 兵七进一　炮2平3
2. 马二进三　卒3进1

3. 马八进九　卒3进1
4. 炮二平一　象7进5
5. 车一平二　卒1进1
6. 车九平八　车1进3?（图1）

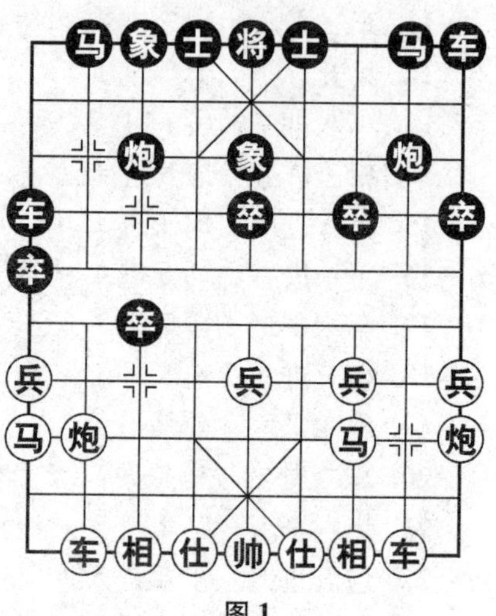

图1

7. 炮八平四　卒3平2
8. 车八进四　马2进1
9. 炮四进四　马1进3
10. 车八退四　马8进6
11. 兵三进一　士6进5
12. 相三进五　车9平8
13. 马三进四　卒1进1
14. 马四进六　车1进1
15. 马六进七　炮8平3
16. 车二进九　马6退8
17. 炮四平七　卒1进1
18. 车八进七!（图2）炮3进7

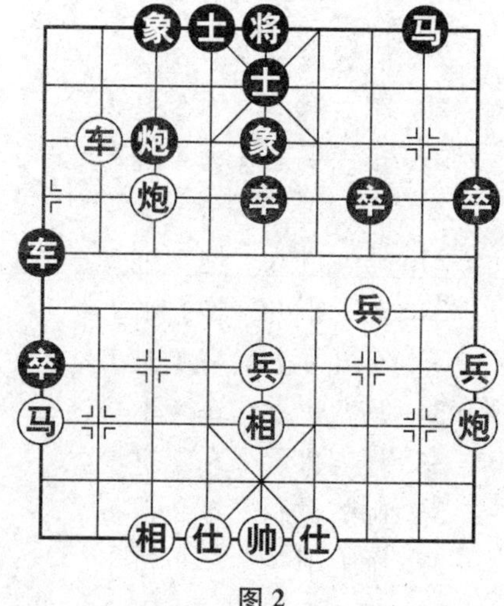

图2

19. 相五退七　卒1进1
20. 车八退六　车1进2
21. 车八平二　车1平5
22. 仕四进五　马8进7
23. 车二进六　车5平9
24. 炮一平四　马7退6
25. 炮四进六　车9平7
26. 炮四平一　士5进4
27. 炮一进一　将5进1
28. 车二进二　车7进3
29. 仕五退四　将5平6
30. 仕六进五　车7退4
31. 相七进九!士4进5
32. 炮七进二　马6进4
33. 炮一退一　卒5进1
34. 车二退四　卒7进1
35. 车二进一　车7平6
36. 炮七退六　马4退2
37. 炮七平四　车6平2
38. 车二进二　将6退1
39. 车二进一　将6进1
40. 炮四平二

第99局 邱东胜宿少峰

（2007年伊泰杯全国象棋个人赛）

1. 兵七进一　炮2平3
2. 马二进三　卒3进1
3. 炮二平一　卒3进1
4. 马八进九　马2进1
5. 车一平二　象7进5
6. 车二进四　马8进6
7. 车二平七　马6进4
8. 兵九进一　马4进3
9. 车七平二　车1进1
10. 马九进八　车1平4
11. 相七进五　炮8平7
12. 仕六进五　士6进5
13. 车九平六　车4进8
14. 仕五退六　车9平6
15. 炮一进四　炮3平4
16. 仕六进五　炮7平9
17. 兵三进一　车6进4
18. 车二进二　马3进1
19. 炮八退一　车6平3
20. 车二平三？（图1）车3进4！

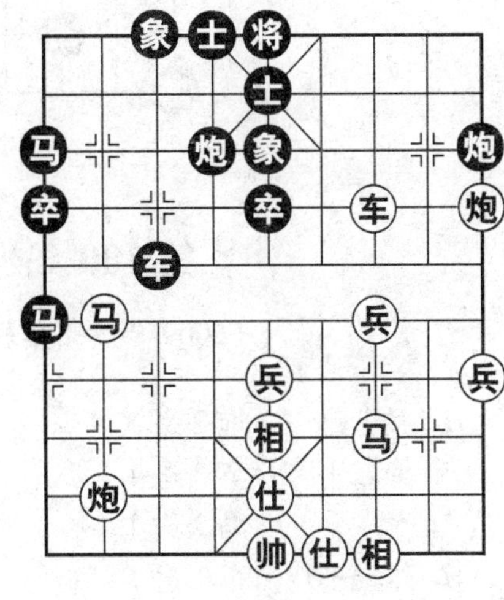

图1

21. 炮一平五　炮9平7？
22. 炮五平八　炮4平2
23. 马三进四　炮2进3
24. 车三进一　后马进3
25. 马四进六　炮2进2？
26. 车三退一　炮2平1
27. 后炮平九　马3进5
28. 车三平二　车3平1
29. 炮八平五　将5平6
30. 兵五进一！车1平4
31. 兵五进一　炮1进2
32. 炮五平六　车4平3
33. 车二进三　将6进1
34. 炮六进二　士5进4
35. 炮六平九！象3进1
36. 车二退一　将6退1
37. 马六进五　将6平5
38. 马五进三　将5平6
39. 炮九退二！（图2）车3进1
40. 仕五退六

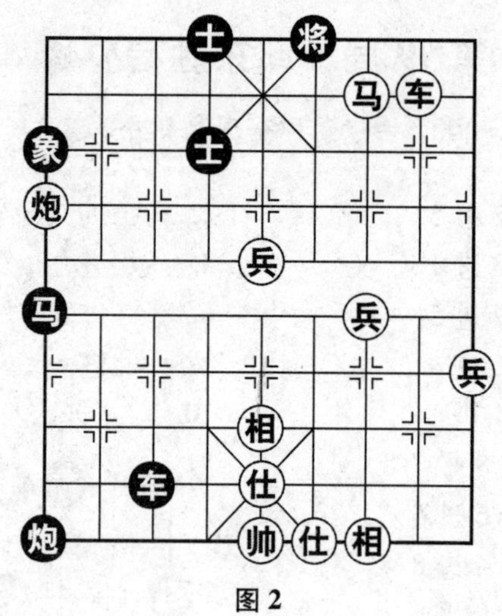

图 2

第 100 局　邱东负林宏敏

（2009 年惠州华轩杯全国象棋甲级联赛）

1. 兵七进一　炮 2 平 3
2. 马二进三　卒 3 进 1
3. 炮二平一　卒 3 进 1
4. 马八进九　象 7 进 5
5. 车一平二　马 2 进 1
6. 车二进四　马 1 进 3
7. 车九平八　车 1 进 1
8. 相七进五　车 1 平 4
9. 相五进七　车 4 进 4
10. 车二平六　马 3 进 4
11. 车八进一　车 9 进 1
12. 车八平二　车 9 平 6
13. 车二进三　马 4 退 6
14. 车二平四　马 6 退 4！（图 1）
15. 车四平二　士 6 进 5
16. 炮一平二　车 6 进 1
17. 车二平六　马 4 进 2
18. 车六进一　马 2 进 1
19. 炮二进七　马 1 退 3！
20. 炮八平五　车 6 进 5
21. 车六退一　马 3 退 1

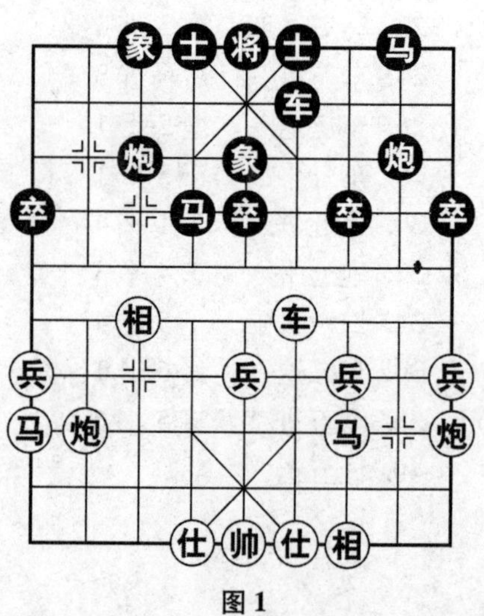

图 1

22. 马三退二　马1进2
23. 车六退一　马2退3
24. 车六进二　车6退1
25. 兵五进一　车6平5
26. 仕六进五　卒7进1
27. 炮五平一？车5平7
28. 炮一进四　车7平9
29. 炮一平四　炮8平7！（图2）
30. 马二进三　车9平8
31. 炮二平三　炮3平2
32. 炮三退一　车8退5
33. 炮四平三　炮7平9
34. 前炮退三　炮2进2！

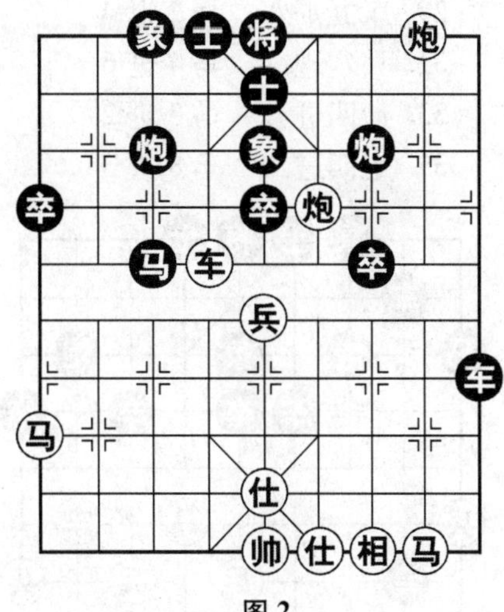

图2

35. 车六平七　象5进3
36. 后炮平八　车8进6
37. 马三进四　车8平1
38. 马四进五　车1平2
39. 马五进七　象3退5
40. 炮三进一　车2平3

第101局　邱东胜朱晓虎

（2006年启新高尔夫杯全国象棋甲级联赛）

1. 兵七进一　炮2平3
2. 马二进三　卒3进1
3. 马八进九　卒3进1
4. 炮二平一　马2进1
5. 车一平二　象7进5
6. 车二进四　马8进6
7. 车二平七　马6进4
8. 兵九进一　车1进1
9. 马九进八　马4进3
10. 车七平二　车1平4
11. 相七进五　车4进7
12. 仕六进五　车4平2
13. 炮八平九　车9进1
14. 炮一退一　车2退1
15. 马八进九　车2退4
16. 马九退八　车9平2
17. 马八进六　前车平4
18. 马六退四　马3进2！（图1）
19. 炮九平八　炮3平2
20. 炮八进五　炮8平2
21. 马四进三　炮2平3
22. 相五进七　车2平7
23. 车二平三　车4进2
24. 前马退四　车7进4？
25. 兵三进一　车4平3
26. 相三进五　车3退2
27. 兵九进一！卒5进1
28. 兵九进一　马1退3

29. 车九平八　马2退4　　30. 兵九平八　车3平8
31. 兵八进一　马4进6　　32. 仕五进四　炮3进5
33. 仕四进五　马3进2　　34. 炮一平四　马2退4？
35. 炮四进二　车8进3　　36. 炮四进六！（图2）将5平6

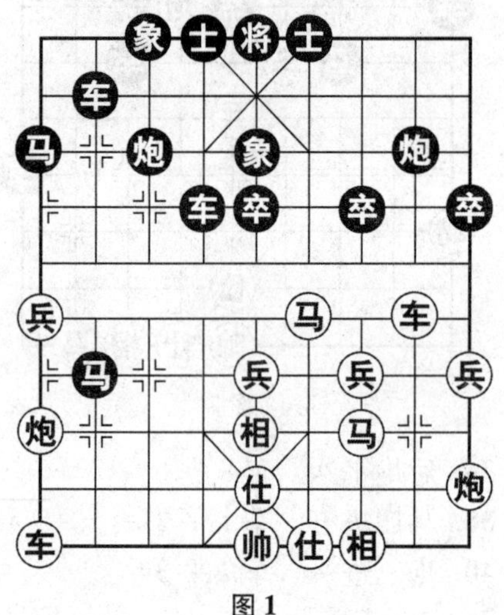

图1

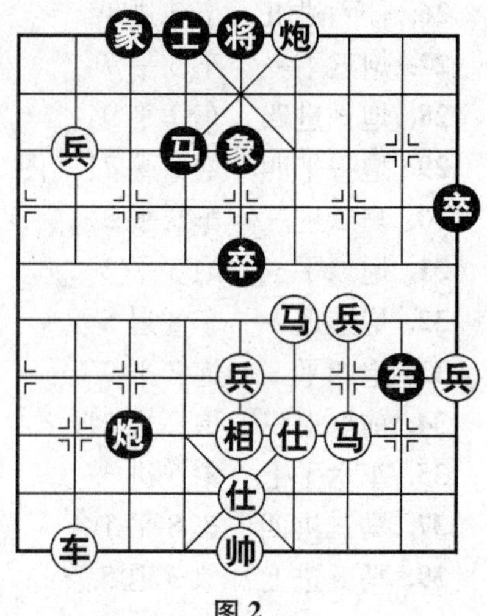

图2

37. 车八平六　士4进5　　38. 车六进六　车8平5
39. 兵八平七　马4退5　　40. 车六平四　士5进6
41. 车四平一　象5退7　　42. 车一进三

第102局　卜凤波胜陆峥嵘

（1998年全国象棋团体赛）

1. 兵七进一　炮2平3　　2. 马二进三　卒3进1
3. 炮二平一　卒3进1　　4. 马八进九　马2进1
5. 车一平二　象7进5　　6. 车二进四　马8进6
7. 车二平七　马6进4　　8. 兵九进一　马4进3
9. 车七平二　车1进1　　10. 马九进八　车1平6
11. 仕六进五　士6进5　　12. 相七进五　车9平6
13. 兵三进一　炮3平2　　14. 炮八平七　马3进2
15. 车九平六　前车进3　　16. 马八进九　卒9进1？（图1）
17. 炮一退一　炮2平4　　18. 兵三进一　卒7进1
19. 车六进三　马2退3？　　20. 炮七进七！象5退3

21. 马九退七　前车平 3
22. 车二进三　卒 7 进 1
23. 相五进三　马 1 进 2
24. 相三退五　马 2 进 3
25. 车二退三　车 6 进 8
26. 马三进四！（图 2）炮 4 平 5？

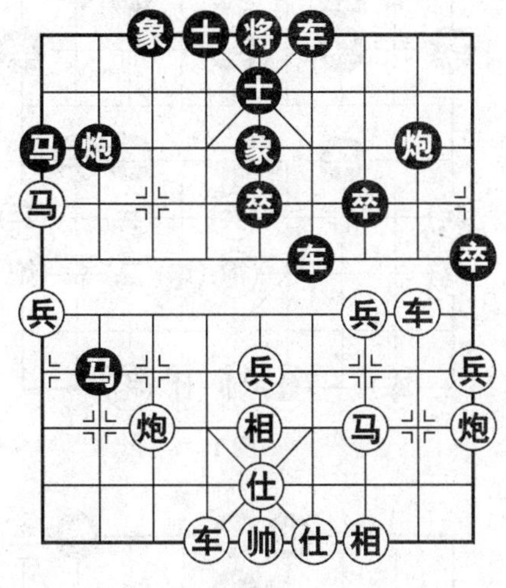

图 1

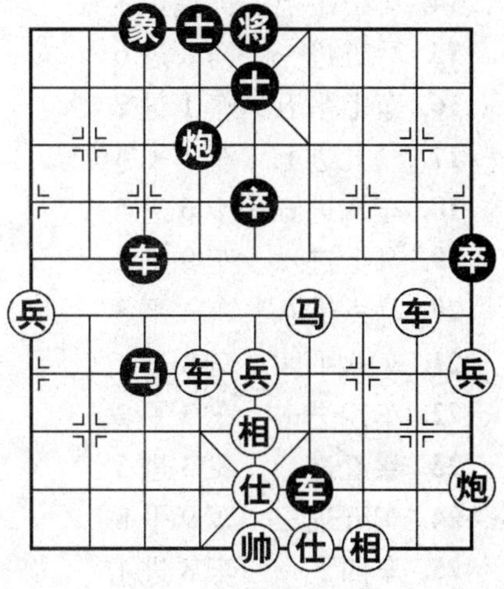

图 2

27. 马四进五　车 3 退 1
28. 炮一进四　车 3 平 5
29. 车六平七　将 5 平 6
30. 炮一平六　炮 5 进 4
31. 车二进五　将 6 进 1
32. 炮六进三　士 5 进 4
33. 帅五平六　将 6 平 5
34. 相五退七　车 6 退 3
35. 车二退二　车 6 平 1
36. 车二平六　车 1 退 2
37. 车七平六　车 1 退 2
38. 相三进五　车 1 平 3
39. 兵一进一　将 5 退 1
40. 炮六平三　士 4 进 5
41. 前车平二！车 3 进 2
42. 车二进二　士 5 退 6
43. 炮三进一

第 103 局　洪智胜廖二平

（1999 年西门控杯全国象棋大师冠军赛）

1. 兵七进一　炮 2 平 3
2. 马二进三　卒 3 进 1
3. 马八进九　卒 3 进 1
4. 炮二平一　象 7 进 5
5. 车一平二　马 2 进 1
6. 车二进四　马 1 进 3
7. 炮八平四　卒 7 进 1
8. 车九平八　炮 8 平 7
9. 相七进五？卒 7 进 1！（图 1）
10. 车二平三　马 3 进 5

11. 炮四进三　炮3进2
12. 兵五进一　炮3平6
13. 兵五进一　炮6平7
14. 车三平七　前炮进3
15. 兵五进一　马8进6
16. 车七平五　车1进2
17. 马九进七　车1平4
18. 车八进五　士6进5
19. 马七进六　车9进2
20. 马六进八　车4平3
21. 车八平四　车3进1
22. 车四进三　车3平2
23. 兵五进一　象3进5
24. 车五进三　车9平8
25. 车四平一　车8进1
26. 兵三进一　后炮平6
27. 兵三进一　炮7平8
28. 兵三平四　炮6退2
29. 车一进一　炮8进2?
30. 炮一平四　炮6平8
31. 相五退七　车2平5?（图2）
32. 车五退一　车8平5
33. 炮四平五　后炮平6
34. 炮五进三！炮8退3
35. 车一退三　车5退1
36. 炮五进一　炮6平7
37. 车一平四　炮7进2
38. 炮五退五！车5进4
39. 车四平三　炮8平1
40. 车三进一　将5平6
41. 车三退一　炮1平9
42. 车三平四　将6平5
43. 兵四平三　炮9退4
44. 车四平一

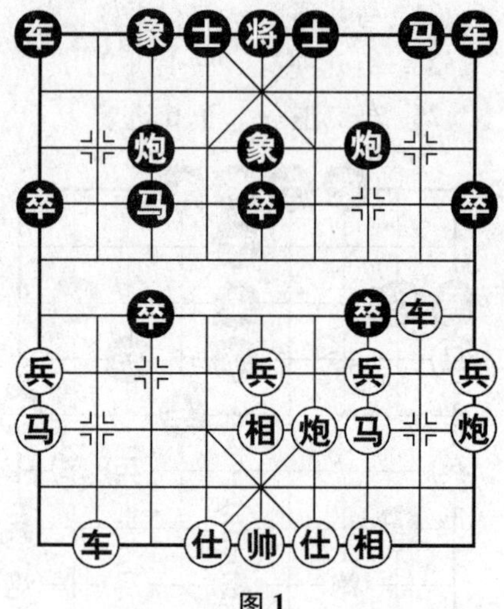

图1

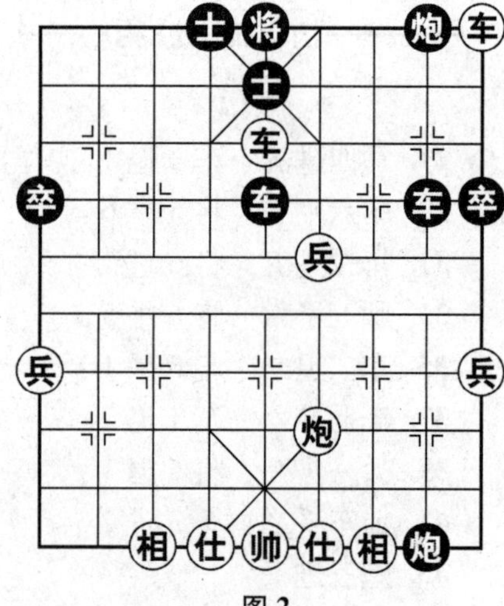

图2

第104局　苗永鹏胜宇兵

（2008年北仑杯全国象棋大师冠军赛）

1. 兵七进一　炮2平3
2. 马二进三　卒3进1
3. 马八进九　卒3进1
4. 炮二平一　马2进1
5. 车一平二　象7进5
6. 车二进四　马8进6
7. 车二平七　马6进4
8. 车七进三　马4进3
9. 车七退二　象5进3
10. 炮八平五　士6进5
11. 车九进一　车1平2
12. 车九平二　炮8平3
13. 炮五进四　象3进5
14. 相三进五　车2进7
15. 马三退五?（图1）车2退1
16. 兵五进一　车2平7
17. 兵九进一　车7平9
18. 炮一平四　前车退1
19. 兵五进一　前车退1?
20. 炮四进三　马1进3
21. 炮五平六　后车平6?
22. 马九进八！车6进3
23. 车二进八！（图2）车6退3
24. 车二平四　将5平6
25. 马八进七　车9进1
26. 马五进三　车9平1
27. 马三进五　车1进1
28. 马五进七　车1平4
29. 炮六平九　卒9进1
30. 仕四进五　卒9进1
31. 炮四退五　将6平5
32. 后马进九　卒7进1
33. 炮九进三　象5退3
34. 马九进八　象3退1

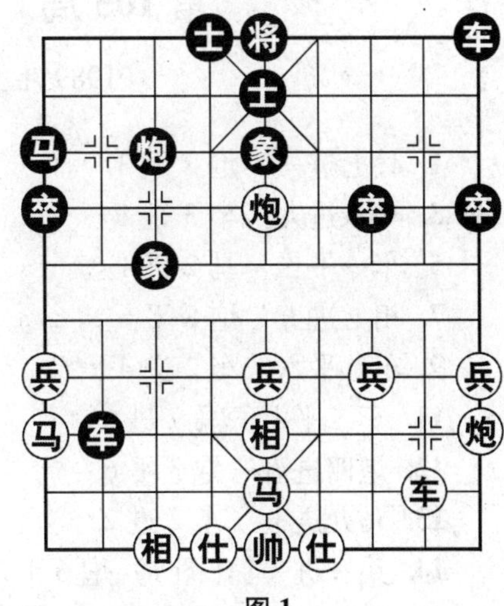

图1

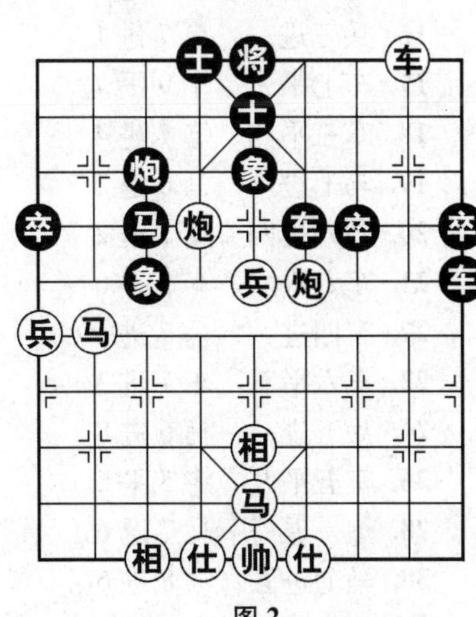

图2

35. 马七进五　士5进6
36. 马五退六　炮3平4
37. 马六进八　士6退5
38. 兵五平四　卒7进1
39. 相五进三　炮4平8
40. 炮九退一　车4平7
41. 仕五进六　象3进5
42. 炮九进一　象1退3
43. 前马进七　士5进6
44. 马七退六　将5进1
45. 炮九退一　车7平1
46. 兵四进一　将5平6
47. 马六进八

第105局　李智屏胜许银川

（1989年全国象棋团体赛）

1. 兵七进一　炮2平3
2. 马二进三　卒3进1
3. 马八进九　卒3进1
4. 炮二平一　象7进5
5. 车一平二　马2进1
6. 炮八平四　车1平2
7. 相七进五　炮8平6
8. 仕六进五　马8进7
9. 车九平六　车2进4
10. 车二进四　卒7进1
11. 车二平七　马7进6
12. 炮四进五　炮3平6
13. 马九进七　车2进2
14. 兵一进一！（图1）炮6平7

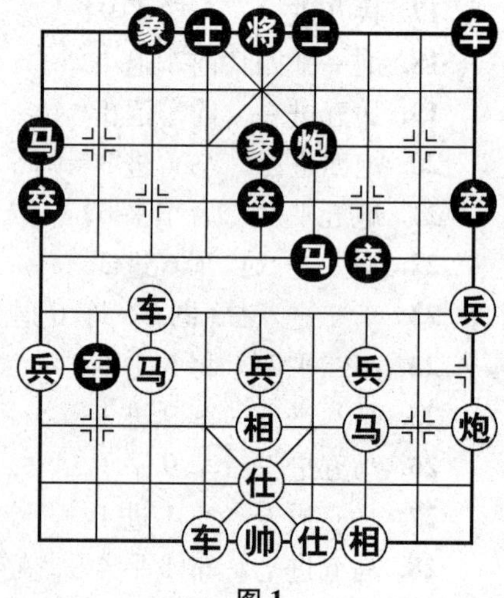

图1

15. 炮一进一　士6进5
16. 兵三进一　卒7进1
17. 车七平三　车9平7?
18. 车三平四　炮7进4
19. 马七进六　马6退7
20. 马六进四　车2退2
21. 车六进六　车2平6?
22. 车四进一　马7进6
23. 车六平五　车7进3
24. 兵五进一　马6进8
25. 马三进五　炮7平6
26. 车五平九　将5平6
27. 马五进七　马8进7
28. 炮一退一　马7退6
29. 炮一平四　马6进8
30. 马七进五　马8进6
31. 仕五进四　炮6平5
32. 仕四退五　车7进1
33. 马五退三　炮5平6

34. 兵五进一　将6平5
35. 兵九进一　炮6退1
36. 兵五进一　马1退3
37. 马三退四　车7平2
38. 车九平七　马3进1
39. 车七退二　车2平6
40. 前马进三　将5平6
41. 兵五进一！（图2）象3进5
42. 马三退五　车6退2
43. 马五退六　炮6退1
44. 马四进三　炮6平7
45. 马六退五　车6进1
46. 车七进三　车6退1
47. 车七退二　炮7退3
48. 兵九进一　将6平5
49. 兵九进一　马1退2
50. 车七进一

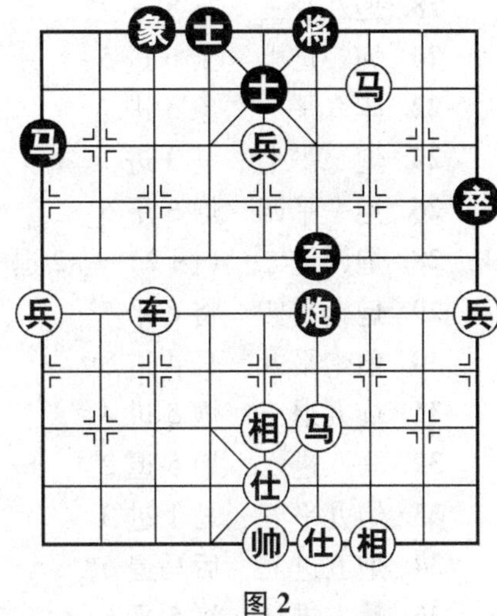

图2

第106局　谢岿胜孙逸阳

（2013年QQ游戏天下棋弈全国象棋甲级联赛）

1. 兵七进一　炮2平3
2. 马二进三　卒3进1
3. 炮二平一　卒3进1
4. 马八进九　象7进5
5. 车一平二　马2进1
6. 车二进四　马8进6
7. 车二平七　马6进4
8. 兵九进一　马4进3
9. 车七平二　炮8平7
10. 马九进八　车1进1
11. 相七进五　车9进1
12. 仕六进五　车9平8
13. 车二进四　车1平8
14. 兵三进一　车8进3
15. 车九平六　卒7进1
16. 车六进五！（图1）车8进2
17. 兵三进一　炮7进5

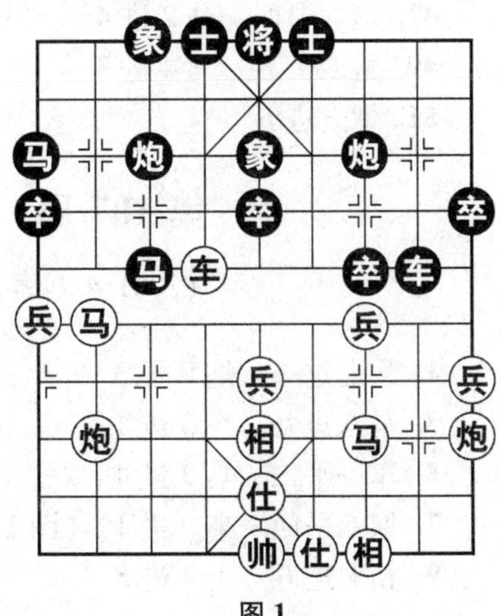

图1

18. 炮八平三　车8平7?
19. 炮三平二　车7退2
20. 炮二进七　士6进5
21. 炮一进四　将5平6
22. 车六平三　象5进7
23. 炮一进三　将6进1
24. 炮二平七　马3进1
25. 炮一退五　前马退2
26. 炮一平四　炮3平5
27. 炮七退四　将6退1
28. 炮四进二!（图2）马2退4

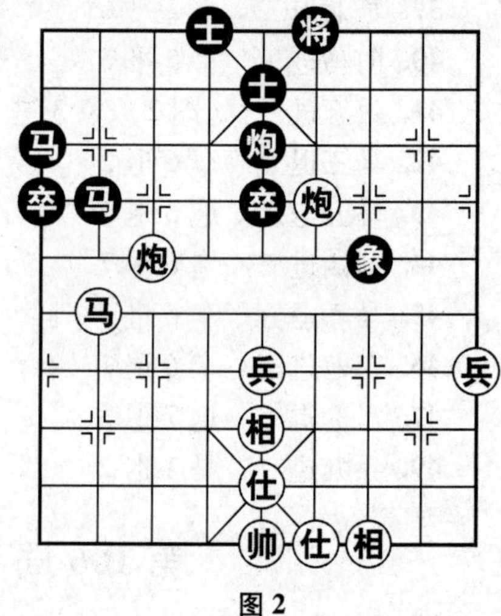

图2

29. 炮七平四　将6平5
30. 前炮平九　马4进3
31. 炮九退三　炮5进4
32. 马八进六　炮5退2
33. 炮九平五　马1进3
34. 炮五进三　后马退5?
35. 兵一进一　将5平6
36. 兵一进一　马3进4
37. 兵一进一　马5进3
38. 兵一平二　马3进2
39. 炮五平四　将6平5
40. 马六进八　士5进6
41. 马八进七　将5进1
42. 马七退六　将5进1
43. 前炮平三　士6退5
44. 炮三进一!士5进4
45. 炮四进二　将5退1
46. 炮三平六　将5退1
47. 炮六退四　马2进4
48. 炮四退四　士4进5
49. 炮四平五　马4进3
50. 帅五平六　将5平4
51. 炮五进五

第107局　黄仕清胜余四海

（2001年利君沙杯全国象棋个人赛）

1. 兵七进一　炮2平3
2. 马二进三　卒3进1
3. 马八进九　卒3进1
4. 炮二平一　象3进5
5. 车一平二　马2进4
6. 车二进四　马4进3
7. 炮八平四　卒9进1?（图1）
8. 兵一进一　卒3平2
9. 相七进五　士4进5
10. 仕六进五　车1平4
11. 兵九进一!卒2进1
12. 车九平八　卒2平1

13. 马九进七　卒9进1
14. 车二平五　卒9平8
15. 车五平二　车9进4
16. 车八进五　车9平2?
17. 马七进八　马8进9
18. 炮四进四!卒5进1
19. 炮四平九　车4平2
20. 马八进六　车2进9
21. 仕五退六　炮3平4
22. 仕四进五　车2退4?
23. 车二平八　马3进2
24. 炮九退三　马2进4
25. 兵三进一　马9进8
26. 炮一退一　炮4平3
28. 兵三进一　炮8进6
30. 兵九进一　炮3进6
32. 炮一进一　炮8退7
34. 兵九平八　炮1平3
36. 马六进七　将5平4
38. 炮五平六　炮8退6
39. 马七退九　炮3退1
40. 炮六退一　将4平5
41. 炮一进四　马3进1
42. 兵八进一　马1进3
43. 炮六退二　马3退2
44. 炮一退二　马2进3
45. 兵三平二　象5退3
46. 马九退七　马9进8
47. 马四进三　炮8平9
48. 炮一平五　象7进5
49. 马七进五!(图2)象3进5
50. 马三进五　马3退2
51. 兵八平七

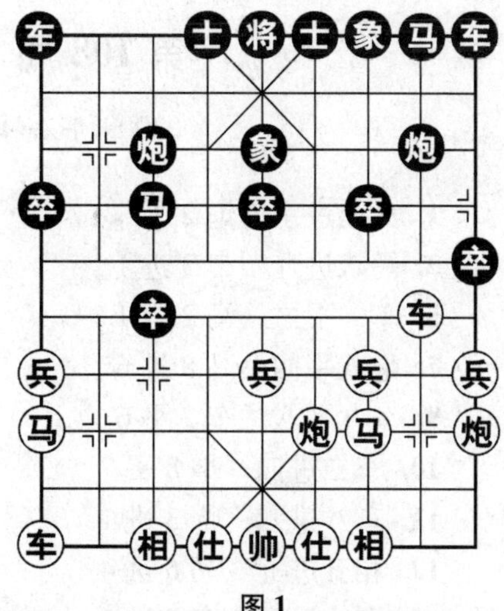

图1

27. 兵三进一!马8退9
29. 马三进四　马4进2
31. 相五退七　炮3平1
33. 相三进五　炮8进6
35. 炮九进二　炮3退5
37. 炮九平五　马2退3

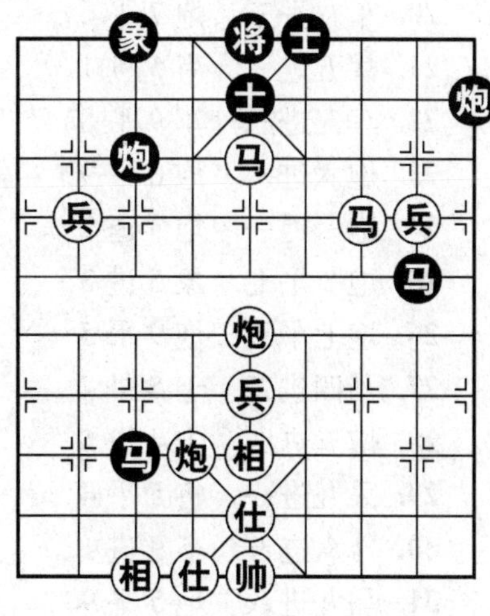

图2

第108局　庄玉庭胜党斐

（2009年浩坤杯全国象棋个人赛）

1. 兵七进一　炮2平3
2. 马二进三　卒3进1
3. 马八进九　卒3进1
4. 炮二平一　象7进5
5. 车一平二　马2进1
6. 兵三进一　车1平2
7. 炮八平四　马8进6
8. 相七进五　车2进4
9. 车九平八　车2平6
10. 车二进四　炮8平7
11. 车八进六　炮3进1
12. 相五进七　马6进4
13. 车八退二　卒7进1
14. 炮四平六　马4进5
15. 兵五进一　卒7进1
16. 车二平三　车6进5！（图1）

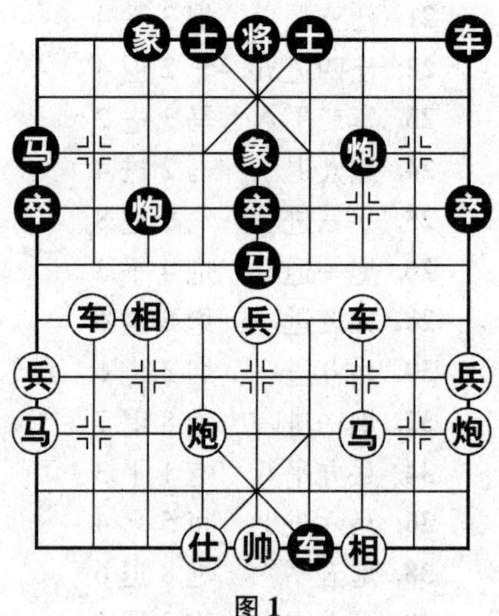

图1

17. 马三退四　马5进7
18. 相七退五　马7退8
19. 车八退一　士6进5
20. 车八平三　炮7平6
21. 兵五进一　卒5进1
22. 车三进三　车9平8
23. 炮六进六　炮6平9
24. 炮一退一　炮3退2
25. 炮一平七　象5进3
26. 炮七平五　炮9平5
27. 马四进三　士5进4
28. 炮五进四　士4进5
29. 兵九进一　将5平4
30. 仕六进五　卒9进1
31. 马九进八　炮5平9
32. 车三进一？（图2）马8退6
33. 炮五平六　炮9进1
34. 马八进九　马1进3

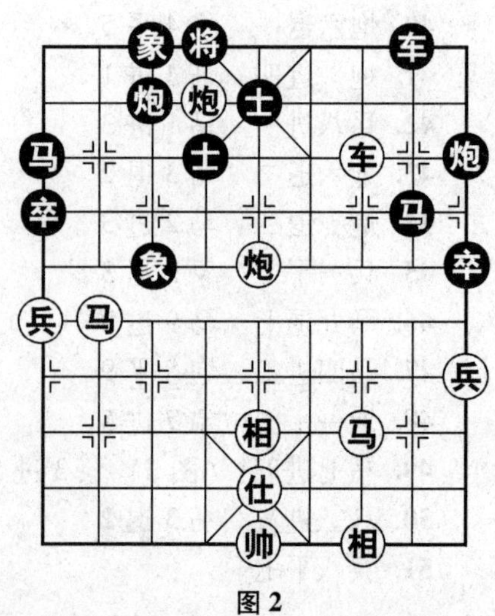

图2

35. 马九退七　象3进1　　36. 马七退六　马3退4
37. 车三平一　炮9平2　　38. 马六进八　将4平5
39. 兵九进一　炮2平5　　40. 马八进七　车8平7
41. 车一退一　炮5进1　　42. 马三进五　车7进6
43. 马七退五　马6进5　　44. 马五进四　车7平6
45. 马四进二　马5进4?　　46. 马二进三　车6退5
47. 炮六进三! 马4进3　　48. 帅五平六　士5退6
49. 车一平七　车6平7　　50. 车七进二　马3退2
51. 兵九进一　象1进3?　　52. 车七进一

第109局　邱东胜陈翀

（2002年嘉周杯全国象棋团体赛）

1. 兵七进一　炮2平3　　2. 马二进三　卒3进1
3. 炮二平一　卒3进1　　4. 马八进九　象3进5
5. 车一平二　马2进4　　6. 车九平八　车1平2
7. 车二进四　车9进1　　8. 车二平七　卒7进1
9. 兵九进一　车2进6　　10. 炮八平七　车2进3
11. 马九退八　炮3进5?（图1）
12. 炮一平七　炮8平7
13. 车七进四! 卒7进1
14. 炮七平八　卒7进1
15. 马三退五　车9平6
16. 炮八进七　将5进1
17. 炮八退一　将5退1
18. 炮八进一　将5进1
19. 马五进七　炮7进7
20. 帅五进一　车6进3
21. 炮八退一　将5退1
22. 车七平六　车6平2
23. 马八进九　士4进5
24. 炮八平九　卒7平6

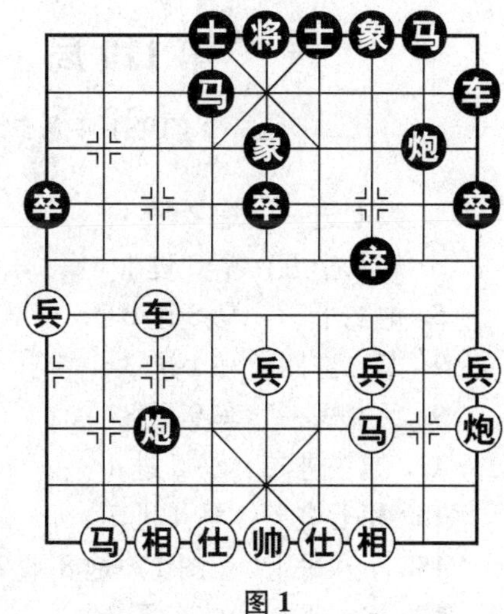

图1

25. 炮九进一　卒6进1?
26. 马九进八　马8进7　　27. 车六退三　车2退2
28. 车六退三!（图2）马7进6　　29. 车六平四　马6退4

30. 车四平六　马 4 退 3
31. 炮九退一　炮 7 退 6
32. 兵一进一　马 3 进 2
33. 帅五退一　车 2 平 3
34. 炮九进一　马 2 退 4
35. 车六进二　车 3 进 4
36. 相七进五　马 4 进 2
37. 仕六进五　炮 7 进 4
38. 相五退三　炮 7 退 6
39. 炮九平八　车 3 退 2
40. 车六进二　马 2 退 3
41. 车六退一　车 3 退 2
42. 炮八退三　车 3 进 4

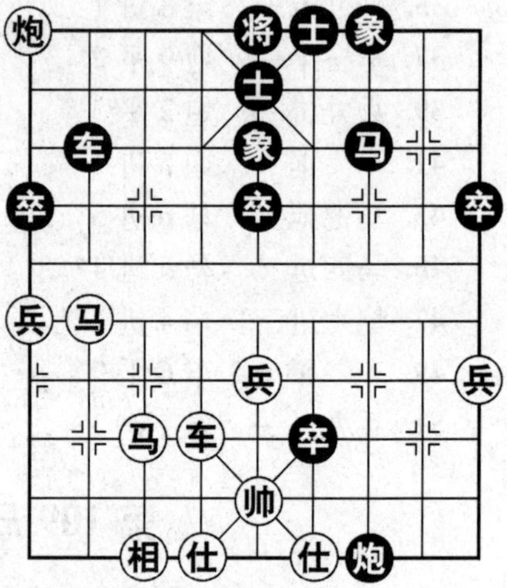

图 2

43. 炮八平一　炮 7 进 4　44. 相三进五　炮 7 进 2
45. 仕五进四　马 3 退 1　46. 车六进一　马 1 进 2
47. 车六平八　炮 7 退 5　48. 炮一进三　马 2 退 4
49. 车八平九　炮 7 退 1　50. 车九进三　士 5 退 4
51. 车九退二　马 4 进 3　52. 车九平七

第 110 局　李锦欢负胡荣华

（1984 年第三届亚洲象棋锦标赛）

1. 兵七进一　炮 2 平 3　2. 马二进三　卒 3 进 1
3. 炮八平五　卒 3 进 1　4. 马八进九　象 7 进 5
5. 炮二平一　马 8 进 6　6. 车一平二　马 2 进 1
7. 车二进四　马 1 进 3　8. 车九平八　车 1 进 1
9. 兵九进一　车 9 平 8　10. 炮一进四　马 3 进 4
11. 炮一进二　马 6 进 4　12. 炮一退四　前马进 5
13. 相七进五　马 4 进 3　14. 车八进六　车 1 平 8
15. 车八平七？（图 1）炮 8 平 7　16. 车二平七　前车进 5
17. 炮一平六　前车平 7　18. 炮六退二　卒 7 进 1
19. 马九进八　士 6 进 5　20. 仕六进五　车 8 平 6
21. 马八进九　马 3 退 1　22. 前车平九　卒 7 进 1
23. 车九平五　卒 7 平 6　24. 车七进二　卒 6 进 1

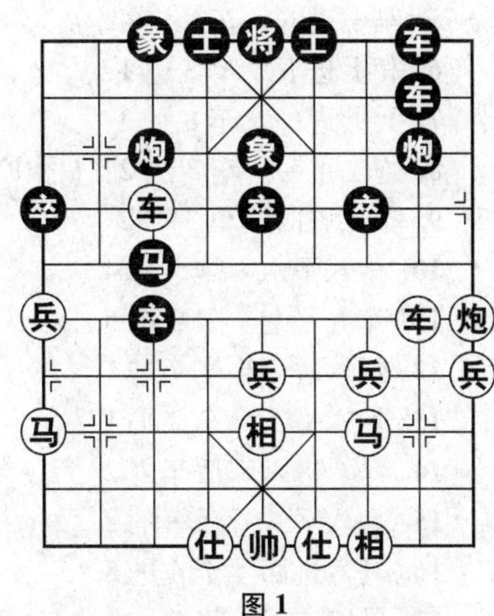

图 1

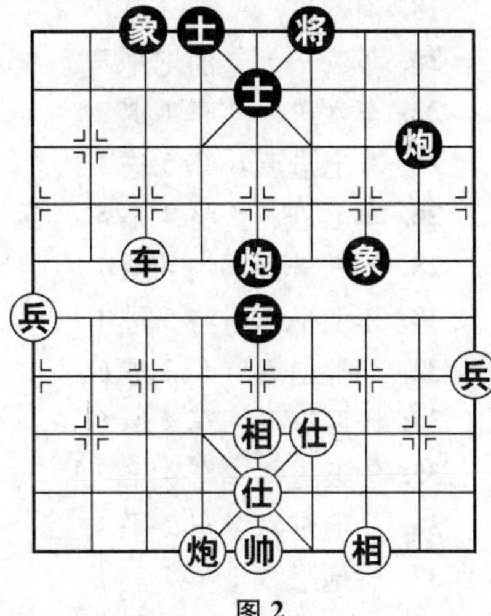

图 2

25. 车五平三　车 7 平 8
26. 车三平二？车 8 退 3
27. 车七平二　卒 6 平 7
28. 马三退二　车 6 进 8
29. 车二平三？车 6 平 8
30. 车三退三　车 8 进 1
31. 兵五进一　车 8 退 5
32. 车三平五　象 5 进 7
33. 炮六进二　车 8 进 4
34. 车五平七　炮 3 平 5
35. 帅五平六　车 8 退 5
36. 兵五进一　车 8 平 2
37. 帅六平五　车 2 进 2
38. 炮六进四　车 2 平 5
39. 车七进二　将 5 平 6
40. 炮六退八　炮 7 平 8
41. 仕五进四　炮 8 进 7
42. 帅五进一　炮 8 退 5
43. 帅五退一　炮 8 平 5
44. 仕四进五　后炮平 8！（图 2）
45. 相五退七　炮 8 进 2
46. 帅五平四　车 5 进 3
47. 车七进一　车 5 平 4
48. 车七平四　将 6 平 5
49. 仕四退五　炮 8 退 4
50. 炮六平五　炮 8 进 9
51. 相三进五　炮 8 平 5
52. 帅四平五　车 4 平 5
53. 帅五平四　车 5 进 1
54. 帅四进一　炮 5 退 2

第 111 局　金松负庄宏明

（1999 年沈阳日报杯世界象棋冠军赛）

1. 兵七进一　炮 2 平 3
2. 马二进三　炮 8 平 5
3. 马八进七　马 8 进 7
4. 车一平二　车 9 平 8

5. 马七进八　车 8 进 4
6. 相七进五　卒 3 进 1
7. 兵七进一　车 8 平 3
8. 炮二平一　车 3 进 2？（图 1）

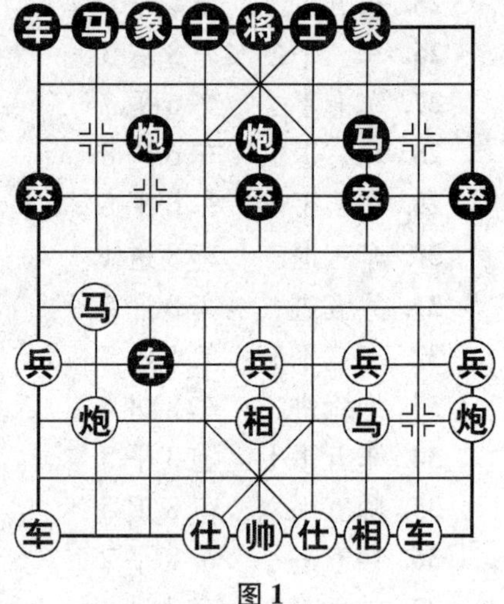

图 1

9. 车二进四　车 3 平 2
10. 炮八平六　炮 5 平 4
11. 车九平七　象 3 进 5
12. 炮六进四！卒 7 进 1
13. 炮六平八　车 2 平 1
14. 马八进六　后车进 2
15. 炮八平一　后车平 2
16. 马六进四　士 4 进 5
17. 马四进三　将 5 平 4
18. 前炮进三　炮 3 进 4
19. 前马退五　炮 4 平 3
20. 车二平七　前炮平 7
21. 前车平六　马 2 进 4
22. 车六进一　车 1 退 2
23. 车六平九　卒 1 进 1
24. 车七进五！卒 5 进 1
25. 马五退六　马 4 进 5
26. 车七进一　将 4 平 5
27. 后炮退一　炮 3 平 4
28. 马六进五　炮 4 退 1
29. 车七进三　士 5 退 4
30. 车七平六　将 5 进 1
31. 马五退七　车 2 平 3
32. 马七退五　车 3 进 6
33. 马五退七　车 3 平 4
34. 仕四进五　车 4 退 6
35. 仕五进六　车 4 平 2
36. 马七进六　车 2 平 4
37. 后炮平六　卒 7 进 1
38. 相五进三　将 5 平 6
39. 马六退五　车 4 进 5
40. 炮六进七　车 4 平 7
41. 相三进五　炮 7 平 6
42. 炮六平九　车 7 平 5
43. 仕六进五　车 5 退 1
44. 马五进六　车 5 平 2
45. 车六退一　将 6 进 1
46. 车六退一？象 7 进 5

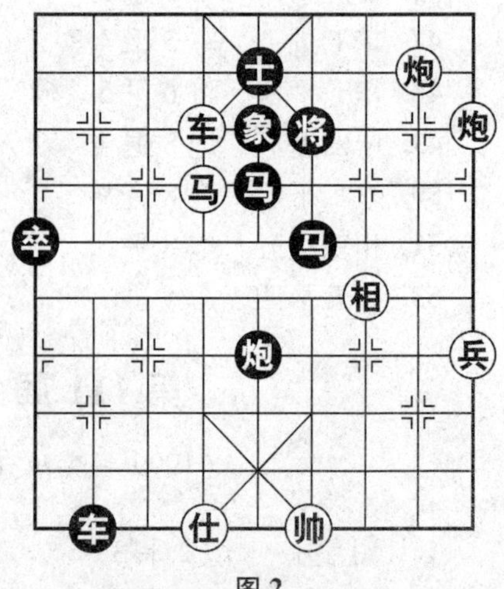

图 2

47. 炮一退二　马7进6
48. 炮九平二？炮6平5
49. 帅五平四　车2进3
50. 仕五退六　士6进5！（图2）
51. 车六进一　象5进7
52. 马六进五　马5退4
53. 马五退三　将6退1
54. 马三退四　将6平5

第112局　苗永鹏负刘宗泽

（永昌杯健康快车进社区2013年呼和浩特市象棋邀请赛）

1. 兵七进一　炮2平3
2. 马二进三　卒3进1
3. 相七进五　卒3进1
4. 相五进七　马2进1
5. 兵三进一　车1平2
6. 炮八平七　象7进5
7. 车一进一　马8进6
8. 车一平四　车9进1
9. 马八进九　车9平7
10. 车四进四　炮3进5
11. 炮二平七　卒7进1
12. 兵三进一　车7进3
13. 车四平三　象5进7
14. 车九进一　炮8平7
15. 相三进五　炮7进5
16. 炮七平三　车2进6
17. 车九平四　马6进4
18. 车四进二　车2平1
19. 炮三平一　马1进3
20. 炮一进四　马3进4
21. 车四平二？（图1）象7退9
22. 车二进四　后马进5
23. 兵五进一　马5退7
24. 车二平三　马7进8
25. 炮一平二　马8进6
26. 仕四进五　士6进5
27. 马九退七　卒5进1
28. 兵五进一　马6退5
29. 车三平一　车1平8
30. 炮二平四　马4进6

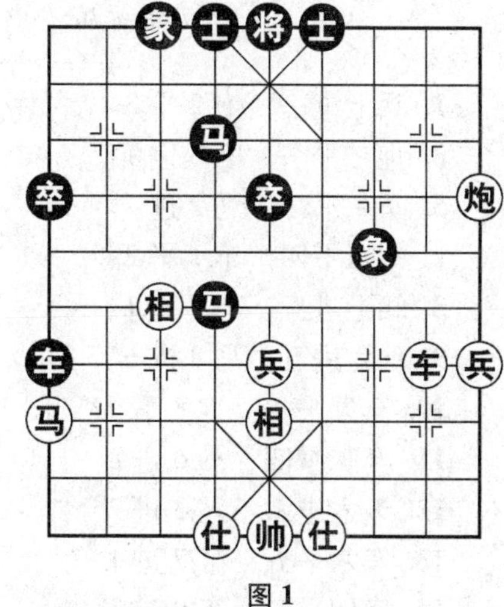

图1

31. 车一平三　车8平9
32. 相七退九　象3进5
33. 车三退五　士5进6
34. 相五退三　士4进5
35. 炮四平二　车9平8
36. 炮二平一　卒1进1
37. 炮一进一　象5进7
38. 炮一退二　车8退2
39. 炮一退四　卒1进1

40. 炮一平四　卒 1 进 1
41. 相九退七　车 8 进 2
42. 炮四进一　将 5 平 4
43. 帅五平四　车 8 退 1
44. 车三平一　马 5 进 7
45. 炮四平八　马 7 进 8
46. 车一进七　将 4 进 1
47. 相七进五　车 8 平 6
48. 仕五进四？（图 2）车 6 平 2！
49. 车一平九　车 2 进 2
50. 车九退六　士 5 进 4
51. 马七进六　车 2 进 2
52. 仕四退五　马 6 进 5
53. 车九进五　将 4 退 1

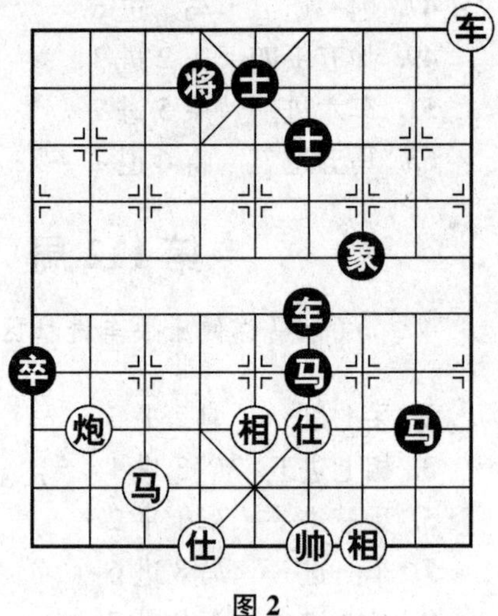

图 2

54. 帅四平五　马 5 退 3

第 113 局　柳大华胜许银川

（1997 年首届"中立杯"象棋电视快棋赛）

1. 兵七进一　炮 2 平 3
2. 马二进三　卒 3 进 1
3. 炮二平一　卒 3 进 1
4. 马八进九　象 7 进 5
5. 车一平二　马 2 进 1
6. 车二进四　马 1 进 3
7. 炮八平四　车 1 平 2
8. 相七进五　卒 7 进 1
9. 仕六进五　马 8 进 6
10. 车九平六　炮 8 平 7？（图 1）
11. 车二平四　马 6 进 8
12. 车六进六　马 3 进 2
13. 车六平五　卒 7 进 1
14. 车四平三　车 9 进 1
15. 车五平二！炮 7 退 2
16. 车三平七　炮 3 平 1
17. 马三退一　车 9 平 4
18. 仕五退六　马 2 进 1
19. 炮四平九　车 4 进 5

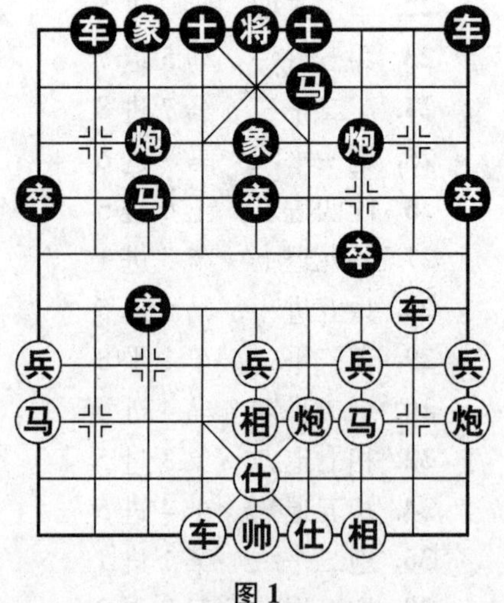

图 1

20. 车七平五　士4进5
21. 仕四进五　炮7平8
22. 车二平九　炮1进4
23. 马一进三　车2进7
24. 炮九退一　卒9进1?
25. 兵三进一　车2退3
26. 车九进三　车2退2
27. 车五进二　炮1平2
28. 炮九平八　炮2平3
29. 炮八平七　炮3平2
30. 炮七平八　炮2平3
31. 炮八平七　炮3平2
32. 炮七平八　炮2平3
33. 炮一退一　车4退1
34. 车五退二　车4平5
35. 兵五进一　马8进6
36. 兵五进一　马6进7
37. 兵五进一　士5退4
38. 车九退五　马7退8
39. 马三进五　车2进1
40. 兵五进一　象3进5
41. 马五进六！（图2）车2进3
42. 马六进五　炮8进1
43. 车九平五　士4进5
44. 炮一平三　炮3平7
45. 马五退三　炮8进1
46. 炮八平六　车2平4
47. 车五进二　炮8平9
48. 马三进二　炮9平1
49. 仕五进六　炮1进7
50. 仕六进五　车4平2
51. 炮六平八　车2平3
52. 炮八平七　车3平2
53. 车五平二！车2进3
54. 仕五退六　炮7平5
55. 相五退七

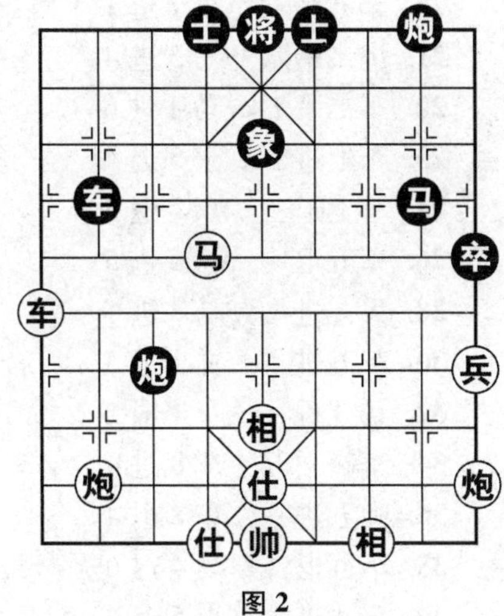

图2

第114局　苗永鹏胜胡庆阳

（2003年千年银荔杯全国象棋甲级联赛）

1. 兵七进一　炮2平3
2. 马二进三　马2进1
3. 马八进七　车1平2
4. 马七进六　象7进5
5. 炮八平六　马8进6
6. 仕四进五　车2进6
7. 相三进五　车2平4
8. 马六进四　卒7进1
9. 兵三进一　卒7进1
10. 相五进三　车9平7

11. 相三退五　卒 5 进 1？（图 1）
12. 车一平四　马 6 进 5
13. 马四进五！象 3 进 5
14. 车四进六　炮 3 平 4
15. 车四平五　炮 4 进 5
16. 车五进一　士 4 进 5
17. 车五平二　车 7 进 7
18. 仕五进六　车 4 进 1
19. 车九进一　马 1 退 3
20. 车九平三！车 7 进 1
21. 炮二平六　马 3 进 4
22. 车二平七　马 4 进 6
23. 车七进二　士 5 退 4
24. 车七退三　车 7 退 2

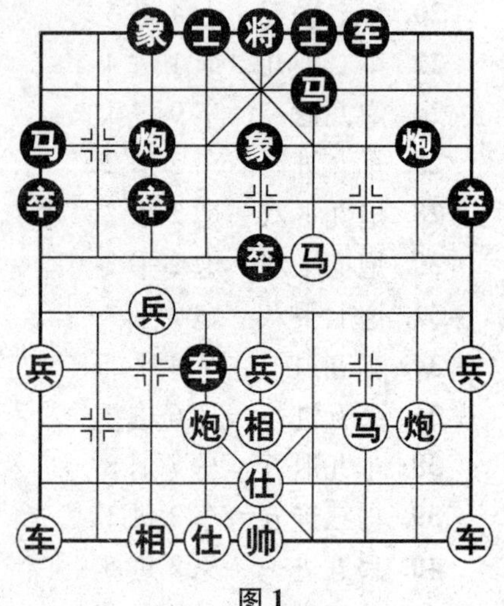

图 1

25. 车七平五　士 4 进 5
26. 车五退一　马 6 进 5
27. 兵一进一　马 5 进 3
28. 兵九进一　马 3 进 1
29. 炮六平九　车 7 平 1
30. 车五进一　马 1 退 3
31. 仕六进五　卒 1 进 1
32. 兵九进一　车 1 退 2
33. 车五平一　车 1 平 8
34. 车一平五　车 8 进 4
35. 仕五进六　车 8 进 1
36. 帅五进一　车 8 退 4
37. 兵一进一　马 3 退 4
38. 车五退三　马 4 退 6
39. 车五平八　车 8 平 4
40. 车八进六　士 5 退 4
41. 炮九进七　将 5 进 1
42. 车八退一　将 5 进 1
43. 兵七进一　车 4 进 2
44. 兵七进一　车 4 平 3
45. 车八退一　将 5 退 1
46. 兵七进一　车 3 进 1
47. 帅五退一　车 3 进 1
48. 帅五进一　车 3 退 1
49. 帅五退一　车 3 平 1
50. 车八进一　将 5 进 1
51. 车八平四！（图 2）马 6 退 4
52. 车四退二　马 4 进 2

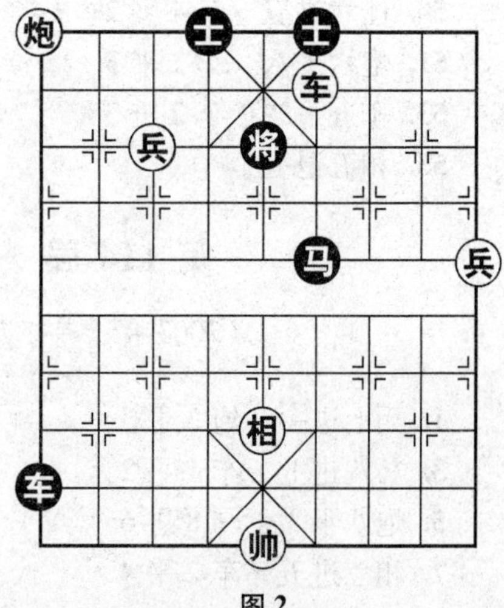

图 2

53. 车四平五　将5平6　　54. 兵七平六　车1平6
55. 兵六平五　将6退1　　56. 车五平二

第115局　赵鑫鑫胜申鹏

（2008年松业杯全国象棋个人赛）

1. 兵七进一　炮2平3　　2. 马二进三　卒3进1
3. 炮二平一　卒3进1　　4. 马八进九　马2进1
5. 车一平二　象7进5
6. 车二进四　马1进3
7. 车九平八　车1进1
8. 相七进五　车1平4
9. 相五进七　车4进4
10. 车二平六　马3进4
11. 车八进一　卒7进1
12. 兵五进一　炮8进3？（图1）
13. 车八平六　炮3平4
14. 炮八平六　马4退3
15. 炮六平五？马8进6
16. 车六平四　车9进1
17. 车四进三　炮8退5
18. 炮一退一　士6进5
19. 炮一平七　马3进4
20. 炮五平八　炮8平6
21. 车四平二　炮4平2
22. 马三进五　车9进1
23. 炮八进二！车9平6
24. 仕六进五　马6进8
25. 炮八平六　车6进4
26. 炮六进四　象3进1
27. 车二进二　车6平5
28. 车二平五　象1进3
29. 炮六平七　士5进4
30. 后炮进四！（图2）马8退6

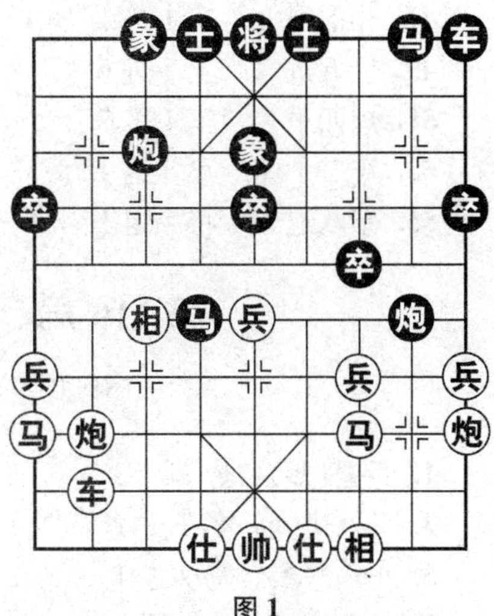

图1

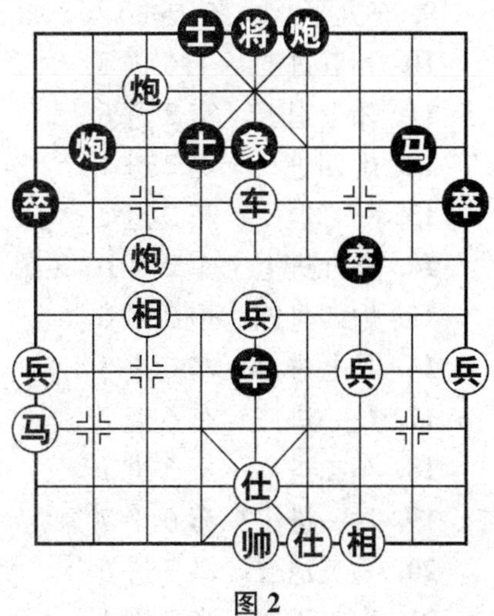

图2

31. 车五退一　马6进7　　32. 车五进一　马7退6
33. 车五退一　马6进7　　34. 车五进一　马7退6
35. 车五退一　车5平7　　36. 后炮进二　炮2进4
37. 马九进七　车7进3　　38. 车五进二　士4进5
39. 前炮平四　炮2平9　　40. 车五平二　车7退3
41. 马七退八　车7平2　　42. 马八进六　车2平4
43. 炮七退一　炮9平7　　44. 帅五平六　炮7进3
45. 帅六进一　车4平1　　46. 炮七平五　将5平4
47. 相七退九　车1进1　　48. 马六进八　炮7退1
49. 仕五进六　士5进6　　50. 车二进二　将4平5
51. 炮四平一　车1平3　　52. 炮一进一　将5进1
53. 车二平四　车3退1　　54. 车四平八　炮7退2
55. 车八退一　将5退1　　56. 炮五平二

第116局　李智屏胜汤卓光

（1990年全国象棋个人赛）

1. 兵七进一　炮2平3　　2. 马二进三　卒3进1
3. 马八进九　卒3进1　　4. 炮二平一　象7进5
5. 车一平二　马2进1　　6. 炮八平四　车1平2
7. 相七进五　炮8平6　　8. 仕六进五　马8进7
9. 车九平六　卒7进1
10. 相五进七　士6进5
11. 相七退五　车2进6
12. 炮四进一　车2进1
13. 马三退一　车2退2
14. 马九进七　车2平6?（图1）
15. 炮四进四　炮3平6
16. 马七进六　车6进3
17. 马一进三　车6退2
18. 车二进六　卒5进1
19. 兵一进一！车6平7
20. 马三退二　马7进6
21. 炮一进四　卒7进1

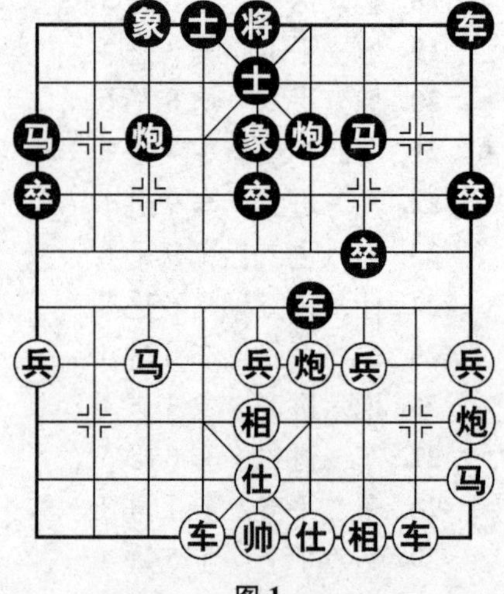

图1

22. 车二平四　卒1进1
23. 马二进一　车7平8
24. 兵一进一　马6进5
25. 车六进三　卒5进1
26. 马六进八　车9平8
27. 车四平五　卒7平6
28. 炮一平三　后车进3
29. 兵九进一　卒1进1
30. 马八退九　前车平9
31. 车六进二　马5进3
32. 兵一平二　车8平9
33. 马九进八　前车平2
34. 车五平六　车2退2?
35. 后车平八　马1进2
36. 车六平四　将5平6?
37. 马一进三　车9进3
38. 兵二平三　车9平8?
39. 马三进二　车8平4
40. 马二进三　将6平5
41. 车四退一!（图2）车4退3

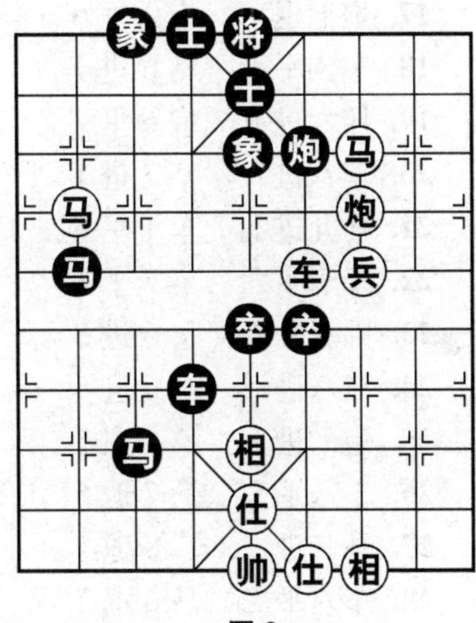

图2

42. 车四平八　车4平3
43. 炮三平一　象5进7
44. 炮一进三　象3进5
45. 仕五进六　马3退4
46. 马三进二　士5退6
47. 车八平四　车3平2
48. 车四进二　车2进6
49. 帅五进一　象5退7
50. 马二退三　士4进5
51. 车四进一　车2退8
52. 马三进二　象7退9
53. 马二退一　车2进7
54. 帅五退一　马4进2
55. 马一进三　将5平4
56. 车四平五　车2平9
57. 炮一平四!

第117局　吴继光负焦明理

（2007年锦州杯全国象棋团体赛）

1. 兵七进一　炮2平3
2. 马二进三　卒3进1
3. 炮二平一　卒3进1
4. 马八进九　马2进1
5. 车一平二　象7进5
6. 车二进四　马1进3
7. 炮八平七?（图1）马3进4
8. 炮七进五　炮8平3
9. 相七进五　马8进7
10. 相五进七　马4退6

11. 车二平四　卒7进1
12. 相七退五　炮3退1!
13. 车九平八　车1进1
14. 炮一退一　车9平8
15. 炮一平七　车8进6
16. 炮七进二　车8进1
17. 炮七退一　炮3平6
18. 车四平七　马6进7
19. 仕六进五　炮6平7
20. 车八进六　卒7进1
21. 马九进七　车1平6
22. 车七平六　卒7平8
23. 帅五平六　士6进5
24. 车八进一　车6进5
25. 炮七进七？象5退3
26. 车八平三　马7退6!（图2）
27. 马三进二　车8退2
28. 车六平二　马6退7
29. 车二进四　炮7平6
30. 马七进六　车6退2
31. 马六进七　炮6退1
32. 车二退二　车6平3
33. 马七退九　车3平1!
34. 马九进七　车1退2
35. 马七退八　车1平2
36. 马八退七　车2进7
37. 帅六进一　车2退3

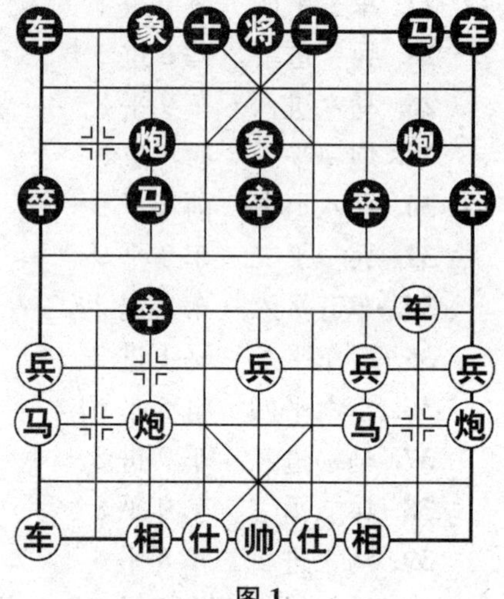

图1

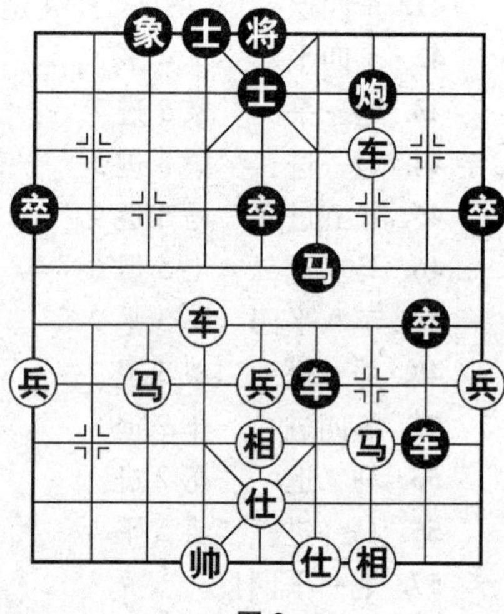

图2

38. 马七进五　车2平5
39. 马五进四　车5平4
40. 仕五进六　车4平1
41. 马四进三　炮6进1
42. 车二平四　将5平6
43. 车四平二　将6平5
44. 车二平四　将5平6
45. 车四平三　车1退4
46. 帅六退一　卒5进1
47. 相五退七　将6平5
48. 帅六平五　卒5进1
49. 仕六退五　车1平3
50. 相三进五　卒5进1
51. 仕五退六　车3平5
52. 仕四进五　卒5进1

53. 相七进五　马7进5
54. 车三平四　士5进6
55. 车四平一　马5进6
56. 仕五进四　车5进5
57. 仕六进五　马6进4
58. 车一平四　马4进6
59. 帅五平六　马6退7
60. 车四退二　马7退8

第118局　苗永鹏胜彭星

（1997年全国象棋团体赛）

1. 兵七进一　炮2平3
2. 马二进三　马2进1
3. 马八进七　车1平2
4. 马七进六　炮8平5
5. 车一平二　马8进7
6. 炮八平五　车2进4
7. 马六进五　马7进5
8. 炮五进四　士4进5
9. 相七进五　车2平5
10. 炮二进四　卒1进1
11. 仕六进五　卒7进1
12. 炮五平三　车9进2
13. 车九平六　炮5平8！（图1）

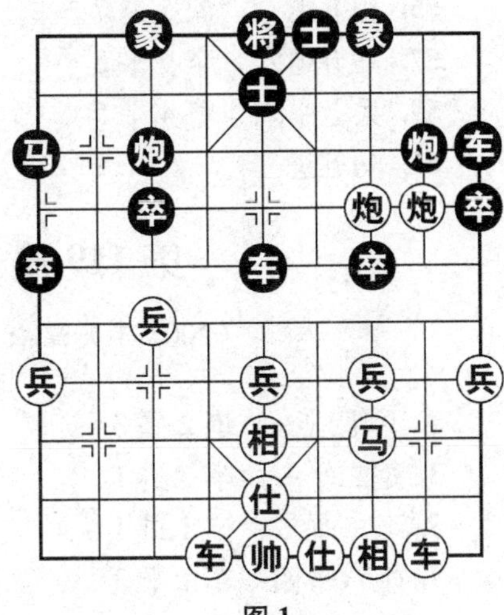

图1

14. 车二平一　炮8退1
15. 车六进六　马1进2
16. 车六退三　车9平8
17. 炮二进二　车8退1
18. 车一平二　车8进8
19. 马三退二　车5退1
20. 炮三进二　炮3平5
21. 马二进三　车5平7
22. 车六进二　车7退2
23. 车六平八　车7进2？
24. 车八平九　车7平8
25. 仕五退六　象7进9？
26. 车九进四　车8进3
27. 车九平七　士5退4
28. 车七退二　象9退7
29. 马三退五　车8平7
30. 马五进七　卒7进1
31. 仕六进五　卒7平6
32. 车七退一　车7平9
33. 兵九进一　卒6进1
34. 车七平五　士4进5
35. 兵五进一　车9退1
36. 兵五进一　车9平5
37. 车五平四？卒6平5
38. 兵五进一　炮5平3
39. 马七进八　卒5平4

40. 马八进九　车5平3
41. 兵九进一　炮3平1
42. 兵九平八　车3退2
43. 马九退七　炮1进1
44. 马七退六　炮1平5?（图2）
45. 马六进七　象7进5
46. 车四平五　车3平5
47. 马七进五　卒9进1
48. 马五退四　卒9进1
49. 兵八进一　将5平4
50. 兵八平七　士5进6
51. 仕五退六　士6退5
52. 帅五进一　象5退7

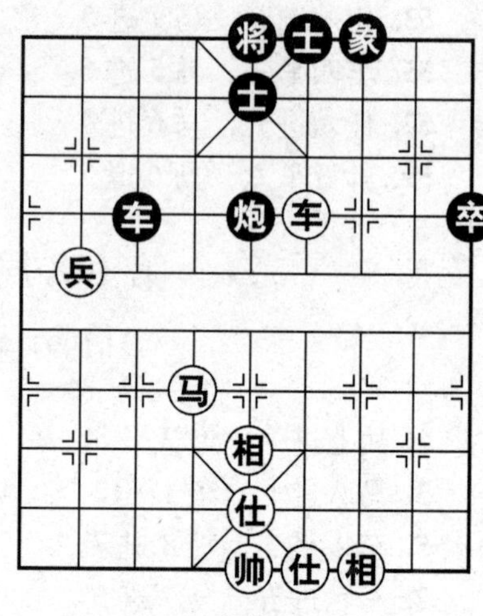

图2

53. 兵七进一　卒9进1　　54. 兵七进一　象7进5
55. 相五退七　象5退7　　56. 马四进五　象7进5
57. 马五退六　卒9平8　　58. 马六进七　象5退7
59. 兵七平六　将4平5　　60. 马七退五　象7进5
61. 马五进三

第119局　靳玉砚胜金波

（2007年天津南开杯环渤海象棋精英赛）

1. 兵七进一　炮2平3　　2. 马二进三　卒3进1
3. 炮二平一　卒3进1　　4. 马八进九　象7进5
5. 车一平二　卒1进1　　6. 车二进四　车1进3
7. 炮八平四　车1平3　　8. 车九平八　马2进1
9. 相七进五　卒3进1　　10. 炮四进四　车3进1
11. 炮四平一　士6进5　　12. 仕六进五　马8进6
13. 前炮进一　车9平8　　14. 前炮进二　车8进1
15. 兵三进一　马1进2　　16. 马三进四　车3平6
17. 车八进四　炮3平2　　18. 车八平七　马2进1
19. 兵三进一!（图1）卒7进1　　20. 车七退一　车8平7!
21. 后炮平四　卒7进1　　22. 炮四进三　卒7平8
23. 车七平九　卒8平7　　24. 马四退六　车7进3?

25. 车九进二　炮 8 进 4
26. 兵五进一　马 6 进 8
27. 炮一退一　炮 8 退 2
28. 车九进一？炮 8 平 6
29. 车九平五　车 7 平 9
30. 炮一平三　车 9 进 2
31. 马九进八　车 9 平 5
32. 兵五进一　炮 6 进 2
33. 车五平六　炮 2 平 4
34. 马八退七　车 5 退 1
35. 车六平二　炮 6 退 6
36. 兵五平四　炮 6 平 8
37. 车二平一　卒 7 进 1

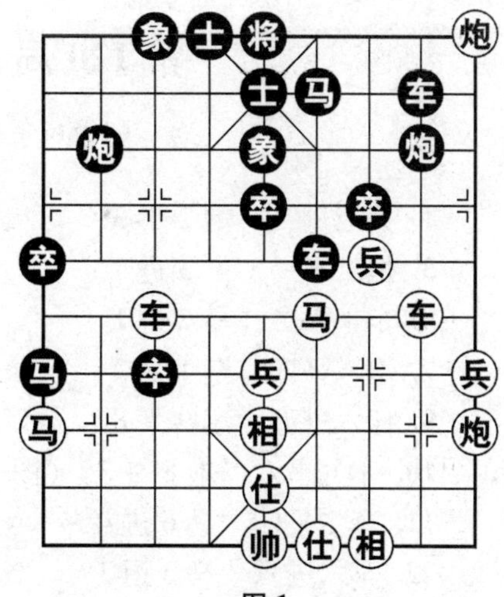

图 1

38. 车一进二　卒 7 平 6
39. 车一平二　炮 8 平 6
40. 马六进五　炮 4 平 2
41. 马五退七　车 5 退 2
42. 炮三退四　马 8 进 9
43. 炮三平一　炮 2 平 1
44. 后马进九　炮 1 平 4
45. 马九进八　车 5 进 2
46. 炮一退二　卒 6 平 7
47. 马八进六　车 5 平 4
48. 车二平三　卒 7 平 6
49. 兵四进一　马 9 退 8
50. 车三退二　卒 6 平 5
51. 马七进八　炮 4 退 1
52. 马六进七　马 8 进 9
53. 车三退一　马 9 退 8
54. 车三进二　马 8 进 9
55. 车三平五　卒 5 平 6
56. 车五平三　车 4 平 7
57. 车三退三　马 9 进 7
58. 兵四平五　炮 6 进 1
59. 马七退六　马 7 进 8
60. 炮一进三　炮 6 进 3
61. 马八进七　马 8 进 9
62. 马六进八　炮 6 退 3
63. 炮一进三！（图 2）马 9 退 7
64. 帅五平六　马 7 退 8
65. 马八进六

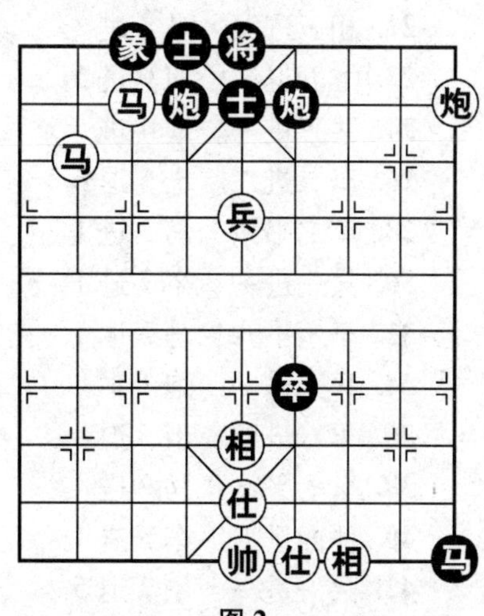

图 2

第120局　林宏敏胜黄勇

（1986年全国象棋个人赛）

1. 兵七进一　炮2平3
2. 马二进三　卒3进1
3. 炮二平一　卒3进1
4. 马八进九　象7进5
5. 车一平二　马2进1
6. 车二进四　马1进3
7. 炮八平四　车1平2
8. 相七进五　马8进6
9. 仕六进五　车9平8
10. 车九平六　炮8平7？（图1）

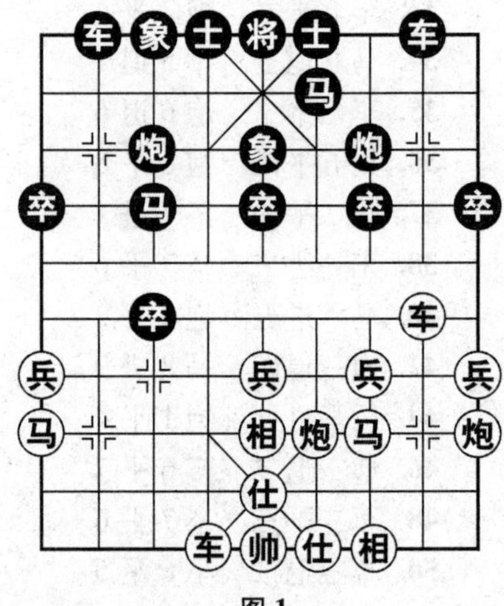

图1

11. 车二平四　马6进4
12. 车六进六　马3退1？
13. 车四进三　车8平7
14. 炮一进四　炮3退1
15. 炮四进七！士4进5
16. 炮一平五　车7平6
17. 车四平三　车2进2
18. 相五进七　炮3平4
19. 车六平七　车2进7
20. 马九退八　马1进3
21. 相三进五　马4进3
22. 炮五退二　前马进5
23. 兵五进一　车6进3
24. 兵三进一　炮4进5
25. 车三平二　车6进3
26. 车二进二　士5退6
27. 车二退四　车6平7
28. 车二平六　马3进1
29. 马八进七　马1进2
30. 兵一进一　卒7进1
31. 马三进五　炮4平1
32. 车六平八！马2退1
33. 兵三进一　象5进7
34. 兵五进一　炮1平4
35. 兵五平六　士6进5
36. 车八进四　士5退4
37. 车八平七　马1进2
38. 车七平八　马2进4
39. 仕五进六　车7平5
40. 仕四进五　车5进1
41. 车八退三　车5退2
42. 兵一进一　象7退5
43. 车八退三　车5进1
44. 马七进八　车5平9
45. 马八进七　炮4平5
46. 仕五进四　象5退3
47. 马七退五　将5平6

48. 兵一平二　卒 1 进 1
49. 车八进六！（图 2）炮 5 退 1
50. 车八平七　车 9 平 5
51. 帅五平四　炮 5 平 6
52. 仕四退五　车 5 平 6
53. 帅四平五　炮 6 平 5
54. 仕五进四　车 6 平 5
55. 帅五平四　炮 5 平 4
56. 车七退三　炮 4 平 6
57. 仕四退五　车 5 平 6
58. 帅四平五　炮 6 平 5
59. 帅五平六　卒 1 进 1
60. 车七平一　炮 5 平 4
61. 帅六平五　车 6 平 8

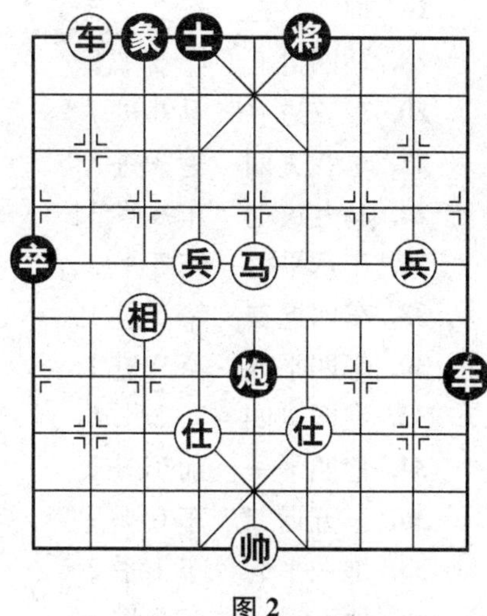
图 2

62. 车一平四　将 6 平 5
63. 马五进四　将 5 进 1
64. 车四平五　将 5 平 6
65. 仕五进四

第 121 局　卜凤波胜李轩

（2003 年千年银荔杯全国象棋甲级联赛）

1. 兵七进一　炮 2 平 3
2. 马二进三　卒 3 进 1
3. 马八进九　卒 3 进 1
4. 炮二平一　象 7 进 5
5. 车一平二　马 2 进 1
6. 炮八平四　车 1 平 2
7. 相七进五　马 8 进 6
8. 车二进四　卒 7 进 1
9. 仕六进五　炮 8 平 7
10. 车九平六　卒 7 进 1
11. 车二平三　马 1 进 3？（图 1）
12. 炮四进五！士 6 进 5
13. 车三进三　士 5 进 6
14. 兵三进一　卒 3 平 4
15. 马三进四　车 2 进 4

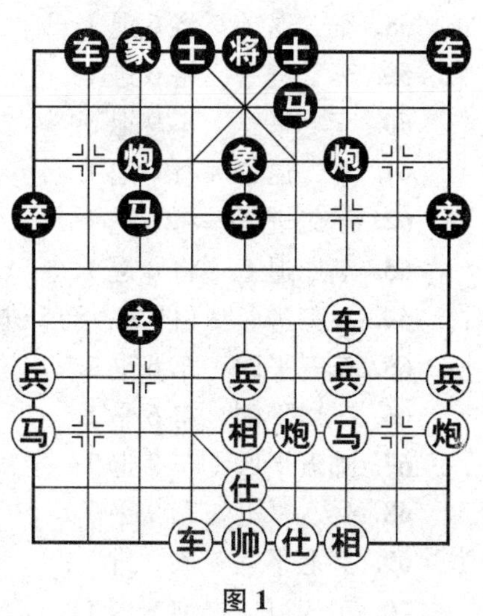
图 1

16. 炮一平四　车2平5
17. 车六平八　卒4平5
18. 马四进三　车5平6
19. 兵五进一　士6退5
20. 车三进一　马6进7
21. 车三退二　马3进4
22. 车八进四　炮3进1
23. 车三进二　马4退2
24. 马九进七　车6平3!
25. 马七进八　炮3平2
26. 车八平六　车3平2
27. 车三平四　卒5进1
28. 车四退二　卒5进1
29. 车六平五　炮2退1
30. 车四平九　卒9进1
31. 车五退一　车9平6
32. 炮四进四　车2平6
33. 车五进三　炮2平1
34. 炮四平一　前车进2
35. 兵九进一　前车平1
36. 车五退二　车6平9?
37. 车九平六　炮1平2
38. 炮一平五　车1平2
39. 车五平七　车2进3
40. 仕五退六　车9进3
41. 车七平六　炮2平4
42. 前车平九　车2退5
43. 车六平四　卒9进1
44. 兵一进一　车9进2
45. 兵九进一　车2平5
46. 车九平六　车9退1
47. 兵九进一　车5平4
48. 车六平七　车4平3
49. 兵九平八　炮4进4
50. 车四退一　炮4退1
51. 仕四进五　车3平5
52. 车四进五　车5平6?
53. 车四平二　将5平6?
54. 车二进一　将6进1
55. 炮五退三　炮4平5
56. 车二退一　将6退1
57. 车二进一　将6进1
58. 车二退一　将6退1
59. 车二进一　将6进1
60. 车七平三　车9退3
61. 车二退三　将6退1
62. 车二进三　将6进1
63. 车二退三　将6退1
64. 兵三进一!（图2）象5进7
65. 车三平四　车6退1
66. 车二平四　将6平5
67. 帅五平四　车9退1
68. 兵八平七　车9平7
69. 兵七平六　象3进1
70. 车四退二　炮5退1

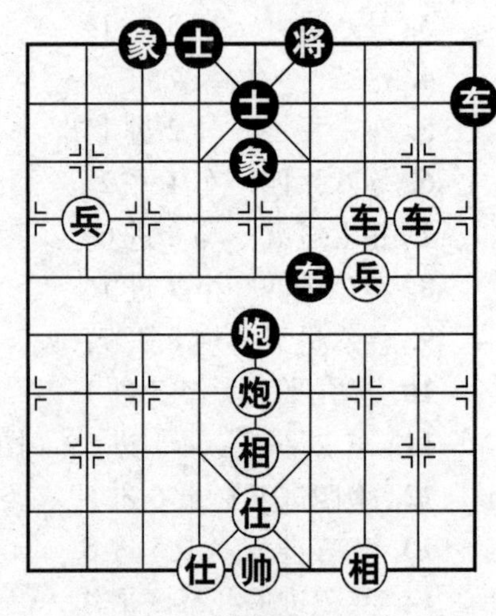

图2

71. 炮五进一　象1进3
72. 车四进一　炮5退2
73. 炮五进二！象3退1
74. 兵六进一　象1退3
75. 车四进二　车7平9
76. 车四平三！象7退9
77. 兵六平五　象3进5
78. 车三平五　车9平6
79. 帅四平五　车6进2
80. 炮五平八

第122局　曹岩磊负黎德志

（2006年西乡杯第十三届象棋擂台赛）

1. 兵七进一　炮2平3
2. 马二进三　卒3进1
3. 马八进九　卒3进1
4. 兵三进一　马2进1
5. 炮二进二　车1平2
6. 炮八平五　马8进7
7. 炮二平七　马1进3
8. 车一平二　炮3进3?
9. 车二进七　车9进2
10. 车二退二　马3进4
11. 车二平六　马4进5
12. 相七进五　炮3退3
13. 车九平七　炮3平6
14. 马九进七　象7进5
15. 马三进四　士6进5
16. 马七进五　车2进3
17. 马四进三　车9平8
18. 兵三进一　车8进1
19. 马五进四?（图1）马7退8
20. 车七进四　马8进9
21. 车六退一　马9退7
22. 车六平二　车8进2
23. 车七平二　马7进6
24. 马三进四　卒5进1
25. 兵三进一　马6退4
26. 兵三进一　马4进3
27. 兵三平四　车2平6
28. 马四进二?车6退1
29. 仕六进五　象5退7
30. 相五进七　象3进5
31. 车二退一　马3退5
32. 相三进五　车6进3

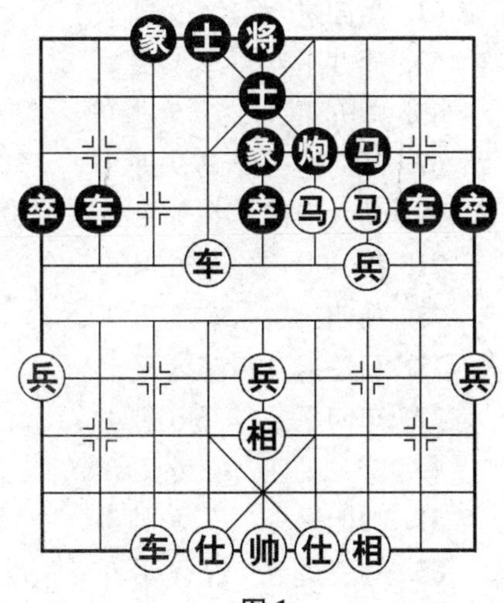

图1

33. 车二平三　车6平8
34. 马二退三?马5进7
35. 相五进三　车8退2
36. 马三退四　车8平6
37. 车三平四　车6平2

38. 相七退五　车2进6
39. 仕五退六　车2平1
40. 兵五进一　卒5进1
41. 马四进六　士5进4
42. 车四进二　卒5平4
43. 马六退八？（图2）卒4进1

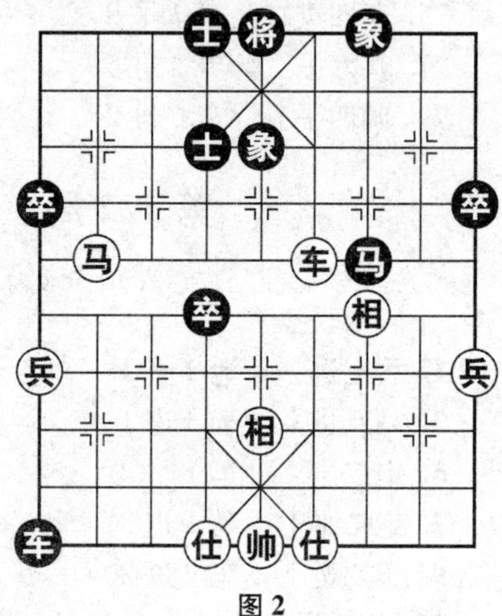

图2

44. 车四平六　车1平2
45. 马八进六　车2退3
46. 兵九进一　士4进5
47. 车六平八　车2平3
48. 车八进一　卒4进1
49. 车八平九　卒4进1
50. 仕四进五　车3平9
51. 车九进三　士5退4
52. 车九退四　车9进3
53. 仕五退四　卒4进1！
54. 帅五平六　车9平6
55. 帅六进一　车6退4
56. 帅六平五　车6平4
57. 马六退四　车4平2
58. 车九平六　士4进5
59. 兵九进一　卒9进1
60. 车六平八　车2平1
61. 马四进六　卒9进1
62. 车八平四　卒9平8
63. 兵九平八　车1平4
64. 马六进八　车4平5
65. 帅五平四　车5进1
66. 马八退六　马7进9
67. 帅四退一　马9进8
68. 车四退三　马8退6
69. 马六退四　车5平2
70. 相三退一　卒8进1
71. 相一退三　马6退5
72. 相五退七　车2退2
73. 马四进二　车2进2
74. 车四进三　马5进6
75. 马二退三　卒8平7
76. 相三进五　卒7进1
77. 车四平二　马6进4
78. 车二退四　车2平6
79. 车二平四　车6平8
80. 车四平一　车8进3
81. 帅四进一　车8退3
82. 帅四退一　马4退2
83. 马三进五　卒7平6
84. 相五退三　马2进4
85. 相七进五　车8平2

第 123 局　陆伟韬胜严俊

（2013 年 QQ 游戏天下棋弈全国象棋甲级联赛）

1. 兵七进一　炮 2 平 3　　2. 马二进三　卒 3 进 1
3. 马八进九　卒 3 进 1　　4. 炮二平一　象 7 进 5
5. 车一平二　马 2 进 1　　6. 车二进四　马 1 进 3
7. 车九平八　车 1 平 2　　8. 相七进五　车 2 进 6
9. 相五进七　马 8 进 6　　10. 炮八平七　车 2 进 3
11. 马九退八　马 3 进 5　　12. 相七退五　卒 7 进 1
13. 兵一进一　马 5 进 6　　14. 车二退三　车 9 平 8
15. 炮七进一　前马退 5　　16. 兵五进一　马 5 退 3
17. 马八进六　炮 8 平 7？（图 1）
18. 车二进八　马 6 退 8
19. 炮一进四　卒 5 进 1
20. 兵五进一　炮 3 进 4
21. 马六进七　马 3 进 5
22. 马七进五　马 8 进 6
23. 炮一平四！马 6 进 4
24. 炮四平五　士 4 进 5
25. 马三进五　将 5 平 4
26. 炮五平六　将 4 平 5
27. 仕六进五　卒 1 进 1
28. 帅五平六　士 5 进 6
29. 兵一进一　炮 7 退 1
30. 兵一平二　炮 7 平 5

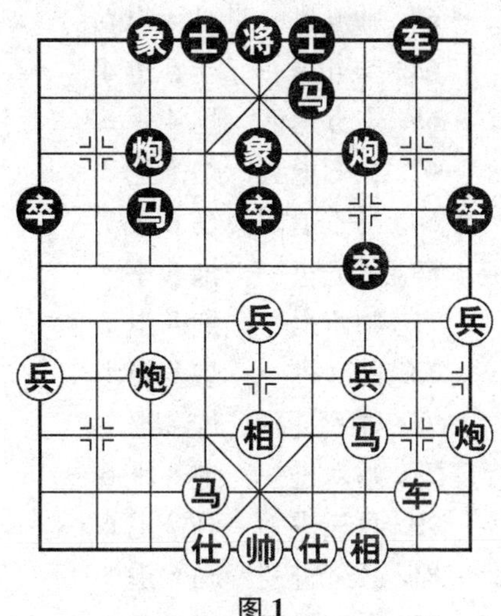

图 1

31. 后马退七　马 5 进 3
32. 相五进七　炮 5 进 4　　33. 炮六平五　将 5 平 4
34. 炮五平四　士 6 进 5　　35. 兵二平三　炮 5 退 2
36. 马七进八　炮 5 进 2　　37. 马八进七　卒 1 进 1
38. 兵九进一　炮 5 平 1　　39. 前兵平四　将 4 平 5
40. 炮四平六　象 5 退 7　　41. 相七退五　炮 1 退 5
42. 炮六平二　象 7 进 9　　43. 兵三进一　象 3 进 5
44. 帅六平五　炮 1 平 4　　45. 兵四平五　象 9 退 7
46. 兵五进一　马 4 进 3　　47. 兵五进一　象 7 进 5

48. 马七进五　马3退5
49. 马五退七　士5进4
50. 炮二退五　炮4进1
51. 仕五进六　炮4平5
52. 帅五平六　将5平6
53. 炮二平六　马5进3
54. 炮六进六　炮5进5
55. 相五进七　炮5平4
56. 帅六平五　马3进5
57. 马七退五　士6退5
58. 炮六平五？（图2）马5进4

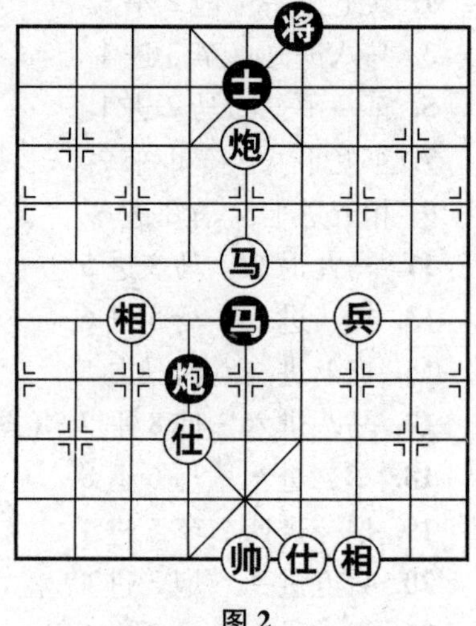

图2

59. 帅五进一　炮4退6
60. 马五进三　马4进3
61. 帅五退一　马3退4
62. 帅五进一　马4进3
63. 帅五退一　马3退4
64. 帅五进一　马4退6
65. 帅五退一　士5进4
66. 炮五退四　炮4平5
67. 相七退五　炮5进3
68. 马三退四　马6进7
69. 帅五进一　炮5平8
70. 帅五平六　炮8进5
71. 帅六退一　炮8退7
72. 马四进五　炮8进8
73. 帅六进一　炮8退1
74. 帅六退一　炮8进1
75. 帅六进一　炮8退1
76. 帅六退一　炮8进1
77. 帅六进一　炮8平6
78. 兵三进一　炮6退8
79. 兵三进一　马7退6
80. 帅六退一　炮6平3
81. 兵三进一　马6退5
82. 兵三平四　士4退5
83. 兵四平五　将6进1
84. 马五进三　士5进4
85. 炮五平一！炮3退1
86. 马三进二　炮3平7
87. 炮一进六　马5退7
88. 兵五平六

第124局　邱东负申鹏

（2006年西乡引进杯全国象棋个人赛）

1. 兵七进一　炮2平3
2. 马二进三　卒3进1
3. 马八进九　卒3进1
4. 炮二平一　马2进1
5. 车一平二　象7进5
6. 车二进四　马8进6

7. 车二平七　马6进4
8. 兵九进一　马4进3
9. 车七平二　车1进1
10. 马九进八　车1平6
11. 仕六进五　士6进5
12. 相七进五　车9平6
13. 兵三进一　前车进5
14. 车九平六　炮3平4
15. 车六进五　后车进4
16. 车二进一！（图1）后车平4

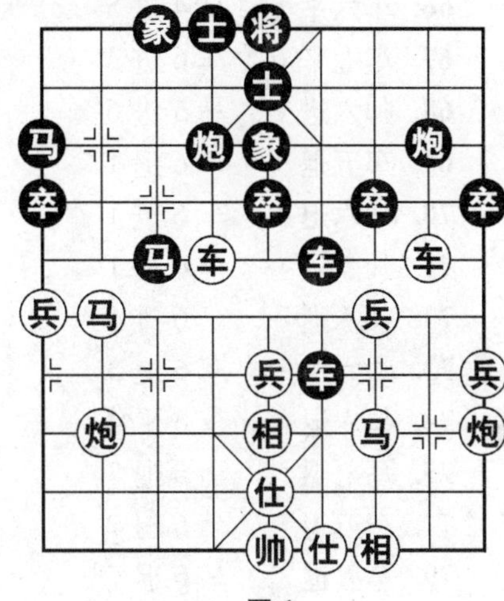

图1

17. 马八进六　卒5进1
18. 相五进七　车6退3？
19. 兵五进一！车6平2
20. 兵五进一　车2进2
21. 马六退五　马3进1
22. 炮八平七　前马进2
23. 相三进五　车2退1
24. 炮一退一　炮4平3
25. 马三进四　车2进2
26. 马四进六　炮3进5
27. 马五退七　车2平9
28. 炮一平四　车9平6
29. 炮四进一　炮8平6
30. 马七进六！车6平2
31. 车二进四　炮6退2
32. 炮四平八　车2进1
33. 兵五进一　士5进6
34. 后马进四　士4进5
35. 马四进六？车2进2
36. 仕五退六　车2退3
37. 兵五平四　车2平4
38. 车二退四　卒7进1
39. 车二平三　炮6进3
40. 前马进四？将5平4
41. 马六进四　车4进3
42. 帅五进一　车4退1
43. 帅五退一　车4进1
44. 帅五进一　士5进6
45. 车三进一　车4退1
46. 帅五退一　车4进1
47. 帅五进一　马1进3
48. 马四退五　马3进2
49. 车三平一　车4退1
50. 帅五退一　车4进1
51. 帅五进一　车4退1
52. 帅五退一　车4进1
53. 帅五进一　车4平6
54. 车一平六　将4平5
55. 车六退四　卒1进1
56. 车六平八　马2退3
57. 车八平九　车6退4
58. 马五进六　士6退5
59. 车九进一　士5进4
60. 帅五退一　将5平6
61. 帅五进一　卒1进1！

62. 车九平六　卒1平2
63. 帅五平六　马3进4
64. 相七退九　卒2进1
65. 马六退七　卒2平3!（图2）

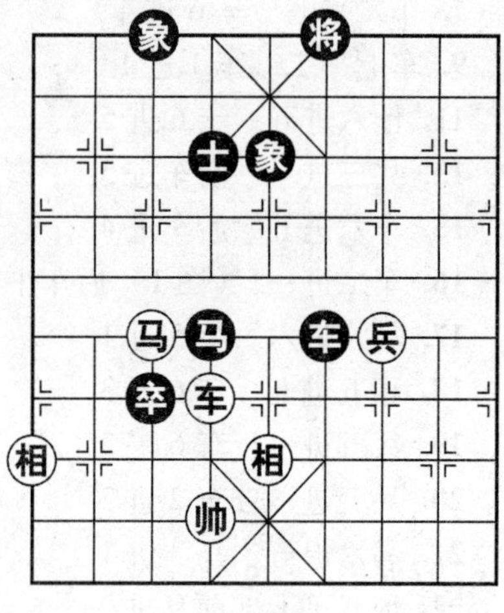

图2

66. 车六平七　马4进5
67. 车七平五　车6进3
68. 帅六进一　马5进6
69. 车五退三　车6退1
70. 帅六退一　车6进1
71. 帅六进一　车6退1
72. 帅六退一　车6进1
73. 帅六进一　车6退3
74. 帅六退一　车6平4
75. 马七退六　马6退7
76. 车五进二　马7进6
77. 车五退二　马6退7
78. 车五进二　马7进6
79. 车五退二　马6退7
80. 车五进二　马7进6
81. 车五退二　马6退7
82. 车五进二　马7进6
83. 车五退二　马6退7
84. 车五进二　马7进6
85. 车五退二　马6退7
86. 车五进四　车4进1
87. 车五退二　马7进6
88. 车五退二　马6退7
89. 车五进二　马7进6
90. 车五退二　马6退7
91. 车五进二　马7进6
92. 车五退二　马6退7

第125局　靳玉砚胜梁军

（2007年七斗星杯全国象棋甲级联赛）

1. 兵七进一　炮2平3
2. 马二进三　卒3进1
3. 炮二平一　卒3进1
4. 马八进九　象7进5
5. 车一平二　马2进1
6. 炮八平七　卒7进1
7. 车九平八　车1平2
8. 车八进九　马1退2
9. 车二进四　马8进6
10. 车二平七　马6进4
11. 车七平八？马2进1
12. 马九进七　马1进3!（图1）
13. 炮七进四　炮3进4
14. 炮七平六　炮3平7
15. 车八平二　炮8平7
16. 相三进五　后炮进1?

17. 炮六平三　炮7退3
18. 马三进四　炮7退3
19. 马四进五　车9进2
20. 马五退六　车9平6
21. 炮一进四　马4进3
22. 兵一进一　车6进1
23. 炮一进三　马3进4
24. 仕六进五　马4进3
25. 帅五平六　士4进5
26. 马六退七　车6平2
27. 车二平六？车2平9
28. 炮一平二　车9平8
29. 炮二平一　车8平9
30. 炮一平二　车9平8

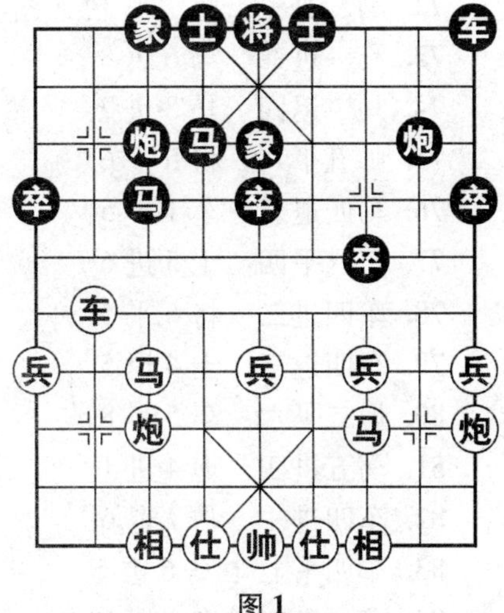

图1

31. 炮二平一　车8平3
32. 马七进八　车3平9
33. 炮一平二　车9平8
34. 炮二平一　车8平9
35. 炮一平二　车9平8
36. 炮二平一　车8平5
37. 马八进六　马3退2
38. 车六退三　马2退3
39. 兵一进一　士5进4
40. 兵一平二　炮7平8
41. 兵二平一　象5退7！
42. 兵一平二　炮8进1
43. 车六平七　象3进1
44. 帅六平五　车5进1
45. 马六进七　车5进2
46. 车七进三　炮8平9
47. 兵二平一　炮9平3
48. 仕五进六　炮3退1
49. 仕四进五　车5退5
50. 车七退一　车5平9
51. 炮一平二　车9平8
52. 炮二平一　车8退1
53. 炮一退一　士6进5
54. 车七平五　车8进1
55. 炮一退二　车8进8
56. 仕五退四　车8退6
57. 马七退六　车8平4
58. 马六退四　炮3平4
59. 仕四进五　车4平6
60. 马四退二　车6平7
61. 马二退四　象1退3
62. 车五平二　象7进5
63. 炮一平二　马3进4
64. 马四退二　卒7进1
65. 兵一平二　卒7平6
66. 车二平五　马4退3
67. 车五平七　卒1进1
68. 马二进四　马3进4
69. 马四进二　卒6平5
70. 车七平八　车7进3
71. 车八进二　马4退6

72. 马二进一　车7平1?（图2）
73. 马一进二　马6进8
74. 马二退四　马8进7
75. 帅五平六　将5平6
76. 马四退五　车1平5?
77. 车八平四　士5进6
78. 车四进二　将6平5
79. 车四退三　士4退5
80. 炮二平六　车5平8
81. 马五进四　炮4进1
82. 车四进一　马7退6
83. 车四平七！马6进5
84. 车七进四　炮4退1
85. 马四进三　将5平6
86. 马三退五　将6平5
87. 马五进三　将5平6
88. 马三退四　马5退7
89. 马四进五　将6进1
90. 马五退四　车8进3
91. 帅六进一　车8退1
92. 帅六退一　炮4进7
93. 马四进二　将6平5
94. 马二进三

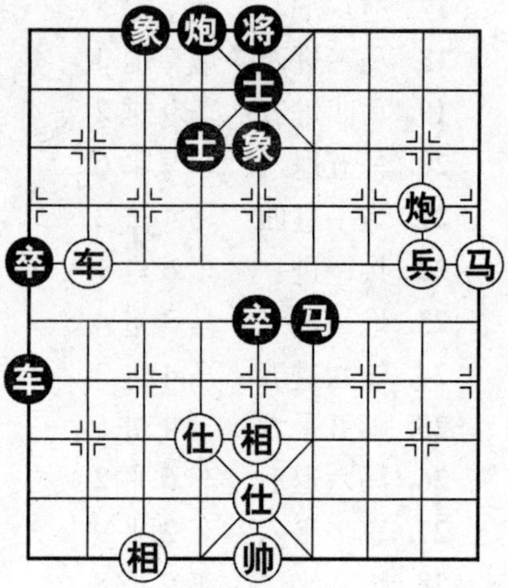

图2

第四章　马八进九

第126局　谢业枧胜张申宏

（2011年伊泰杯全国象棋甲级联赛）

1. 兵七进一　炮2平3
2. 马八进九（图1）卒7进1
3. 车九平八　炮8平5
4. 炮八平五　马8进7
5. 车八进八　车9进1
6. 车八平一　马7退9
7. 炮五进四　士4进5
8. 相三进五　马9进7
9. 炮五退二　马2进1
10. 车一进一　炮5进1?
11. 车一平六　象3进5
12. 马二进四　卒1进1
13. 车六进四　车1平2
14. 炮五进一！炮5平8

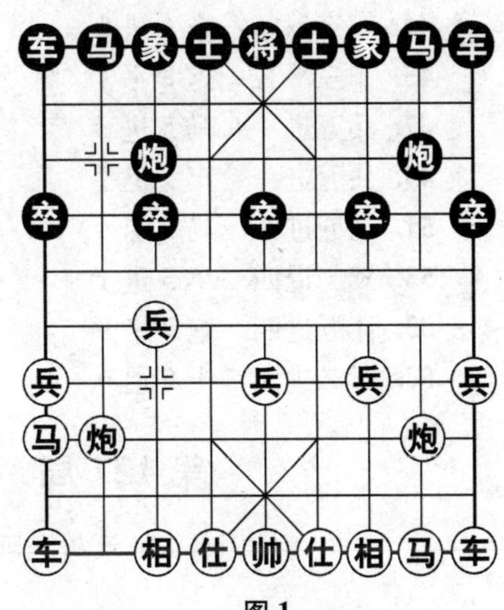

图1

15. 车六平九　车2进2
16. 兵九进一　炮8进1?
17. 炮五平二　马7进8
18. 炮二进二　马1进2
19. 炮二平五　炮3退2
20. 兵七进一！（图2）马2退3
21. 兵七进一　炮3进3
22. 车九平三　马8进9
23. 车三进四　马3进5
24. 车三平二　车2进2
25. 车二退二　马5进7
26. 车二平五　马7进5
27. 车五退三　卒9进1
28. 车五进二　炮3退1
29. 兵三进一　车2平6
30. 马四进六　马9进7
31. 仕六进五　卒9进1

32. 马六进七　车6平3
33. 马七退六　炮3平8
34. 车五平二　炮8平5
35. 兵五进一　卒9平8
36. 马九进八　炮5平9
37. 车二平一　炮9平8
38. 马八退六　车3平6
39. 兵五进一　车6进2
40. 前马进七　卒8平7
41. 相五退三　车6退4
42. 车一平三　马7退5
43. 相七进五　卒7平6
44. 车三退三　卒6进1
45. 车三平二　炮8平7

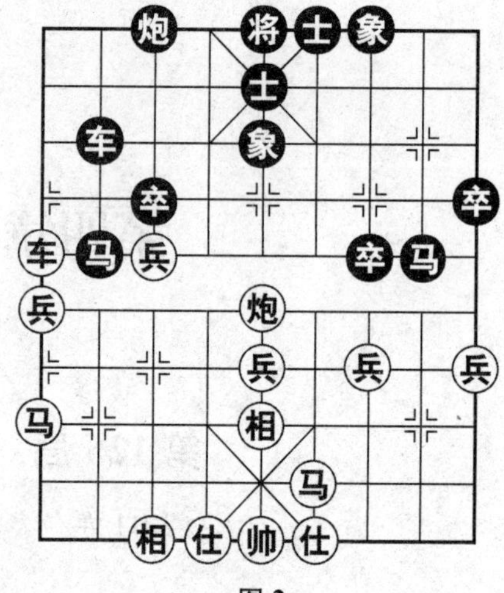

图2

46. 马六进五　车6进3
47. 兵五进一　马5进3
48. 车二进四　车6平7
49. 兵五进一　车7退2
50. 车二进二　炮7退2
51. 马五进四　马3退4
52. 马七退五　卒6平5
53. 车二退四　卒5进1
54. 相三进五　马4进5
55. 仕五进四　炮7平9
56. 兵五进一！士6进5
57. 车二进四　士5退6
58. 马四进六

第127局　曹岩磊负赖理兄

（2013年第五届淮阴·韩信杯象棋国际名人赛）

1. 兵七进一　炮2平3
2. 马八进九　马2进1
3. 车九平八　炮8平5
4. 马二进三　车1平2
5. 车一平二　马8进7
6. 兵三进一　车2进4
7. 炮八平七　车2平6
8. 炮二平一（图1）卒7进1
9. 兵三进一　车6平7
10. 相七进五　卒1进1
11. 炮一退一　士6进5
12. 炮一平三　车7平8
13. 车二进五　马7进8
14. 车八进六　炮5平7
15. 炮三进六　马8退7
16. 马三进四　象7进5
17. 车八进一　炮3平4
18. 炮七进四　车9平6
19. 马四进三　车6进4
20. 马九进七？马1进2

21. 马七进五　马 2 进 4

22. 炮七平九　卒 5 进 1！（图 2）

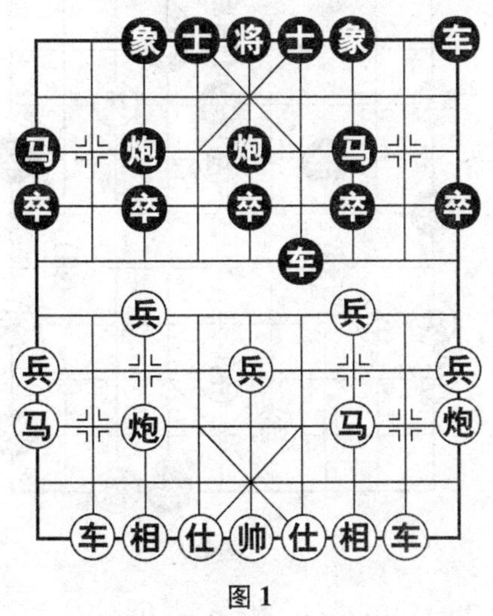

图 1

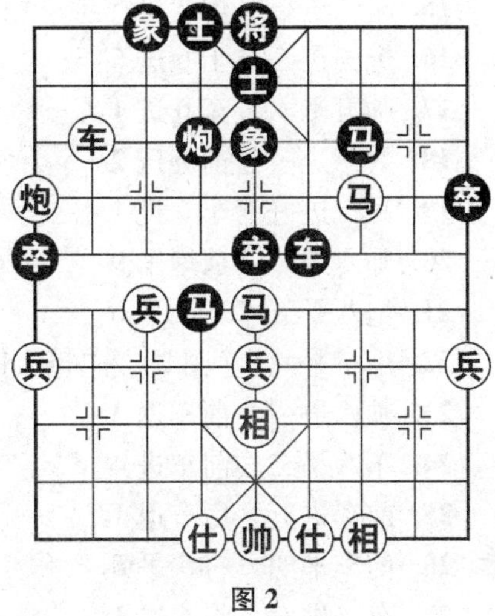

图 2

23. 马三退五　车 6 平 5

24. 车八退一　马 7 进 6

25. 车八平一　马 6 进 5

26. 车一退二　车 5 退 1

27. 炮九平六　象 5 退 7

第 128 局　俞云涛胜李景林

（2006 年楚河汉界杯全国等级赛）

1. 兵七进一　炮 2 平 3
2. 马八进九　马 2 进 1
3. 车九平八　炮 8 平 5
4. 马二进三　车 1 平 2
5. 炮二进六　车 9 进 1
6. 车一平二　车 2 进 1
7. 炮二退二　马 8 进 7
8. 车二进四　卒 1 进 1
9. 炮八进四　卒 7 进 1
10. 兵三进一　车 2 平 6?（图 1）
11. 兵三进一　车 6 进 6
12. 相七进五！车 6 平 7
13. 炮二平三　车 7 平 6

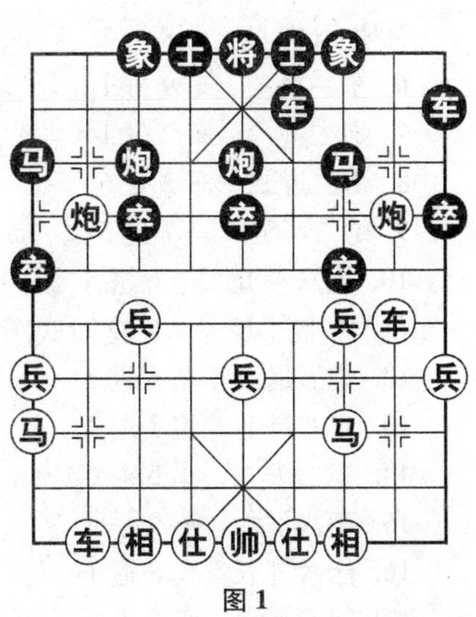

图 1

14. 仕六进五　炮 5 进 4
15. 车八进三　炮 3 平 5
16. 炮三进三　士 6 进 5
17. 帅五平六　车 6 进 1
18. 兵三进一　前炮进 2
19. 兵三进一　车 6 进 1
20. 帅六进一　前炮平 9
21. 炮八平五　车 9 平 6
22. 炮三平六！（图 2）前车退 1
23. 帅六进一　前车退 3
24. 车八平二　前车进 4
25. 前车进五　后车退 1
26. 前车平四　将 5 平 6
27. 车二进六　将 6 进 1
28. 兵三进一　将 6 进 1
29. 炮六退二！

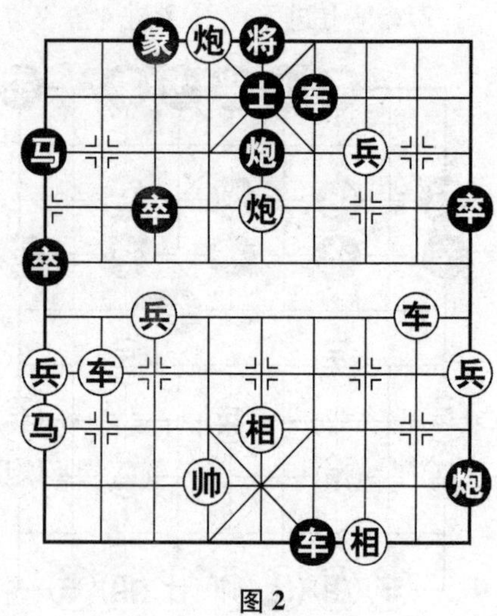

图 2

第 129 局　胡智平负赵鑫鑫

（2010 年第二届长三角中国象棋精英赛）

1. 兵七进一　炮 2 平 3
2. 马八进九　马 2 进 1
3. 车九平八　炮 8 平 5
4. 马二进三　车 1 平 2
5. 炮八进四　马 8 进 7
6. 车一平二　车 9 进 1
7. 炮二进六　车 2 进 1
8. 炮二退二　车 2 平 6
9. 炮二平五　马 7 进 5
10. 炮八平五　士 6 进 5
11. 相七进五　车 6 进 2？（图 1）
12. 炮五退二　车 6 进 3
13. 车八进七　炮 3 退 1
14. 车二进九　车 6 退 6
15. 车八平六　车 9 平 8
16. 仕六进五？车 8 退 1
17. 帅五平六　车 6 进 9

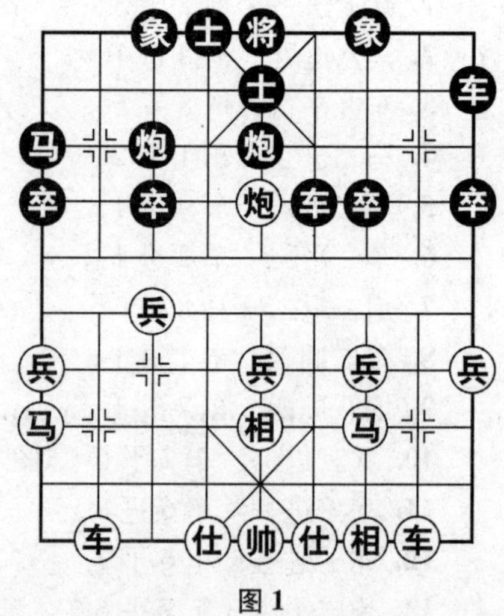

图 1

18. 仕五退四?（图 2）将 5 平 6
19. 车六退一　车 8 进 7
20. 车六平四　炮 5 平 6
21. 马三退五　车 8 退 3
22. 马五进三　炮 3 平 2
23. 车四平三　象 3 进 5
24. 马九进七　炮 2 进 2!
25. 车三退二　车 8 进 3
26. 马三退五　车 8 平 6
27. 帅六平五　炮 6 平 8
28. 炮五平四　炮 8 进 7
29. 马五进七　炮 2 进 2!

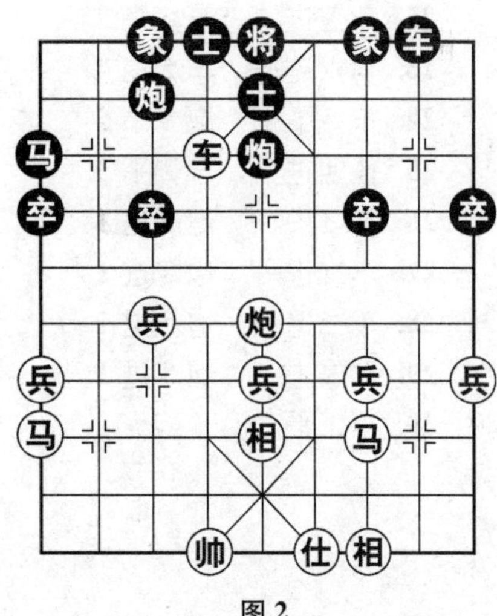

图 2

第 130 局　万春林胜张学潮

（2012 年蔡伦竹海杯象棋精英邀请赛）

1. 兵七进一　炮 2 平 3
2. 马八进九　卒 7 进 1
3. 相三进五　象 7 进 5
4. 车九进一　马 2 进 1
5. 兵三进一　卒 7 进 1
6. 车九平三　车 1 平 2
7. 车三进三　马 8 进 7
8. 炮八平六　马 7 进 6
9. 马二进四　车 2 进 4
10. 车三进二　车 2 平 5
11. 马九退七　炮 8 进 4
12. 炮六进一　炮 8 退 4?（图 1）
13. 炮六退二　炮 8 进 4
14. 兵五进一!　车 5 进 1
15. 炮六平五　车 5 平 6
16. 马四进五　马 6 进 4?
17. 马五进六　车 6 进 2
18. 马七进八　马 4 进 6
19. 车三退三　马 6 退 7
20. 炮二平三　车 6 退 1
21. 炮五进五!（图 2）士 6 进 5

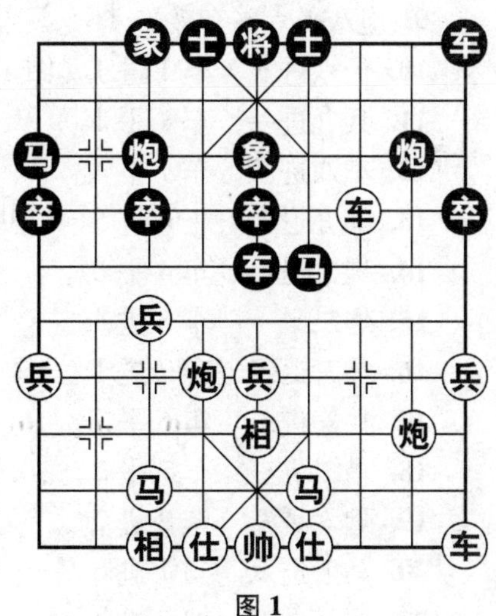

图 1

22. 车三进二　车6平2
23. 马六进七　车2退4
24. 车一平二　炮8平5
25. 仕四进五　车2平3
26. 车二进三　炮5退1
27. 车二进一　炮5进1
28. 车二退一　炮5退1
29. 车二进一　炮5进1
30. 车二平三

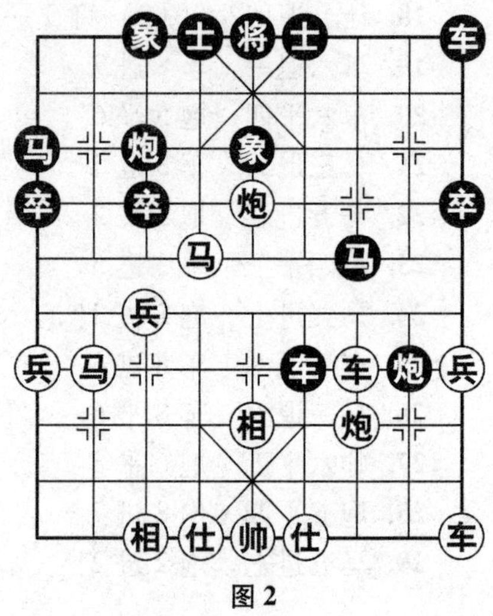
图2

第131局　许国义胜雷喆欧

（2012年东莞凤岗季度象棋公开赛）

1. 兵七进一　炮2平3
2. 马八进九　炮8平5
3. 马二进三　马8进7
4. 车一平二　车9平8
5. 相三进五　马2进1
6. 兵九进一　车1平2
7. 车九平八　车8进6
8. 兵三进一　车2进4
9. 炮八平六　车2平4
10. 仕六进五　卒1进1（图1）
11. 兵九进一　车4平1
12. 车八进三　车1平4
13. 马九退七　士6进5
14. 炮二退一　车4平6
15. 炮二平一　车8进3
16. 马三退二　卒7进1
17. 兵三进一　车6平7
18. 马二进三　车7平2
19. 炮六平八　车2进2
20. 马七进八　马7进6
21. 炮一进五　炮5进4

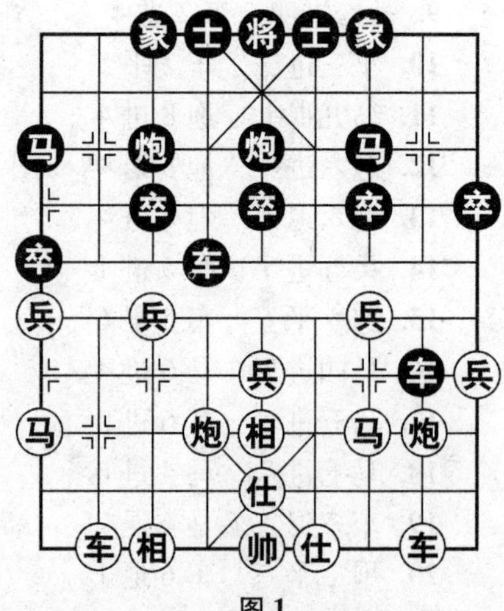
图1

22. 马三进五　马 6 进 5
23. 马八进六　马 5 退 4
24. 炮八进五！炮 3 平 6？
25. 马六进四　马 4 退 5？（图 2）
26. 炮八平四　士 5 进 6
27. 马四进二　士 6 退 5
28. 炮一平五　将 5 平 6
29. 马二进一　象 7 进 9
30. 马一退三　将 6 进 1
31. 炮五平四　马 5 进 7
32. 炮四退五　象 3 进 5
33. 兵一进一　卒 3 进 1
34. 马三退五　马 7 进 5
35. 兵七进一　将 6 退 1

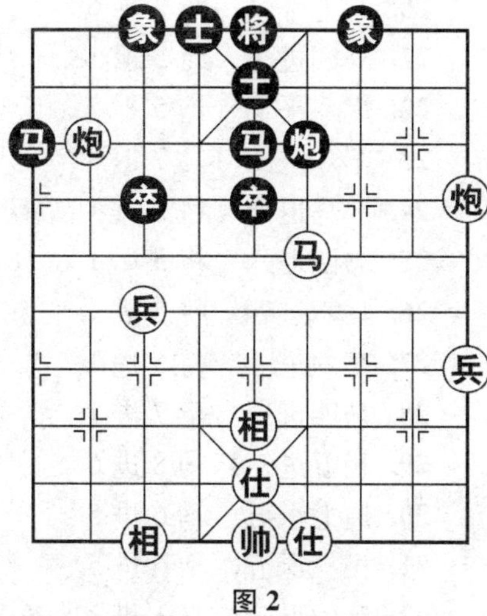
图 2

36. 兵七平六

第 132 局　程进超胜刘奕达

（2007 年锦州杯全国象棋团体赛）

1. 兵七进一　炮 2 平 3
2. 马八进九　炮 8 平 5
3. 马二进三　马 8 进 7
4. 车一平二　车 9 平 8
5. 兵九进一　卒 7 进 1？（图 1）
6. 马九进八　马 2 进 1
7. 相七进五　车 1 进 1
8. 仕六进五　车 1 平 4
9. 车九进三　车 8 进 6
10. 炮二平一　车 8 进 3
11. 马三退二　马 7 进 6
12. 马二进三　马 6 进 7
13. 炮一进四　卒 5 进 1
14. 兵七进一　车 4 进 4？
15. 马八进七　炮 3 进 2
16. 马七退五　车 4 退 2
17. 马五进四　将 5 进 1
18. 车九平七！（图 2）炮 3 退 1
19. 炮一平七　车 4 平 3

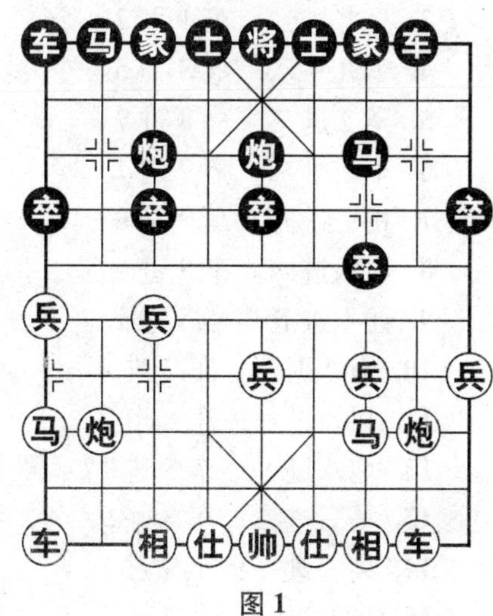
图 1

20. 车七平六　车3平6
21. 马四进三　将5退1
22. 炮八平七　炮5平7
23. 车六进四　马7退8
24. 前马退四　将5进1
25. 马四退六　将5退1
26. 马六进四　将5进1
27. 车六进一　将5进1
28. 马四进三　卒7进1
29. 相五进三！马8进6
30. 炮七平五　马6进5
31. 相三退五　士6进5
32. 车六退三　马1进3
33. 后马进二　马3进2

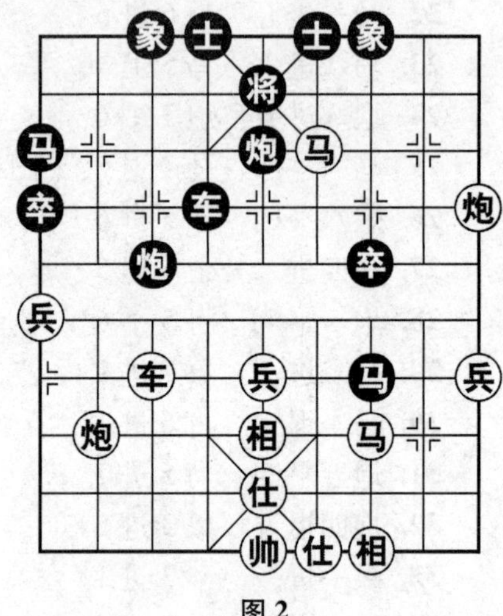
图2

34. 车六平五　将5平4
35. 车五平八　车6进2
36. 马二进三　车6平4
37. 后马退五

第133局　刘祖勇胜赵玮

（2012年重庆长寿首届健康杯象棋公开赛）

1. 兵七进一　炮2平3
2. 马八进九　马2进1
3. 兵九进一　车1平2
4. 车九平八　炮8平5
5. 马二进三　马8进7
6. 车一平二　卒7进1
7. 相三进五　车9平8
8. 炮八进四　车8进6
9. 仕六进五　卒5进1
10. 炮八退三　车2进4
11. 兵三进一　车8退2
12. 炮八进一　卒3进1？（图1）
13. 马三进二　车8平9
14. 兵一进一！车9进1
15. 兵七进一　车2平3

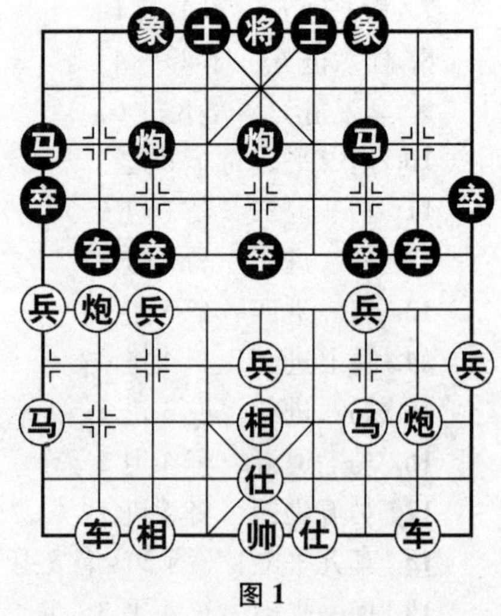
图1

16. 马二进三　车9进1
17. 炮二进三　车3退1?
18. 兵三进一　车9平7
19. 炮八平三　车7平5
20. 马三退五　车3平5
21. 马五退七　前车平4
22. 马七进五　车4平5
23. 马九进八　马7进8
24. 炮三进五　士6进5
25. 马五退三　前车平6?
26. 车二进五　将5平6
27. 兵三平四　炮3进2
28. 兵四进一　车5进2
29. 车二进四!（图2）车5平7
30. 马八进六　炮5进2
31. 炮三平六　将6进1
32. 炮六退一　士5进4
33. 车二退一　将6退1
34. 炮六平九　车7平6
35. 炮九进一　马1退2
36. 马六进五　将6平5
37. 车二进一

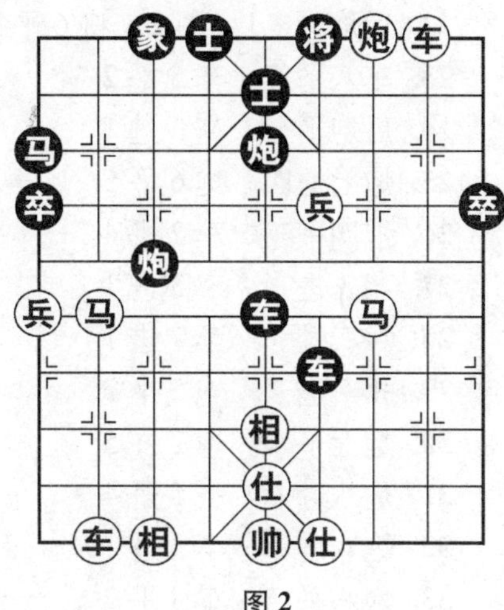
图2

第134局　俞云涛胜韩勇

（2013年第三届同峰杯象棋大赛）

1. 兵七进一　炮2平3
2. 马八进九　炮8平5
3. 马二进三　马8进7
4. 车一平二　车9平8
5. 炮二进四　卒7进1
6. 车九平八　马2进1
7. 炮八平五　卒1进1
8. 仕六进五　士6进5
9. 马九进七　车1进1
10. 兵七进一!（图1）车1平4
11. 马七进六　炮3进2
12. 马六进四　车8进1
13. 炮五平四　车4进4?

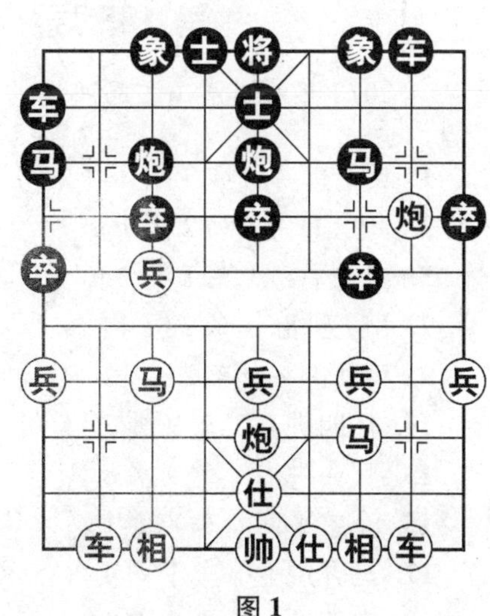
图1

14. 炮二平三　车8进8
15. 马四进三　将5平6
16. 后马退二　炮5进4
17. 相七进五　马1退3
18. 车八进三　车4平5
19. 炮三平四　炮3平6
20. 马二进三　马3进5
21. 前马退五　象7进5
22. 后炮进二！（图2）将6平5

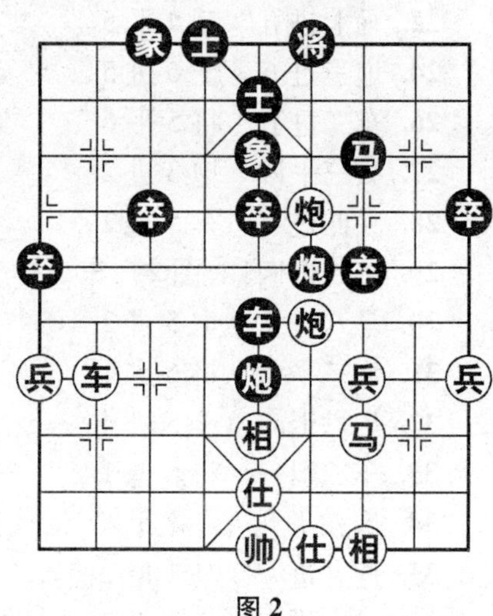

图2

23. 车八平五　车5平2
24. 后炮平七　卒3进1
25. 炮七退四　炮6平5
26. 炮四平三　车2平4
27. 相三进一　卒3进1
28. 兵三进一　卒7进1
29. 相一进三　炮5平2
30. 炮七平八　炮2平5
31. 炮八进七　士5进4
32. 炮八进一　卒3进1
33. 炮八平二　车4平2
34. 炮二退二　车2退1
35. 马三进四　卒3进1
36. 马四进五　马7进5
37. 炮二平五　士4进5
38. 炮三退一　炮5进3
39. 车五退一　车2平7
40. 车五平七

第135局　黄仕清负郑惟桐

（2013年四川眉山首届鸿通"金色春天房产杯"中国象棋公开赛）

1. 兵七进一　炮2平3
2. 马八进九　炮8平5
3. 马二进三　马2进1
4. 车一平二　马8进7
5. 炮二平一　车1平2
6. 车九平八　卒7进1
7. 相三进五　车2进4
8. 兵九进一　卒1进1
9. 兵九进一　车2平1
10. 炮八平七　马7进6
11. 仕四进五　车9进2！（图1）
12. 车八进三　士4进5
13. 兵一进一　车9平8
14. 炮一进四　马6进7
15. 车二平四　车8进1
16. 炮一退一　卒7进1
17. 马九进七　车1平4
18. 兵七进一　车4进2
19. 车四进五　炮5进4
20. 车四平六？车4进3！（图2）

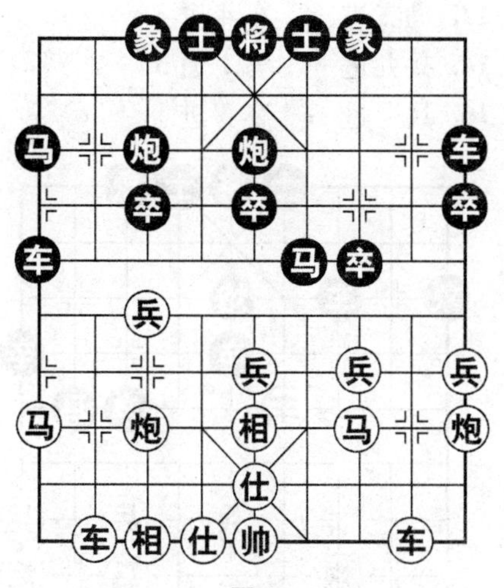
图 1

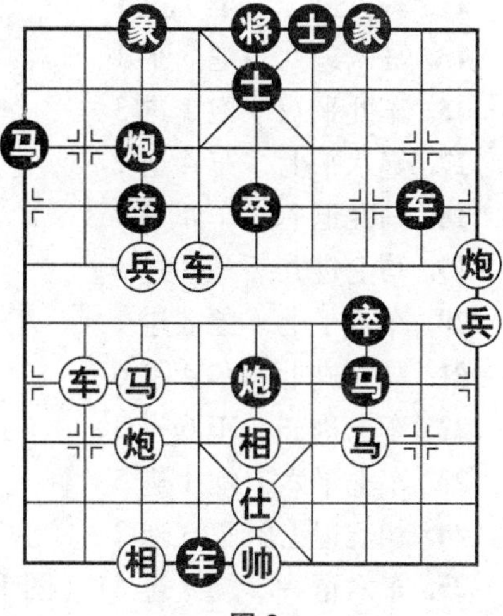
图 2

21. 帅五平六　炮 5 平 2　　**22.** 相五进三　象 3 进 5
23. 车六退一　炮 2 进 3　　**24.** 相七进五　卒 3 进 1
25. 车六平八　炮 3 进 4　　**26.** 车八退四　卒 5 进 1
27. 车八进三　马 7 退 5　　**28.** 炮一平四　车 8 平 4
29. 帅六平五　车 4 进 3　　**30.** 炮四平二　车 4 退 6
31. 炮七平八　马 1 进 3　　**32.** 炮二退一　炮 3 进 2
33. 炮八平七　卒 3 进 1　　**34.** 相五进七　车 4 平 1
35. 炮二退四　马 3 进 4　　**36.** 车八平六　马 4 退 5
37. 马三进四　后马进 7　　**38.** 炮七平三　车 1 进 3
39. 炮二平三　象 7 进 9　　**40.** 兵一进一　车 1 平 6
41. 马四退五　炮 3 平 2　　**42.** 车六平八　炮 2 平 4
43. 兵一平二　马 7 退 6

第 136 局　朱晓虎负赵鑫鑫

（2010 年首届中国·邳州海峡两岸中国象棋公开赛）

1. 兵七进一　炮 2 平 3　　**2.** 马八进九　炮 8 平 5
3. 马二进三　马 8 进 7　　**4.** 兵九进一　车 9 平 8
5. 马九进八　车 8 进 4　　**6.** 车一平二　马 2 进 1
7. 相七进五　车 1 进 1　　**8.** 车九进三　车 1 平 4
9. 仕四进五　炮 3 退 1　　**10.** 炮二平一　车 8 进 5

11. 马三退二　卒7进1　12. 马二进三　车4进3
13. 马八进九　炮3平1　14. 兵九进一　马1退3
15. 车九平八　炮1进3　16. 兵七进一　卒3进1
17. 炮八平七　车4退1
18. 马九退七　车4进1
19. 马七进九　马3进4
20. 车八平七　象3进1
21. 马九进七　车4平6
22. 车七进三　车6平3
23. 车七平六　炮1进5
24. 相五退七? 车3退2
25. 车六退一　马7进8!（图1）
26. 车六平九　炮1平2
27. 车九平三　马8进9
28. 马三进一　车3进5
29. 车三平八　炮2平1
30. 车八平九　炮1平2
31. 车九进二? 炮5进4
32. 炮一平五　士6进5
33. 帅五平四　炮5平9
34. 车九平三　炮9进3
35. 帅四进一　象7进5!（图2）
36. 车三平五　炮2退1
37. 仕五进六　车3进1
38. 帅四进一　车3退2
39. 车五平四　车3平5
40. 车四退一　炮2退5
41. 车四退一　炮2退1
42. 帅四退一　炮2平6
43. 车四平二　车5平6
44. 帅四平五　车6平7

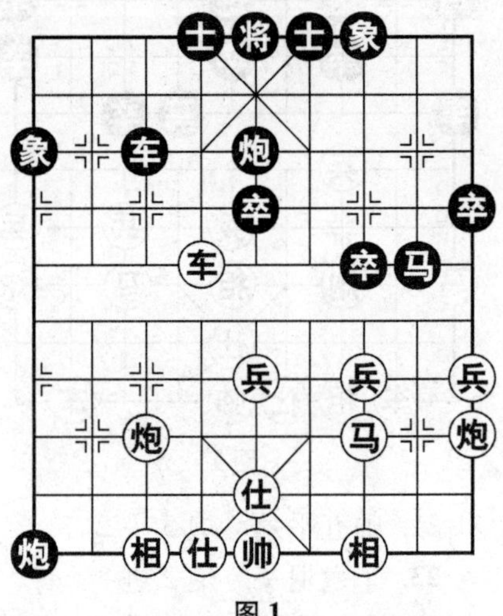

图1

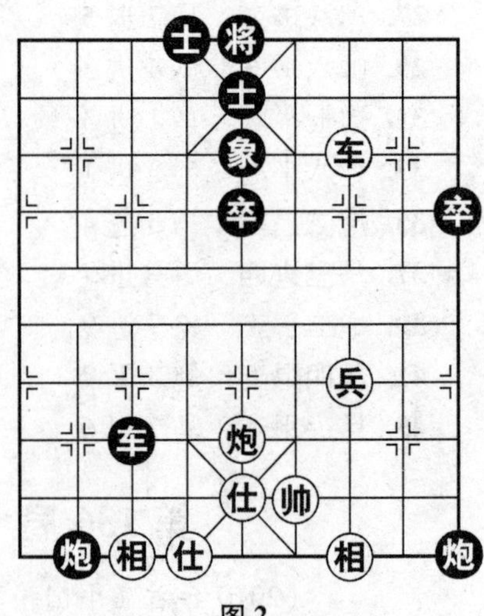

图2

第137局 邓桂林负黄海林

（2013年QQ游戏天下棋弈全国象棋甲级联赛）

1. 兵七进一 炮2平3
2. 马八进九 炮8平5
3. 马二进三 马2进1
4. 车九平八 车1平2
5. 车一平二 马8进7
6. 兵三进一 车2进4
7. 炮八平七 车2平4
8. 炮二平一 卒1进1
9. 相七进五 卒7进1
10. 兵三进一 车4平7
11. 仕六进五 马1进2
12. 马三进四 马2进4
13. 车八平六 马7进6
14. 炮七进一 车9进1
15. 炮一平四 炮5平6
16. 兵五进一？（图1）炮6进3
17. 兵五进一 马4进6
18. 炮七平五？炮3平5
19. 炮五进三 炮5进2！
20. 炮四进二 前马进7
21. 炮四退三 车7退1
22. 车二进一 车9平7
23. 车六进六 炮5进2
24. 车六退一 前车平5
25. 车六平四 象3进5
26. 车四平六 炮5平7！（图2）
27. 帅五平六 炮7进3
28. 帅六进一 士6进5
29. 马九进七 车5进3
30. 炮四进四 炮7平9
31. 马七退八 车7进3
32. 相五退三 马7退8
33. 车二平四 炮9退1
34. 帅六退一 马8进7

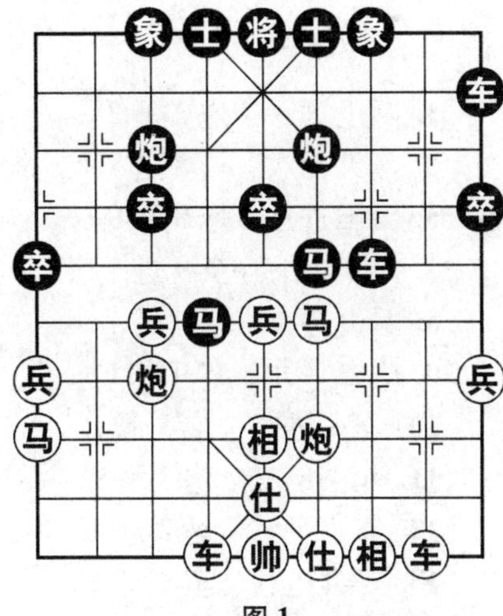

图1

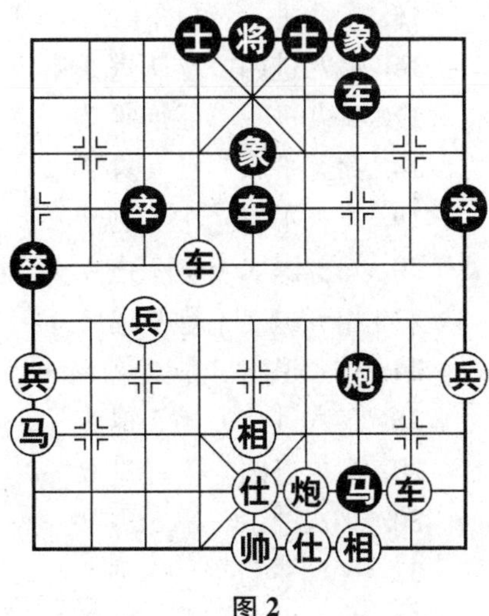

图2

35. 车四进一　车5平2
36. 炮四平五　车7平5
37. 车六平五　车2进2
38. 车五平四　车2进1
39. 帅六进一　马7退5
40. 仕五退六　车2退1
41. 帅六进一　马5进4
42. 前车退一　车2平1
43. 兵一进一　车1退2
44. 帅六退一　马4退6
45. 仕四进五　车1平4
46. 后车平六　车4平5

第138局　童本平负张兰天

（2012年童本平VS张兰天交流赛）

1. 兵七进一　炮2平3
2. 马八进九　卒7进1
3. 车九平八　马8进7
4. 相三进五　象3进5
5. 马二进三　炮8平9
6. 炮二退一　车9平8
7. 车一进一　卒9进1
8. 兵九进一　卒9进1
9. 炮二平九　卒9进1
10. 车一进二　炮3退1
11. 车一退三　炮3平9
12. 车一平三　马2进4
13. 马九进八　车1平3
14. 马八进九　马7进6
15. 车八进一？（图1）车3平2

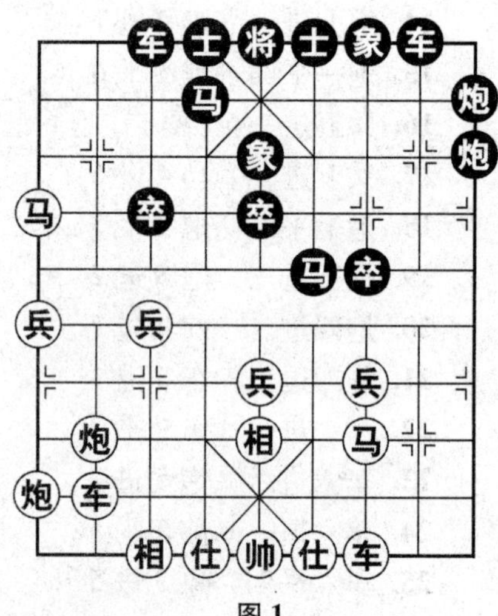

图1

16. 炮八进四　士4进5
17. 兵九进一　后炮平7
18. 兵九平八　马6进7
19. 车三平二　车8进9
20. 马三退二　炮9进4
21. 马二进三　炮9进3
22. 相五退三　炮9退5
23. 炮八进二　马7退6
24. 马三退一　马6进5！
25. 相七进五　卒7进1
26. 车八进二　马5退4
27. 马一进二　卒7平8
28. 马二退四　前马进6
29. 炮九进三　马6退7
30. 兵八进一　卒5进1
31. 兵八进一　炮9退2
32. 兵八平七　马4进5
33. 炮九平八　车2平1
34. 前炮平三　车1进3
35. 炮八进二　马7进6

36. 前兵进一 马6进4!(图2)
37. 车八平六 车1平2
38. 车六进三 马5进7
39. 车六平三? 马7进6
40. 仕四进五 炮9进7
41. 相三进一 马6进8
42. 车三退五 车2进3
43. 炮三平二 卒8进1
44. 车三平一 卒8平7
45. 马四进三 象5进7
46. 马三进五 车2平5
47. 马五退三 车5进1
48. 炮二平三 士5进6

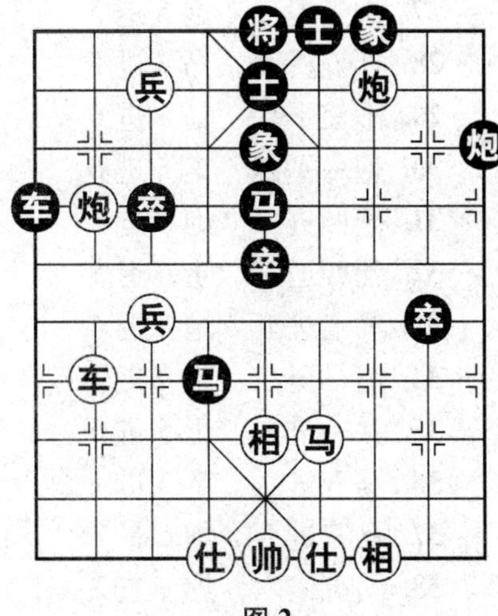

图2

49. 马三退一 卒7平8
50. 马一进二 车5退6
51. 炮三退二 车5进2
52. 炮三进二 车5平8
53. 马二退三 卒8平7
54. 炮三退五 象7进9
55. 车一平二 马8退9
56. 车二进五 马9退8

第139局 张晓平胜王国敏

(2012年大连西岗杯全国象棋团体赛)

1. 兵七进一 炮2平3
2. 马八进九 炮8平5
3. 马二进三 马8进7
4. 炮二进四 车9平8
5. 车一平二 卒7进1
6. 相七进五 马2进1
7. 车九平八 卒1进1
8. 仕六进五 车1平2
9. 炮八进四 士6进5
10. 炮八平九 车2进9
11. 马九退八 炮3平2
12. 马八进七 炮2进4
13. 炮二平三 车8进9
14. 马三退二 炮2平3
15. 兵一进一 炮5平2
16. 马二进一 象7进5
17. 马一进二 卒5进1
18. 马二进四 马7退8
19. 兵三进一 炮2进2
20. 兵三进一 象5进7
21. 马四退三 象7退5
22. 马三退二 马8进7
23. 马二进四 炮2进1
24. 炮三退二 炮2退2
25. 兵五进一!(图1)卒5进1
26. 马四进五 炮3平6

27. 炮三退三 炮6退5
28. 仕五进四 马7进5
29. 炮三平一 马5进6
30. 炮一平四 士5进6
31. 炮四进三 炮6进4
32. 仕四退五 士6退5
33. 马七进五 炮6退4
34. 前马退三 卒9进1?
35. 兵一进一 士5进6
36. 马五进六 卒3进1
37. 马三进五 炮6平3?
38. 马五进六 炮3进2
39. 炮九平七 炮2平4
40. 兵七进一 炮4平5?（图2）
41. 炮七平六 马1退3
42. 炮六平七 马3进1
43. 炮七平六 马1退3
44. 炮六平七 马3进1
45. 炮七平六 马1退3
46. 炮六平七 马3进1
47. 炮七平六 炮5进1
48. 马六退五 马1退3
49. 炮六平七 象5进3
50. 炮七进三 士4进5
51. 炮七退四 马3进1
52. 马五进七 炮5平4
53. 炮七进四 马1进2

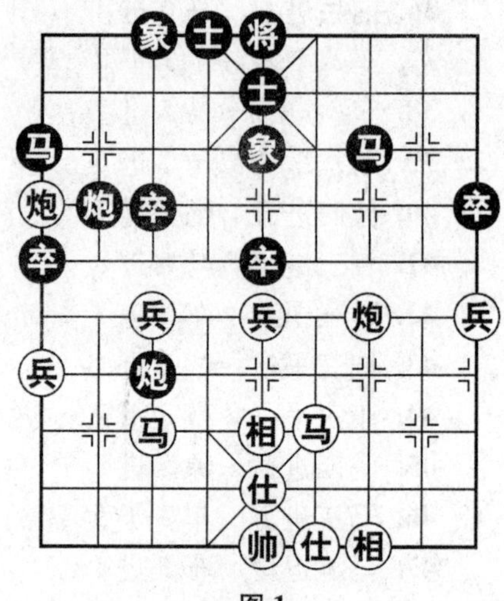

图1

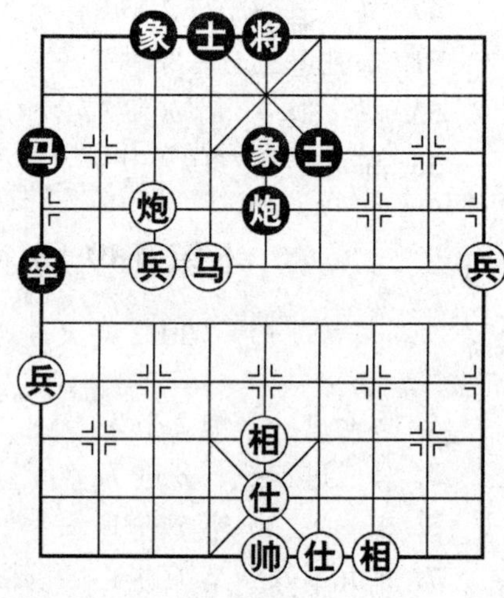

图2

54. 炮七平九 将5平4
55. 仕五进六 炮4进1
56. 马七进九 炮4退1
57. 兵九进一 马2进3
58. 马九进七 马3退5
59. 仕四进五 炮4退1
60. 兵九进一 将4平5
61. 兵九平八 炮4进3
62. 兵一平二 炮4平9
63. 兵八进一 炮9平5
64. 兵二进一

第140局 连泽特负陈翀

（2012年磐安伟业杯全国象棋个人赛）

1. 兵七进一 炮2平3
2. 马八进九 卒1进1
3. 车九平八 炮8平5
4. 马二进三 马8进7
5. 车一平二 马2进1
6. 兵三进一 马1进2
7. 相三进五 马2进4
8. 炮八平六 车9平8
9. 炮二进二 马4进6
10. 车八进一 车1进1
11. 车二进三 马6退8
12. 车八平二 车1平4
13. 仕六进五 车4进3
14. 前车进一 车8进5
15. 车二进三 卒3进1
16. 炮六平七 马7退5!（图1）

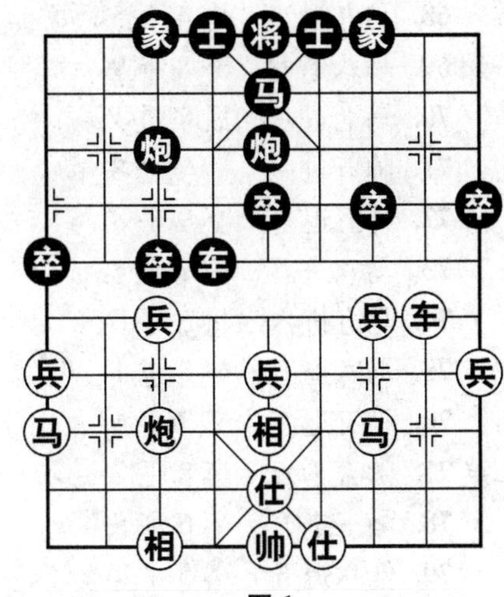

图1

17. 马三进四 车4进1
18. 马四进五 车4退2
19. 马五退四 卒3进1
20. 炮七进五 马5进3
21. 车二进一 车4平6
22. 车二平七 车6进2
23. 车七进二 卒3平4
24. 马九进七 车6退1
25. 车七平六 车6平3
26. 马七退九? 卒4平3
27. 车六退四 炮5平3
28. 车六平八 卒3进1
29. 车八进一 卒3进1
30. 兵五进一 炮3平8
31. 车八退一 卒3平2!
32. 车八退一 炮8进7
33. 相五退三 车3进5
34. 仕五退六 车3退4
35. 车八平五 炮8退7
36. 车五平六 车3平5
37. 仕六进五 车5平7
38. 马九进七 车7进4
39. 帅五平六 士6进5
40. 马七进五 车7退4
41. 马五进四 车7平6
42. 车六进四 炮8平6
43. 车六平九 车6退1
44. 车九平六 卒9进1
45. 车六平七 象3进1
46. 车七平九 象7进5
47. 车九平六 象1进3

48. 车六平九　车6进2
49. 马四退五　车6平5
50. 马五进六　炮6退1
51. 马六退四　车5平4
52. 帅六平五　卒7进1
53. 车九平六　炮6平8
54. 车六平二　炮8平7
55. 车二平三　炮7平8
56. 车三平二　炮8平7
57. 车二平六　车4退3
58. 马四进六　卒7进1
59. 马六退七　炮7进3
60. 帅五平六　卒7平8
61. 马七退五　士5进4
62. 仕五进六　炮7退3
63. 马五进七　炮7平1
64. 马七进九　炮1进5
65. 马九退七　炮1平4
66. 帅六平五　炮4退1!（图2）

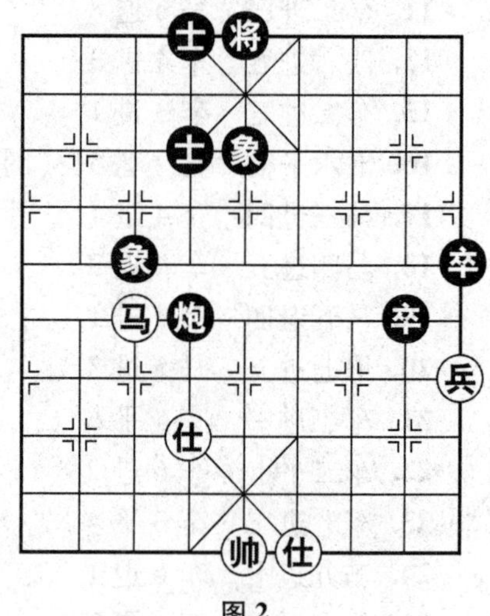
图2

67. 马七进九　卒8进1
68. 马九退八　炮4平5
69. 马八退七　卒8平9
70. 马七进六　后卒进1
71. 帅五进一　后卒平8
72. 帅五退一　卒9平8
73. 马六进五　前卒平7
74. 马五进六　将5平6
75. 马六退五　卒8进1
76. 马五退三　卒7平6
77. 帅五平六　卒8平7
78. 马三进五　卒6平5
79. 仕六退五　卒5平4
80. 马五退三　炮5平4
81. 帅六平五　炮4退4
82. 马三进二　卒4平3
83. 马二退四　卒7平6
84. 马四退二　卒6平5
85. 马二进四　卒5平4
86. 马四进三　将6进1
87. 马三进二　将6进1
88. 马二退一　炮4平8
89. 仕五进四　炮8平5
90. 帅五平六　卒3进1
91. 马一退三　卒4进1
92. 仕四进五　卒4平5
93. 帅六进一　炮5平4
94. 帅六退一　卒3平4
95. 帅六平五　卒4进1
96. 马三退五　将6退1
97. 马五退六　炮4平5
98. 马六退八　卒5进1
99. 仕四退五　卒4平5
100. 帅五平六　炮5平4

第五章　仕六进五

第141局　郑一泓胜黎德志

（2012年重庆长寿首届健康杯象棋公开赛）

1. 兵七进一　炮2平3
2. 仕六进五（图1）马2进1

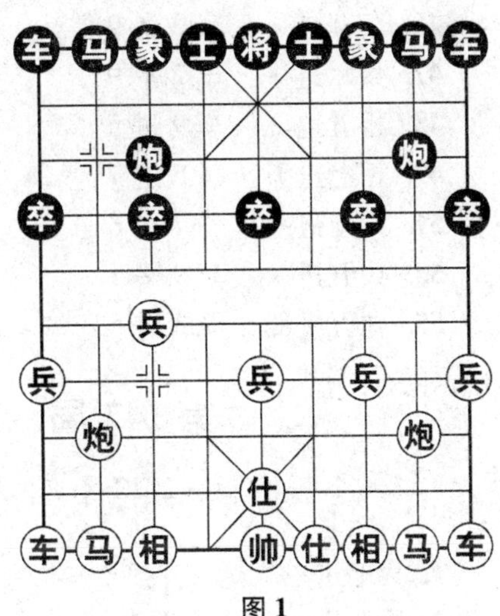

图1

3. 炮八平五　炮8平5
4. 马八进七　马8进7
5. 马七进六　车9平8
6. 马二进三　车1平2
7. 马六进五　马7进5
8. 炮五进四　士4进5
9. 车一平二　车8进4
10. 相七进五　车8平5
11. 炮五平一　炮3平2?
12. 炮一进三　炮5平8
13. 炮二平一　炮8平7
14. 车二进六　炮2进5
15. 仕五进六　炮2退4
16. 后炮退一　卒1进1
17. 兵五进一！车5平2
18. 兵三进一　炮2平1
19. 马三进二　马1退3
20. 马二进三　前车进2
21. 兵一进一　后车进2
22. 车二进三！炮1平7
23. 后炮平三　前车平7
24. 兵三进一！车7进2
25. 兵三进一　象3进5
26. 兵三进一　车7退6
27. 车二退三　车7平9
28. 炮一平二　车9进3
29. 车二平七　马3进1
30. 车七平五　车9平8
31. 炮二平一　车8退5

32. 炮一退三　马1进2
33. 车九平八　马2进4
34. 车八进七　马4退5
35. 兵五进一　马5进7
36. 车八进二　士5退4
37. 炮一平九！（图2）车8进3
38. 炮九进三　车8平3
39. 兵五平六　马7进5
40. 仕四进五　士6进5
41. 车八退三　车3退3
42. 车八平九　车3平2
43. 相五退七　象5退3
44. 相三进五　象7进5
45. 车九退一　车2进6
46. 车九进一　车2退2
47. 兵六进一　车2平9
48. 相五退三　车9进5
49. 相七进五　马5进7

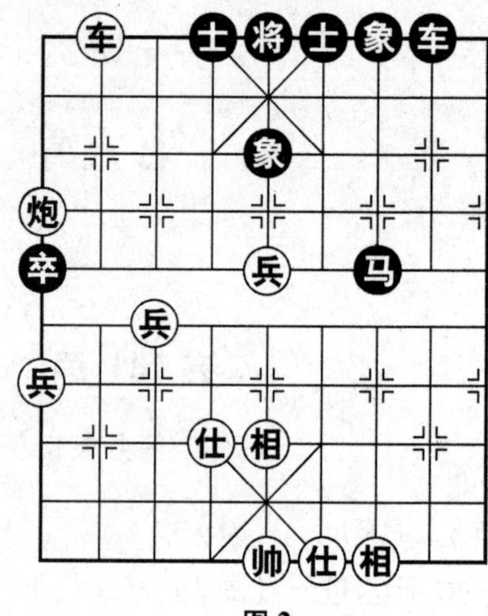

图2

50. 兵六平五　车9退6
51. 兵九进一　马7进6
52. 兵九进一　将5平6
53. 兵五进一　车9平1
54. 兵九进一　将6进1
55. 帅五平四！象3进5
56. 炮九平八

第142局　李翰林胜王家瑞

（2013年秀容御苑杯象棋公开赛）

1. 兵七进一　炮2平3
2. 仕六进五　卒7进1
3. 炮八平六　马2进1
4. 马八进七　车1平2
5. 炮二平五　马8进7
6. 马二进三　车9平8
7. 马七进六　象7进5
8. 车一平二　炮8进4
9. 马六进五　马7进5
10. 炮五进四　士6进5
11. 相七进五　车2进4
12. 兵五进一！（图1）卒1进1
13. 车九平六　车2平6
14. 炮六平八　马1进2?
15. 炮五退一　将5平6
16. 兵七进一！马2进3
17. 炮五进三！将6平5
18. 兵五进一！（图2）车6退3
19. 兵七进一　炮3平2
20. 炮五平八　炮2平4
21. 前炮退一　炮4进6
22. 前炮平七

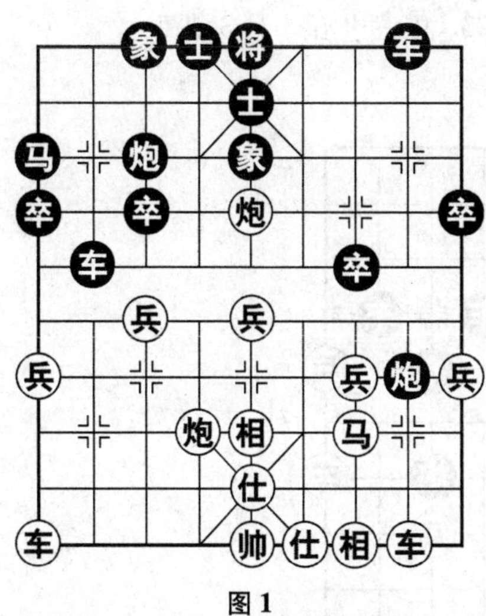
图 1

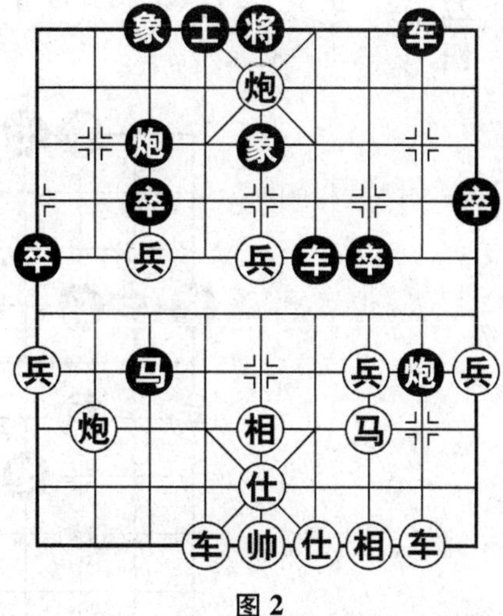
图 2

第 143 局 郑一泓胜刘宗泽

（2012 年重庆长寿首届健康杯象棋公开赛）

1. 兵七进一 炮 2 平 3
2. 仕六进五 马 2 进 1
3. 炮八平五 马 8 进 7
4. 马八进七 车 1 平 2
5. 马七进六 象 7 进 5
6. 马六进五 马 7 进 5
7. 炮五进四 士 6 进 5
8. 炮二平六 炮 8 平 7
9. 马二进三 车 9 平 8
10. 相七进五 车 2 进 4
11. 兵九进一 卒 3 进 1
12. 兵七进一 车 2 平 3
13. 炮五平一 车 8 进 3
14. 炮一退二 炮 7 进 4
15. 炮一平五 卒 7 进 1
16. 兵一进一 炮 7 平 6？（图 1）

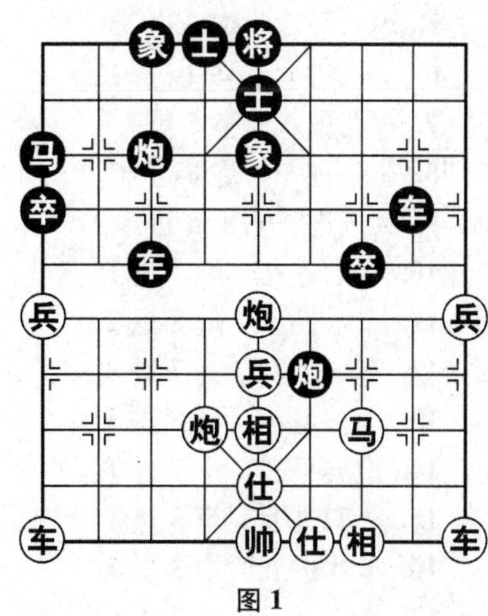
图 1

17. 车一进三 车 3 平 6？
18. 炮六平七 炮 3 平 4
19. 相五进七！马 1 进 3
20. 车九平八 炮 4 进 4
21. 车八进六 车 6 退 1

22. 兵一进一　炮6平7?（图2）　　23. 相三进五　马3进5
24. 兵一平二!

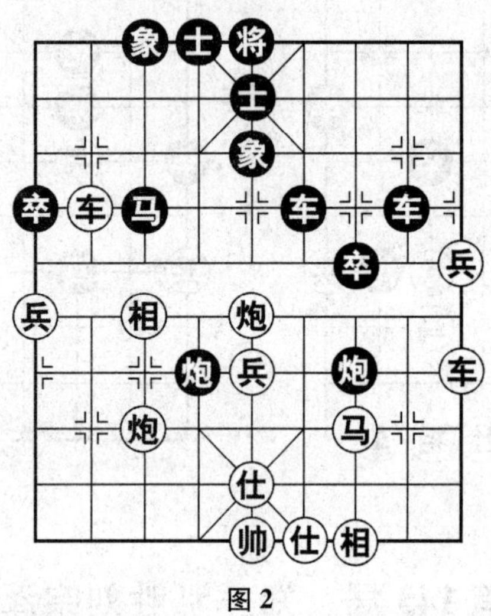

图2

第144局　阎文清负张申宏

（2004年将军杯全国象棋甲级联赛）

1. 兵七进一　炮2平3　　2. 仕六进五　卒7进1
3. 炮二平五　马8进7　　4. 马二进三　车9平8
5. 炮八平六　炮3进3
6. 马八进七　马2进3
7. 车九平八　卒3进1
8. 车一进一　炮8进6!（图1）
9. 兵五进一　士4进5
10. 相七进九　炮3进1
11. 车八进三　炮8退2
12. 车一平四　马7进8
13. 马三退一　马8进7
14. 炮五平三?　卒7进1
15. 车四进七　卒3进1
16. 车八进五?　炮3平5
17. 炮六平五　马7进5

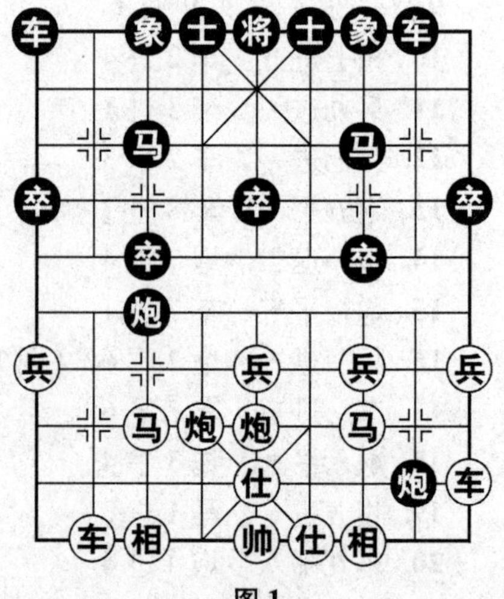

图1

18. 马七进五　马5进3
19. 帅五平六　象3进5
20. 马一进二　车1平4
21. 马五退六　卒7进1
22. 炮三平七　后马进4
23. 车八退七　卒3进1
24. 车八平七？（图2）卒3进1
25. 车七进一　车8进6
26. 车七进六　车8平9
27. 车四退六　卒7平6

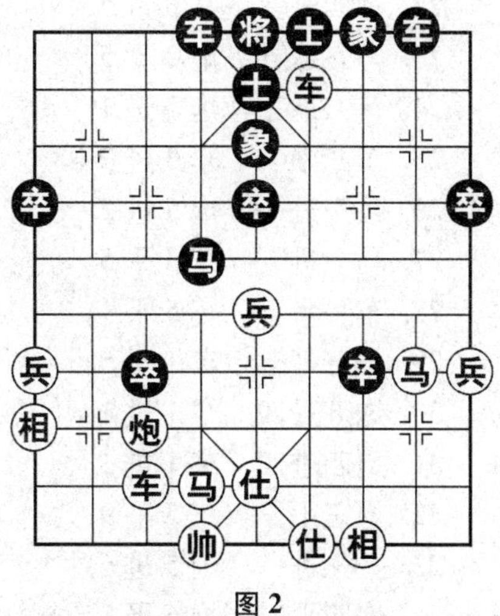

图2

第145局　黎德志胜方招圣

（2013年广东东莞凤岗镇象棋公开赛）

1. 兵七进一　炮2平3
2. 仕六进五　卒7进1
3. 炮八平五　马8进7
4. 马二进一　象7进5
5. 马八进七　炮3进3？（图1）
6. 炮二平三　马7进8
7. 炮五进四　士6进5
8. 相七进五　炮3退1
9. 车九平六　车9平6
10. 炮五退二　车6进3
11. 车六进五！马2进3？
12. 车六平三　马8进9
13. 车一平二　炮8平6
14. 车二进三　车1平2

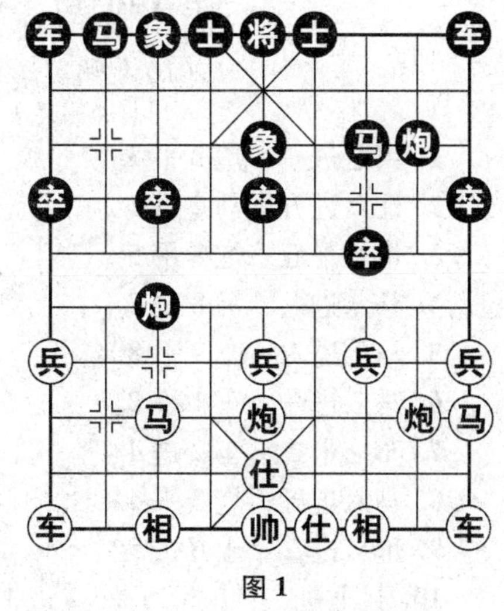

图1

15. 车二平一　车2进6
16. 车三平五　炮3平2
17. 车一平二　炮2退1
18. 车二进六　炮6退2
19. 马一进二　车2平3
20. 车五平四！（图2）车6进1
21. 马二进四　车3退2

22. 马四进三　马 3 进 5
23. 马三退五　炮 2 平 5
24. 车二退三　炮 5 进 1
25. 车二平一　车 3 进 2
26. 兵三进一　炮 5 进 2
27. 马七进五　车 3 平 5
28. 车一平五　车 5 平 1
29. 车五平七　车 1 平 5
30. 炮五平四　卒 1 进 1
31. 炮四进四　卒 1 进 1
32. 炮三平一　车 5 平 9
33. 兵三进一　士 5 进 6
34. 炮四平二　炮 6 平 8
35. 兵三进一　卒 1 进 1

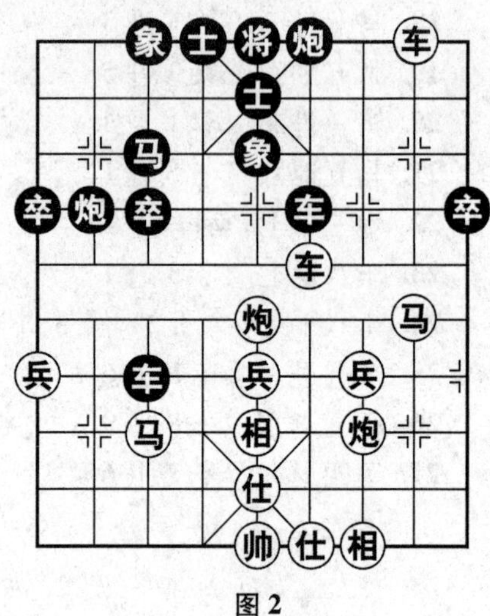

图 2

36. 兵三进一　士 6 退 5
37. 兵三进一　卒 1 平 2
38. 兵三平四　车 9 退 5
39. 车七平三

第 146 局　孙浩宇负武俊强

（2010 年楠溪江杯全国象棋甲级联赛）

1. 兵七进一　炮 2 平 3
2. 仕六进五　马 2 进 1
3. 炮八平五　炮 8 平 5
4. 马八进七　马 8 进 7
5. 马七进六　车 9 平 8
6. 马二进三　车 1 平 2
7. 车一平二　车 2 进 4
8. 马六进五　炮 3 平 4
9. 炮二进二　士 6 进 5?
10. 兵七进一！（图 1）车 2 进 1
11. 兵三进一　车 2 平 7
12. 马五退四　炮 5 进 5
13. 相七进五　车 7 进 1
14. 兵七平六　卒 7 进 1

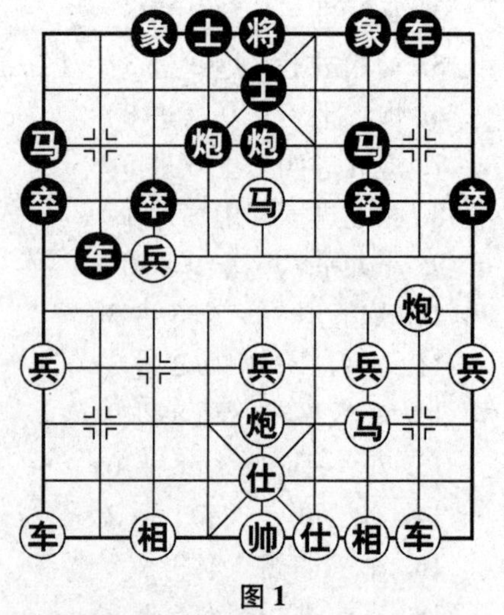

图 1

15. 兵六平五？象 7 进 5

16. 车九平六　车8进3　**17.** 前兵进一　马1退3!
18. 前兵进一　象3进5　**19.** 车六进五　马3进4
20. 车六平五　马4进6　**21.** 炮二退三　车7平6
22. 马四进六　车8进4　**23.** 马六进五？马6退5
24. 仕五进四　炮4进6　**25.** 车五进二　马7进6
26. 车五退二？炮4平7!（图2）　**27.** 车五平六　车6进1
28. 仕四进五　车6退1
29. 仕五退四　卒7进1
30. 相五退七　车8平7
31. 炮二进六　卒7平8
32. 炮二平七　士5进4
33. 仕四进五　炮7平9
34. 相三进五　车7进1
35. 车六平五　士4进5
36. 车五平八　炮9平5
37. 车八进四　士5退4
38. 炮七进二　士4进5
39. 炮七退二　士5退4
40. 帅五平六　炮5退2

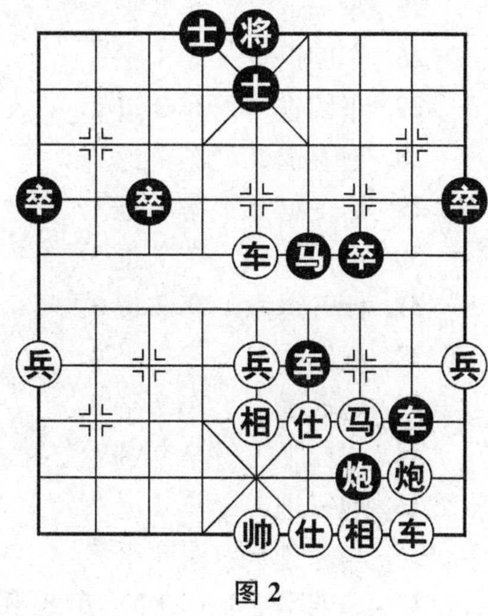

图2

41. 车八退四　车6进2　**42.** 车八平六　炮5平2
43. 相七进九　炮2进3　**44.** 车六平五　士4进5

第147局　李翰林胜向有权

（2013年重庆黔江体彩杯象棋公开赛）

1. 兵七进一　炮2平3　**2.** 仕六进五　卒7进1
3. 炮二平五　马8进7　**4.** 炮八平六　炮3进3
5. 马八进七　马2进3　**6.** 车九平八　车9平8
7. 马二进三　士4进5　**8.** 车一平二　炮3进1
9. 车二进四　炮8平9　**10.** 车二平七　炮3平7
11. 相三进一　炮7平8　**12.** 车七进二　卒7进1
13. 车八进四!（图1）炮8退3　**14.** 车七退一　卒7进1
15. 车八平三　象3进5?　**16.** 车七进二　卒7进1
17. 车七退三　炮8进6　**18.** 相一退三　马7进8

19. 车三退二　马 8 进 9
20. 车三进四　炮 9 平 6
21. 炮五进四　炮 6 进 6
22. 炮六进一！炮 8 平 9
23. 炮六平一　车 8 进 9
24. 车七平四？炮 9 平 7？
25. 车三退六　车 8 平 7
26. 车四退三　车 1 平 3
27. 车四进一　车 3 进 3
28. 炮五退二　车 7 退 3
29. 炮一退二　卒 9 进 1
30. 炮一平四　车 7 退 3
31. 仕五退六　车 3 进 3
32. 炮四平七　车 3 平 4
33. 炮七平二　车 7 平 8
34. 炮二平三　卒 9 进 1
35. 炮三进二　车 4 退 2
36. 马七进八　车 4 平 2
37. 车四平七！（图 2）车 8 平 5
38. 车七进二　卒 9 平 8
39. 炮三退二　车 2 退 4
40. 相七进五　卒 8 进 1
41. 炮三平八　车 2 平 4
42. 仕六进五　车 5 平 4
43. 炮八退一　卒 8 平 7
44. 炮八平六　前车平 5
45. 马八进七　车 4 进 2

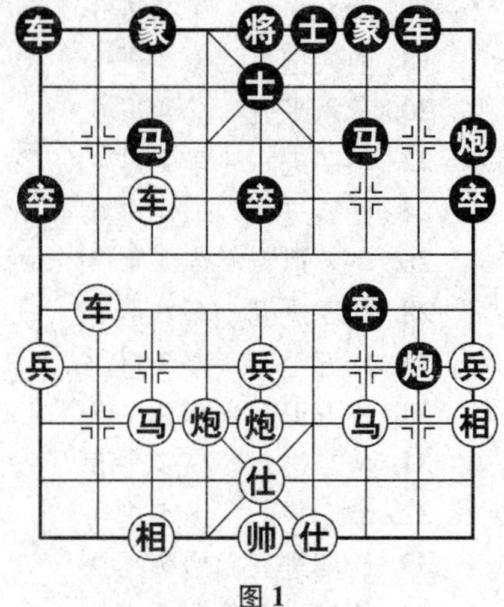

图 1

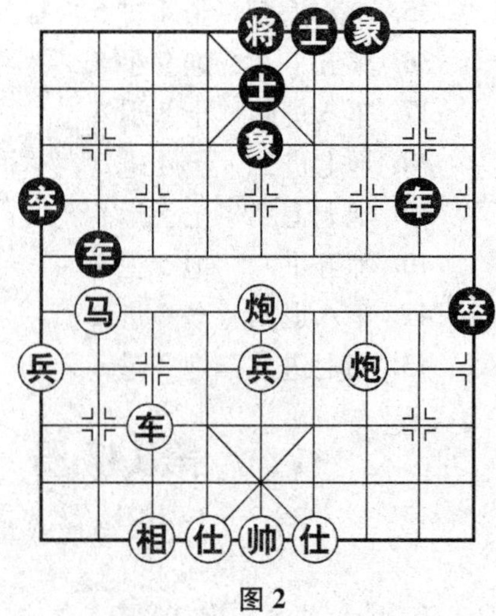

图 2

46. 马七退六

第 148 局　赵勇霖负陈汉华

（2012 年第八届南京市弈杰杯象棋公开赛）

1. 兵七进一　炮 2 平 3
2. 仕六进五　马 2 进 1
3. 炮八平五　马 8 进 7
4. 马八进七　车 1 平 2
5. 马七进六　象 7 进 5
6. 马六进五　马 7 进 5

7. 炮五进四　士 6 进 5
8. 炮二平六　车 9 平 8
9. 马二进三　炮 8 平 7
10. 相三进五　卒 7 进 1
11. 兵九进一　车 8 进 3
12. 炮五退二　车 2 进 6
13. 兵一进一　马 1 退 3！（图 1）

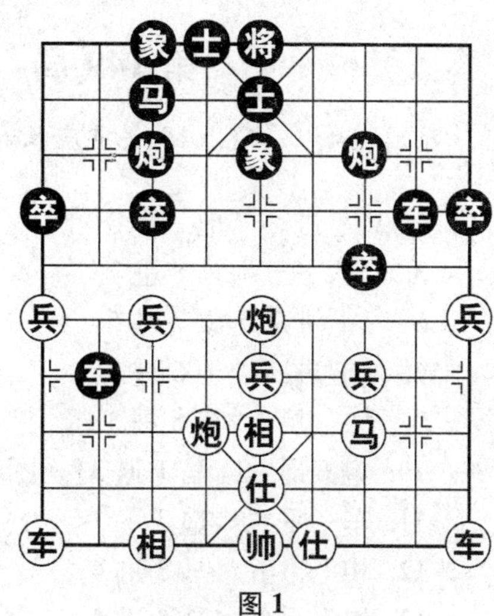

图 1

14. 兵一进一　炮 7 平 9
15. 车一进四　炮 3 平 1
16. 兵三进一　卒 9 进 1
17. 车一进一　卒 7 进 1
18. 车一平三　将 5 平 6
19. 车三退一　马 3 进 4
20. 车三平一　象 5 退 7
21. 炮五平四　将 6 平 5
22. 炮四退一　车 2 退 2
23. 车九进三　马 4 退 6
24. 炮四平三？马 6 进 7
25. 车一退四　马 7 进 8
26. 兵五进一　卒 1 进 1！
27. 炮三进一　卒 1 进 1
28. 车九平六　卒 1 平 2
29. 车一进三　马 8 退 9
30. 炮三平一　炮 9 进 3
31. 车一进一　炮 1 平 9
32. 车一平二　车 8 进 2
33. 马三进二　车 2 平 8
34. 马二退一？（图 2）卒 2 平 3

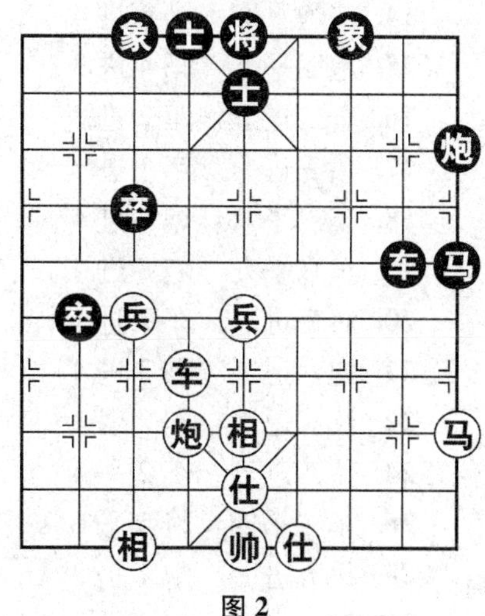

图 2

35. 马一退三　车 8 平 7
36. 马三进二　马 9 进 8
37. 车六平二　前卒平 4
38. 炮六平七　象 3 进 5
39. 车二进一　卒 3 进 1
40. 兵五进一　卒 3 进 1
41. 相五进七　卒 4 平 3
42. 兵五进一　卒 3 进 1
43. 炮七平五　车 7 平 5
44. 兵五平四　炮 9 进 7
45. 车二退四　炮 9 退 3
46. 炮五平一　炮 9 平 5
47. 仕五退六　卒 3 进 1
48. 炮一进七　士 5 退 6

49. 兵四进一　士4进5
50. 兵四进一　卒3进1
51. 车二进九　将5平4
52. 兵四平五　卒3平4
53. 车二退七　车5平4
54. 车二进六　炮5退5!

第149局　郑一泓胜刘立山

（2012年重庆长寿首届健康杯象棋公开赛）

1. 兵七进一　炮2平3
2. 仕六进五　马2进1
3. 炮八平五　马8进7
4. 马八进七　车1平2
5. 马七进六　象7进5
6. 马六进五　马7进5
7. 炮五进四　士6进5
8. 炮二平六　车9平6
9. 马二进三　车6进3
10. 炮五退二　马1退3!（图1）

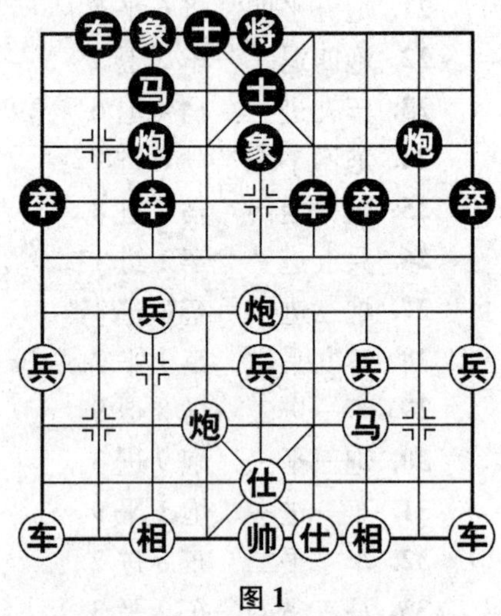

图1

11. 车一平二　炮3平1
12. 相七进五　马3进4
13. 炮五平六　马4进6
14. 前炮平四　马6进4
15. 炮四平五　马4进3
16. 车二进五　车2进8
17. 兵三进一　卒1进1
18. 车二平六　炮1进4
19. 车六平九　炮8进4
20. 后车进二　车2进1
21. 炮六退二　马3进4
22. 仕五退六　车2退1?
23. 前车平二　炮8平7
24. 仕四进五　车2平4
25. 车二进四　车6退3
26. 车二平四　将5平6
27. 炮五进二　卒9进1
28. 兵五进一　炮1平3
29. 车九平七　炮3平2
30. 车七平八　炮2平3
31. 车八退二　车4退4
32. 车八平七　车4进2
33. 兵五进一　炮7平8
34. 仕五退四　车4平6
35. 仕六进五　车6平7
36. 马三进五!炮8平5
37. 车七进三　炮5平4
38. 炮五平四　车7平5
39. 兵五平六　车5平6
40. 炮四平五　炮4平5
41. 帅五平六　车6平9

42. 兵六进一　卒9进1
43. 车七平六　炮5退1
44. 车六进一　炮5退1
45. 车六平四　将6平5
46. 兵六平七　车9平4
47. 帅六平五　车4平2
48. 帅五平六　炮5平8
49. 车四进一　炮8进4
50. 仕五进六　卒9平8
51. 车四进一　炮8平7
52. 兵三进一　卒7进1
53. 车四平二　将5平6?
54. 车二进三　将6进1
55. 车二退五　车2进3
56. 帅六进一　车2退1
57. 帅六退一　车2进1
58. 帅六进一　车2平6
59. 车二进四　将6退1
60. 车二进一　将6进1
61. 炮五平六!（图2）车6退1
62. 帅六退一　车6进1
63. 帅六进一　车6退1
64. 帅六退一　车6退2
65. 炮六进二　士5进6
66. 前兵进一　车6平4
67. 炮六平八　炮7平3
68. 前兵进一　士4进5
69. 前兵进一!士5退4
70. 车二退一　将6退1
71. 前兵平六　车4进1
72. 帅六平五　车4平2
73. 炮八进一

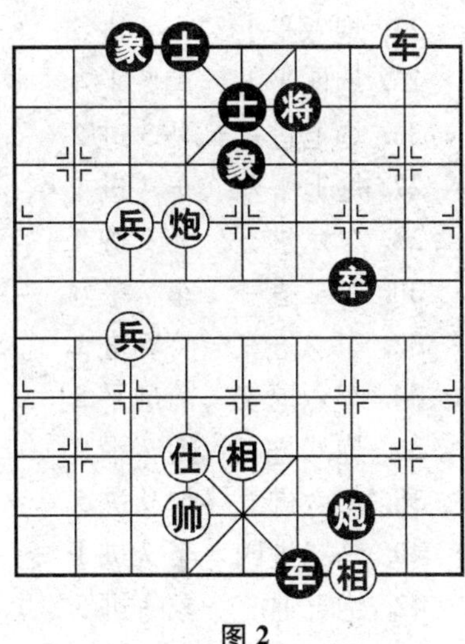

图2

第150局　郑一泓胜李智屏

（2012年伊泰杯全国象棋甲级联赛）

1. 兵七进一　炮2平3
2. 仕六进五　马2进1
3. 炮八平五　象7进5
4. 马八进七　车1平2
5. 马七进六　马8进6
6. 马六进五　炮3退1
7. 马五退四　卒7进1
8. 炮二平四　马6进4
9. 马二进三　炮8平7
10. 车一平二　车9平7
11. 相三进一　卒3进1!（图1）
12. 兵七进一　马4进3
13. 马四进五　马3进4!
14. 炮五平六　炮7进4

15. 相七进五　车2进3?
16. 马五退四　马4退3
17. 马四进六　车2平5
18. 车九平六　士6进5
19. 兵九进一　马3进2
20. 炮六平八　马2退3
21. 车二进四　士5进4
22. 车二退一　炮3平7
23. 相五进七！马1退3
24. 炮八平七　士4进5
25. 炮四平五　车5平4
26. 炮七进三?马3进2
27. 炮七平八　车4进1
28. 车六进五　马2进4

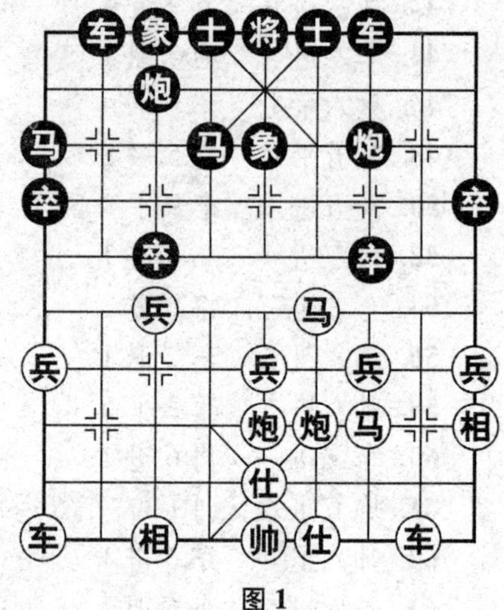
图1

29. 炮八进四　士5退4
30. 车二进一　车7平6
31. 车二平六　马4进6
32. 车六进三　将5进1
33. 炮八退七　车6进3
34. 车六退三　前炮平8！
35. 马三退二　卒7进1?
36. 炮八进三　炮7平9
37. 炮八平五　象5进3
38. 车六进五　炮9进5
39. 兵五进一　车6平2
40. 马二进四　卒7进1
41. 车六平四　马6进5
42. 炮五退三　象3进5
43. 车四平二　车2进3
44. 兵五进一　卒7进1
45. 车二退一　将5退1
46. 车二进一　将5进1
47. 车二退一　将5退1
48. 车二进一　将5进1
49. 兵五进一　将5平6
50. 兵五平四　车2平6
51. 兵四进一！（图2）车6退4
52. 车二退六　车6进6
53. 车二平一　车6退5
54. 车一平三　卒7平8
55. 相一退三　卒8进1
56. 炮五平九　卒9进1

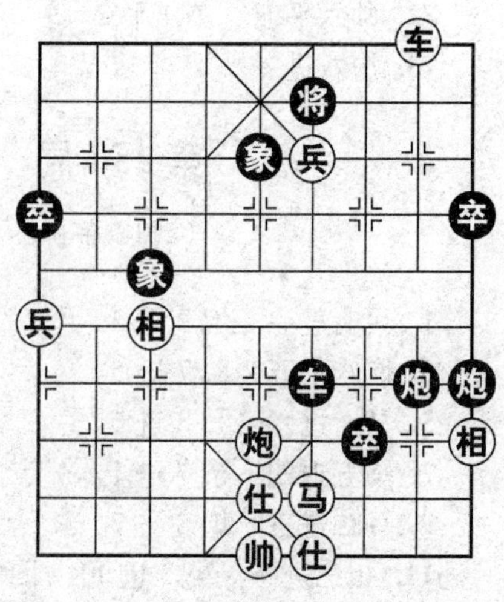
图2

57. 炮九退一　车6平8
58. 车三平一　车8进2
59. 相三进五　卒9进1
60. 车一平四　将6平5
61. 车四进三　卒9进1
62. 炮九进五　卒8平7
63. 兵九进一　卒9平8
64. 兵九平八　卒8进1
65. 炮九平五　将5平4
66. 兵八进一　车8进1
67. 车四退一　象5退7
68. 兵八平七　车8平2
69. 相五退七　车2平5
70. 炮五平六　卒8进1
71. 相七退五　车5退3
72. 车四平七　将4平5
73. 炮六退六　卒7平6
74. 兵七进一

第151局　谢卓淼胜黄丹青

（2010年楠溪江杯全国象棋甲级联赛）

1. 兵七进一　炮2平3
2. 仕六进五　卒7进1
3. 炮八平五　炮8平5
4. 马八进七　马8进7
5. 马二进三　车9平8
6. 马七进六　炮3进3
7. 车一平二　卒3进1?（图1）

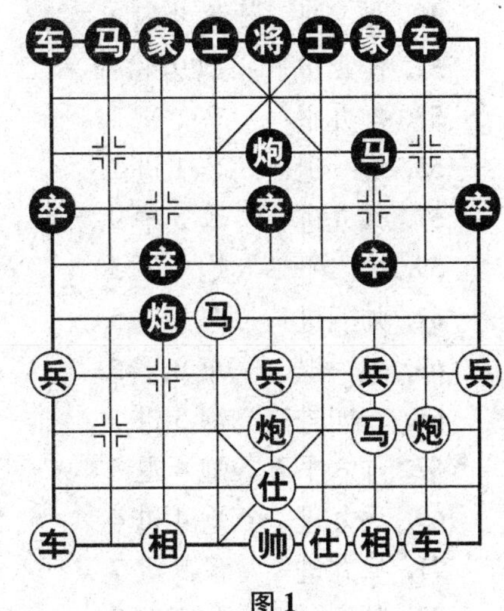

图1

8. 马六进五　马7进5
9. 炮五进四　士4进5
10. 炮二进五? 马2进3
11. 炮二平七　车8进9
12. 马三退二　炮3退3
13. 车九平八　象3进1
14. 相七进五　车1平4
15. 马二进三　车4进3
16. 炮五退二　车4平5?
17. 车八进九　炮3退2
18. 炮五平九! 车5平3
19. 炮九进三　士5退4
20. 兵五进一　卒3进1
21. 兵五进一　卒3进1
22. 车八退五　卒3进1
23. 炮九进二　将5进1
24. 兵三进一!（图2）卒7进1
25. 车八平三　卒3进1
26. 车三平六　车3平2
27. 马三进四　车2进5
28. 车六平七　车2进1
29. 仕五退六　卒3平4

30. 仕四进五　炮 3 平 2
31. 马四进二　车 2 退 7
32. 马二进四　炮 5 平 6
33. 车七进五　将 5 平 6
34. 马四进二　将 6 平 5
35. 车七平六　炮 6 进 6
36. 车六平五　将 5 平 4
37. 车五平六　将 4 平 5
38. 车六平五　将 5 平 4
39. 马二进四　车 2 平 6
40. 车五平八　炮 6 退 7
41. 车八退六　象 7 进 9
42. 车八平六　车 6 平 4

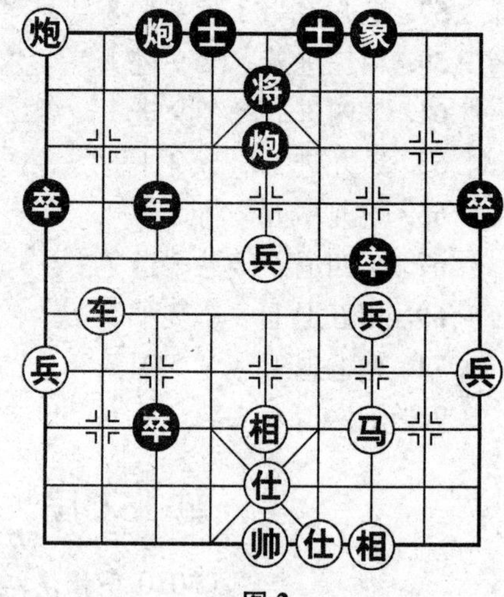

图 2

43. 兵五平六　炮 6 进 7　　44. 兵六进一　车 4 平 5
45. 兵六平五　车 5 平 4　　46. 兵五平六　车 4 平 5
47. 仕五进四　炮 6 平 9　　48. 车六退二　炮 9 进 1
49. 相三进一　炮 9 退 3　　50. 车六进二　炮 9 退 2
51. 仕六进五　炮 9 平 7　　52. 车六平四　士 6 进 5
53. 炮九平一　卒 1 进 1　　54. 炮一退三　车 5 进 5
55. 炮一退一　卒 1 进 1　　56. 兵九进一　车 5 退 2
57. 兵九进一　车 5 平 9　　58. 炮一平二　车 9 平 8
59. 炮二平一　炮 7 平 5　　60. 仕五进六　车 8 进 4
61. 帅五进一　车 8 退 5　　62. 炮一退一　车 8 进 1
63. 炮一退一　车 8 平 5　　64. 帅五平六　车 5 平 4
65. 车四进三　炮 5 进 2　　66. 车四平五　炮 5 平 4
67. 帅六平五　炮 4 退 3　　68. 车五进二　将 4 退 1
69. 兵九进一　炮 4 进 4　　70. 兵九进一　车 4 退 3
71. 兵九进一　象 9 进 7　　72. 车五平三　车 4 平 5
73. 帅五平四　象 7 退 9　　74. 车三平四　将 4 平 5
75. 仕四退五　车 5 进 6　　76. 帅四退一　车 5 进 1
77. 帅四进一　炮 4 平 8　　78. 兵九平八　炮 8 进 2
79. 车四进一　将 5 进 1　　80. 炮一平九!

第六章　炮二进二

第152局　陶汉明负胡荣华

（1993年象棋棋王挑战赛）

1. 兵七进一　炮2平3
2. 炮二进二（图1）卒7进1
3. 马八进七　马8进7
4. 马七进六　车9进1
5. 马二进三　象3进5
6. 炮八平五　车9平6
7. 相三进一　马2进4
8. 车九平八　车1平2
9. 车八进九　马4退2
10. 仕四进五　卒3进1
11. 相七进九　卒3进1
12. 炮二平七　车6平4!
13. 马六进五　马7进5
14. 炮五进四　士4进5

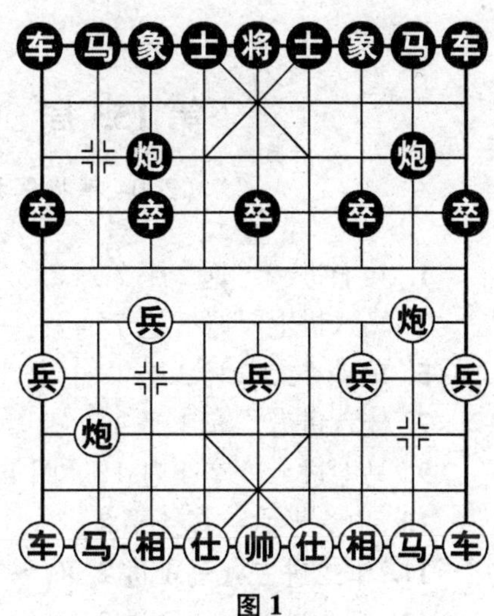

图1

15. 车一平二　车4进2
16. 炮五退二　炮8平7
17. 相一退三　炮3平2
18. 车二进五　车4进2
19. 相三进五？卒7进1!
20. 兵三进一　炮7进5
21. 车二平八　马2进4
22. 炮七进四　车4退3
23. 相九退七　车4平3
24. 兵一进一　炮7平8
25. 兵三进一　炮8退5
26. 炮七平九　车3进4
27. 炮九进一　马4进5
28. 兵三进一　马5进3
29. 炮五平三　士5进4!
30. 兵三进一　炮8进7
31. 炮三进二　车3平5

32. 仕五进六　炮 8 退 5
33. 车八进一　车 5 退 3！（图 2）
34. 车八平五　马 3 退 5
35. 炮三平九　马 5 退 7
36. 兵九进一　炮 2 退 1
37. 兵九进一　象 5 进 3
38. 后炮平三　马 7 进 5
39. 炮三退五　马 5 进 6
40. 兵九进一　马 6 进 8
41. 炮三平五　象 7 进 5
42. 兵九平八　炮 2 平 1
43. 炮五平四　马 8 进 7

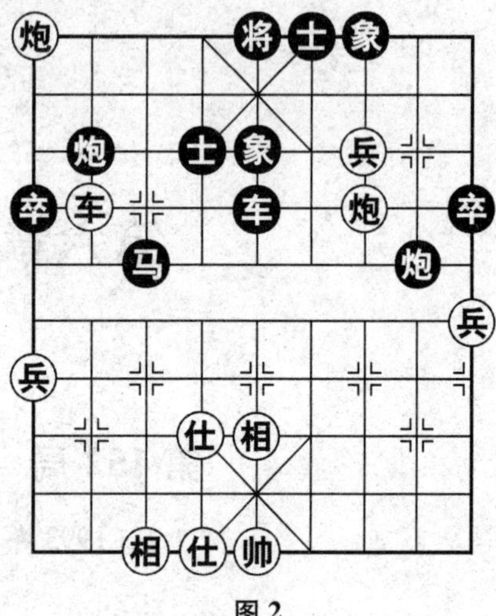
图 2

第 153 局　庄玉庭胜胡庆阳

（2004 年将军杯全国象棋甲级联赛）

1. 兵七进一　炮 2 平 3
2. 炮二进二　炮 8 平 5
3. 马八进七　马 8 进 7
4. 马二进三　车 9 平 8
5. 车一平二　马 2 进 1
6. 相七进五　车 1 进 1
7. 仕六进五　车 1 平 4
8. 兵三进一　车 8 进 4
9. 马七进六　卒 1 进 1？（图 1）
10. 炮八平六　车 4 平 2
11. 车二进三　马 1 进 2
12. 马六进七　车 2 进 2
13. 马七进五　象 3 进 5
14. 车九平八　车 2 平 4
15. 兵五进一！车 4 进 1
16. 车八进三　炮 3 平 1
17. 炮六平九！马 2 进 1
18. 车二平四　炮 1 平 4？
19. 车八进四！马 1 进 3
20. 车四平七　士 6 进 5
21. 车七退一　车 4 进 2

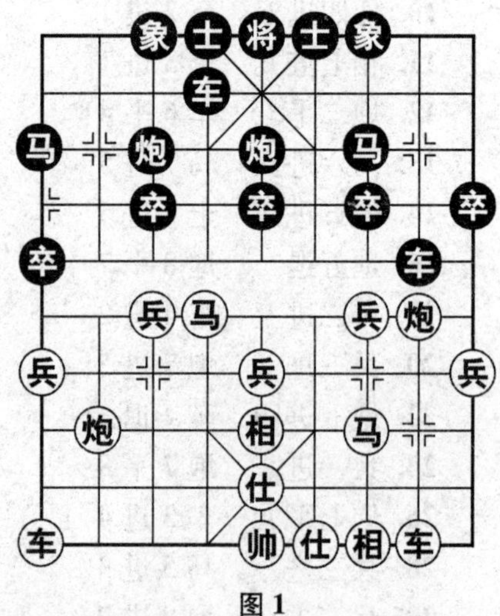
图 1

22. 车七平八　车4平7
23. 后车进一　炮4进4
24. 前车退二！（图2）车8进1
25. 后车平六　车8平7
26. 车六平三　车7进1
27. 车八平九　卒7进1
28. 兵五进一　卒5进1
29. 车九平五　马7进8
30. 马三进五　车7平9
31. 炮九进一

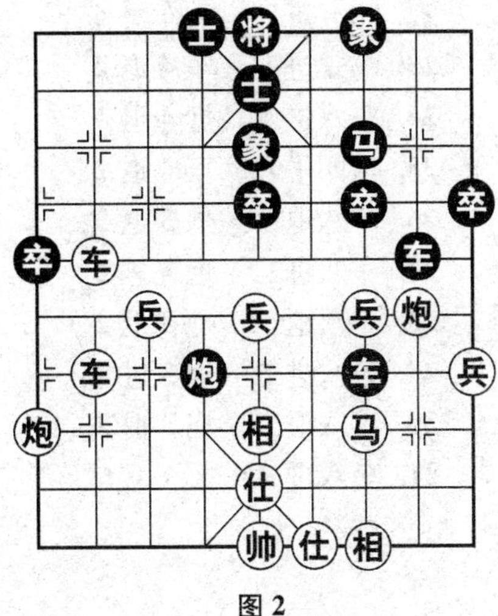
图2

第154局　李来群和徐天红

（2007年第六届嘉周杯象棋特级大师冠军赛）

1. 兵七进一　炮2平3
2. 炮二进二　卒7进1
3. 马八进七　马8进7
4. 马七进六　车9进1
5. 炮八平六　车9平2
6. 马二进三　象3进5
7. 相三进五　炮8退1
8. 仕四进五　炮8平6?（图1）
9. 车九进二　炮6平3
10. 车一平四　车2进3
11. 炮六进七！马2进4
12. 炮六平四　马4退6
13. 车四进八　后炮平5
14. 炮二平四！车1平4

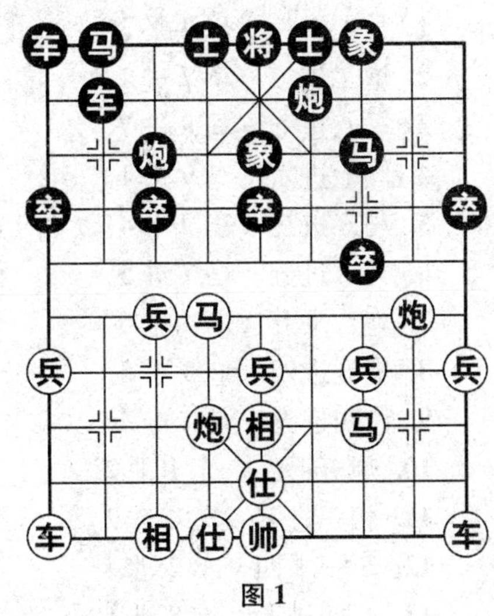
图1

15. 兵七进一！车2平3
16. 炮四进五　车4进5
17. 车九平八　炮5平4
18. 车八进五　车4退3
19. 兵一进一　车3平4
20. 相七进九　象5进3！（图2）
21. 兵三进一　卒7进1

22. 相五进三　后车平 5
23. 马三进四　车 4 退 2
24. 车八进二　炮 4 退 1
25. 炮四平六　车 4 退 2
26. 车八退二　炮 3 退 2
27. 车八进二　炮 3 进 2
28. 车八退二　炮 3 退 2
29. 车八进二　炮 3 进 2
30. 车八退二　炮 3 退 2
31. 车八进二

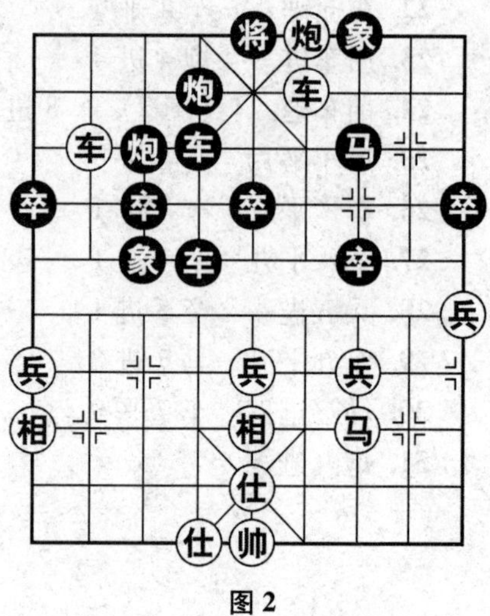

图 2

第 155 局　陶汉明胜陆玉江

（1993 年全国象棋团体赛）

1. 兵七进一　炮 2 平 3
2. 炮二进二　卒 7 进 1
3. 马八进七　马 8 进 7
4. 马七进六　车 9 进 1
5. 马二进三　车 9 平 4！（图 1）
6. 马六进五　马 7 进 5
7. 炮八平五　士 4 进 5
8. 炮五进四　炮 3 平 5
9. 仕四进五　马 2 进 3
10. 炮五退二　车 1 平 2
11. 相三进五　车 4 进 2
12. 车一平四　车 2 进 4
13. 车四进七　炮 8 进 1？
14. 车四平三！车 4 平 5

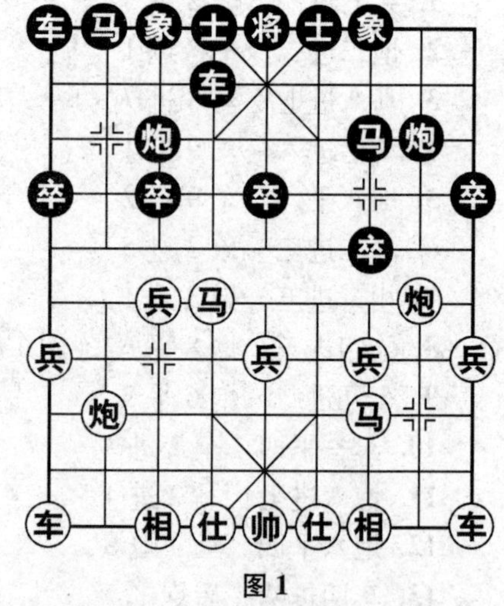

图 1

15. 车三进二　炮 5 进 3
16. 兵五进一　象 3 进 5
17. 车三平二　炮 8 平 7
18. 炮二进三！马 3 退 4
19. 炮二平一　车 5 进 2
20. 炮一进二　炮 7 退 3
21. 车二退一　马 4 进 3

22. 兵九进一　车2进2
23. 兵九进一　车2平7
24. 兵九进一！（图2）车7进1
25. 兵九平八　车5平6
26. 兵八平七　车6进3
27. 仕五退四　车6平4
28. 前兵进一　车7平5
29. 仕四进五　象5退3
30. 车九进八　车5退5
31. 前兵进一　车5平4
32. 车二平四　后车平6
33. 车四平三　炮7平8
34. 前兵进一！

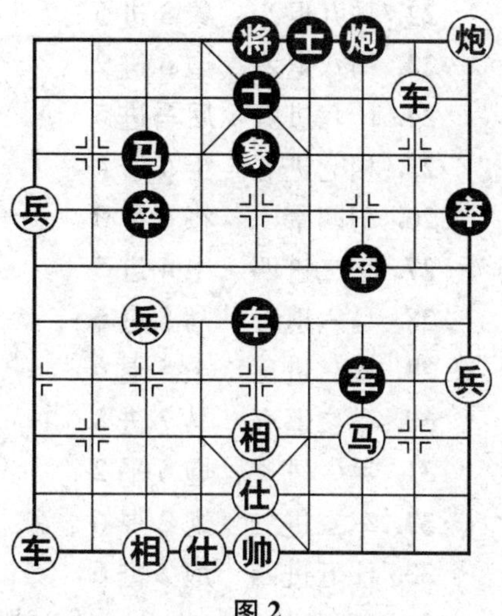
图2

第156局　阎文清胜曾东平

（1990年全国象棋团体赛）

1. 兵七进一　炮2平3
2. 炮二进二　炮8平5
3. 马二进三　卒3进1?（图1）
4. 马八进九　卒3进1
5. 兵三进一　炮5进4?
6. 马三进五　炮3平5
7. 炮八平五　炮5进4
8. 炮五进四！车9进1
9. 炮二平七　炮5退2
10. 车一平二　车9平4
11. 车二进五　卒7进1
12. 车二平三　车4进3
13. 马九进七！象7进9
14. 炮七进三?马2进3

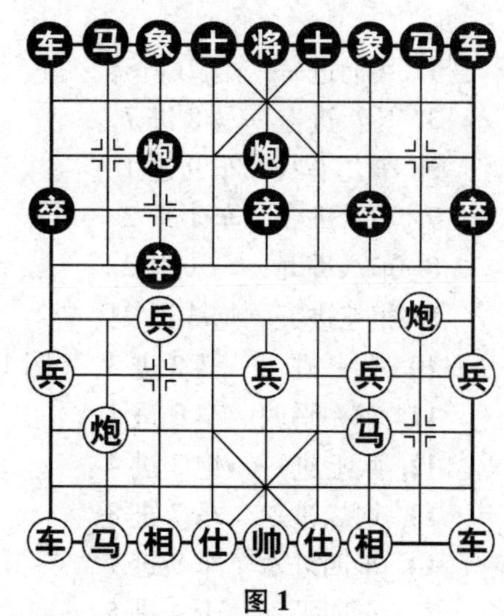
图1

15. 马七进六　象9进7
16. 马六进五　士6进5?
17. 马五进七　将5平6
18. 马七进九　马3进5
19. 车九进二　马8进7
20. 车九平四　炮5平6
21. 兵三进一　马5进7

22. 马九退八　象 3 进 5
23. 马八退六　炮 6 进 2
24. 仕六进五　后马进 5
25. 相七进五　士 5 进 4
26. 车四平二　将 6 平 5
27. 车二进四　士 4 进 5
28. 马六退五　马 5 进 6
29. 车二进三　士 5 退 6
30. 车二退五　马 7 进 8
31. 兵一进一　炮 6 平 2
32. 车二进二　炮 2 退 6
33. 仕五进四　炮 2 进 6
34. 相五进三！（图 2）马 8 进 7
35. 帅五进一　炮 2 平 9
36. 车二退五

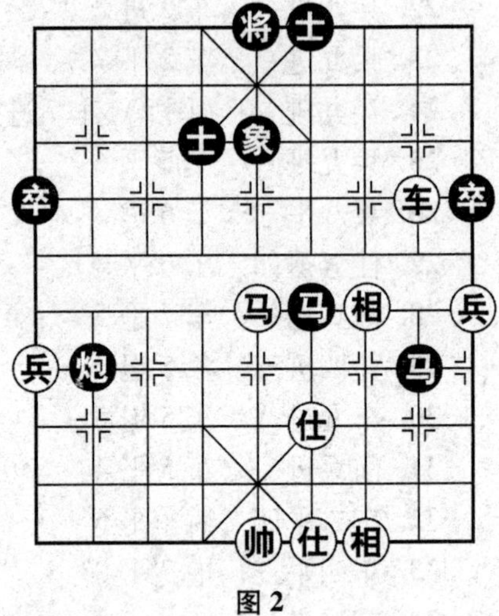
图 2

第 157 局　李来群胜柳大华

（1992 年全国象棋团体赛）

1. 兵七进一　炮 2 平 3
2. 炮二进二　象 3 进 5
3. 马八进七　马 8 进 7
4. 马七进六　卒 7 进 1
5. 车九平八　车 9 进 1
6. 炮八平六　马 2 进 1
7. 马二进三　车 1 平 2
8. 车八进九　马 1 退 2
9. 相三进五　炮 3 退 2！
10. 车一进一　马 2 进 3？（图 1）
11. 车一平四　卒 3 进 1
12. 兵七进一　炮 3 进 4
13. 炮二进二　马 7 进 8？
14. 车四进六　车 9 进 1
15. 车四平三！士 4 进 5
16. 兵三进一　炮 8 退 2？
17. 车三平一　象 7 进 9
18. 兵三进一　象 5 进 7
19. 马三进四　象 7 退 5

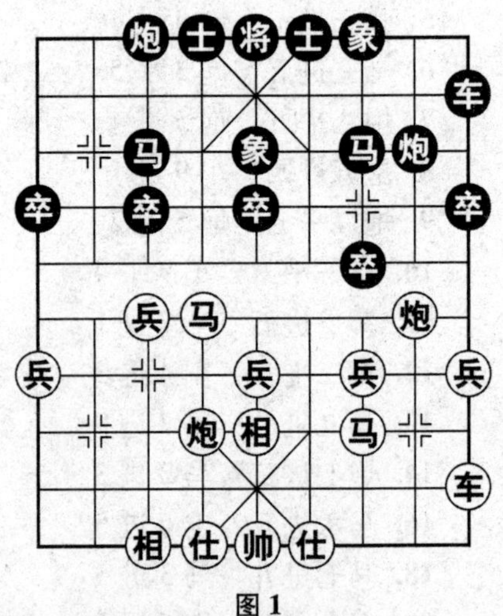
图 1

20. 马四进五　马3进5　**21.** 马六进五　炮3进2
22. 马五进三　炮8进2　**23.** 马三退四　象9退7
24. 兵一进一　卒1进1　**25.** 炮二平八　马8进7
26. 马四进六　炮8退1　**27.** 炮六平九　马7退9
28. 炮九进三　马9退7　**29.** 仕四进五　士5进4
30. 炮九平五　将5平4　**31.** 马六退七　炮3平4
32. 炮八平六　炮8平4　**33.** 炮六平四　前炮退1
34. 马七进八　士6进5
35. 兵九进一　前炮平8
36. 炮四平二　象7进9
37. 炮五平四　马7进6
38. 仕五进四　炮8进1
39. 马八退七　炮4平3
40. 仕六进五　象5进3
41. 炮二平七　将4平5
42. 兵九进一　象9退7
43. 炮四退一！（图2）炮8进3
44. 马七进五　马6进8
45. 帅五平四　马8进7
46. 帅四进一　马7退8
47. 帅四退一　马8进7

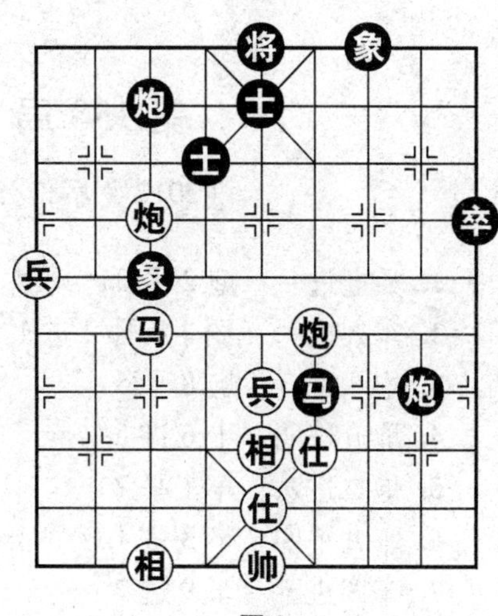

图2

48. 帅四进一　炮8退5
49. 兵九进一　象7进5　**50.** 马五进三　卒9进1
51. 炮七平六　象5进7　**52.** 炮四平五　将5平6
53. 兵九平八　卒9进1　**54.** 兵八进一　炮8进2
55. 帅四退一　炮8进3　**56.** 帅四进一　炮8退3
57. 帅四退一　炮8进3　**58.** 帅四进一　炮3平1
59. 炮六平九　炮8退3　**60.** 帅四退一　炮8进3
61. 帅四进一　马7退8　**62.** 帅四退一　象3退5
63. 兵八进一　炮1进1　**64.** 兵八平七　卒9进1
65. 炮五平八　马8进7　**66.** 帅四进一　马7退8
67. 帅四退一　马8进7　**68.** 帅四进一　炮8退3
69. 帅四退一　炮8进3　**70.** 帅四进一　炮8退9？
71. 马三进二　将6平5　**72.** 炮九平五！

第七章　车九进一

第158局　谢靖胜李翰林

（2012年蔡伦竹海杯象棋精英邀请赛）

1. 兵七进一　炮2平3
2. 车九进一（图1）马2进1
3. 炮八平五　炮8平5
4. 炮五进四　士6进5
5. 炮二进六！车1平2
6. 车九平四　卒3进1
7. 车四进五　车9进2
8. 车一进二　车9平6
9. 车一平四　车2进3
10. 仕四进五　卒3进1
11. 相七进五　卒1进1?
12. 前车平三　车6进5
13. 仕五进四　将5平6
14. 车三进三　将6进1

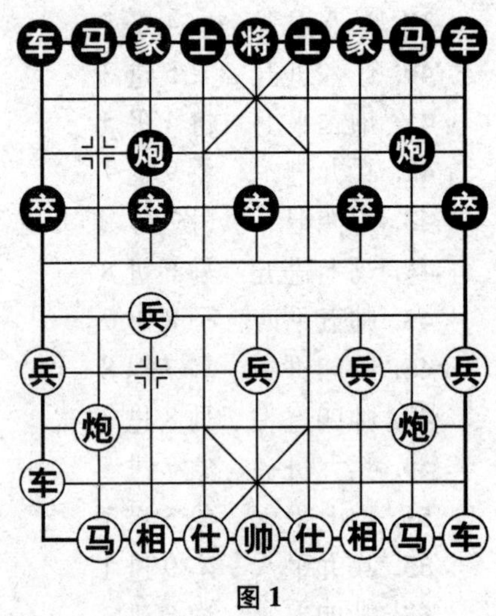

图1

15. 炮五平三　车2进6
16. 车三平二　卒3平4
17. 仕四退五　车2退6
18. 炮三进二　将6进1
19. 炮二退六　车2平5
20. 马二进三　卒4进1
21. 车二退五　炮5进4?
22. 马三进五　卒4平5
23. 炮三进一　卒5进1
24. 车二平四　将6平5
25. 炮三平五　士5退6
26. 仕五进四！（图2）卒5进1
27. 仕六进五　车5平8
28. 车四平五　将5平6
29. 车五平四　将6平5
30. 车四平五　将5平6
31. 车五平四　将6平5

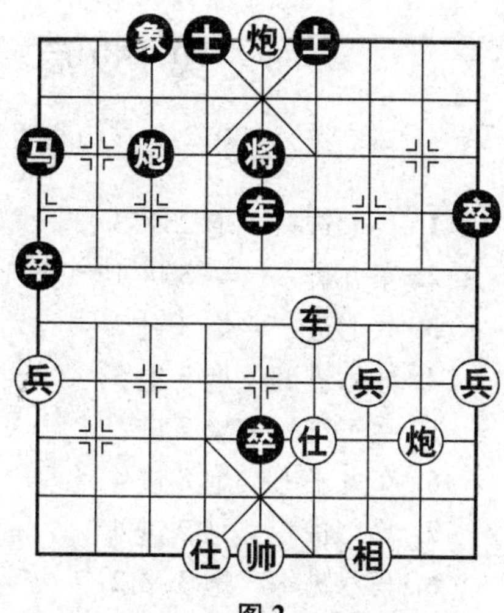

图 2

32. 车四平五　将 5 平 6
33. 炮二平一　炮 3 平 5
34. 炮一退一　将 6 退 1
35. 炮一平四　将 6 平 5
36. 炮五退二　象 3 进 5
37. 炮四进八　车 8 平 6
38. 炮四平二　马 1 进 2
39. 车五平八　马 2 退 4
40. 车八退一　车 6 平 8
41. 炮二平四　车 8 平 6
42. 炮四平二　车 6 平 7
43. 炮二退五　马 4 进 6
44. 炮二平五　象 5 退 7
45. 炮五平四　车 7 平 5
46. 兵三进一　车 5 进 2
47. 车八平四　象 7 进 5
48. 相三进一　将 5 退 1
49. 帅五平四　士 4 进 5
50. 仕五进六　士 5 进 4
51. 仕四退五　士 4 退 5
52. 帅四平五　士 5 进 4
53. 兵一进一　士 4 退 5
54. 帅五平四　士 5 进 4
55. 帅四平五　士 4 退 5
56. 帅五平四　士 5 进 4
57. 帅四平五　士 4 退 5
58. 帅五平六　车 5 平 3
59. 帅六平五　车 3 平 5
60. 帅五平四　士 5 进 4
61. 兵三进一　象 5 进 7
62. 炮四平三　马 6 进 4
63. 车四平六　马 4 退 5
64. 车六进四　车 5 进 1
65. 车六退二　象 7 退 5
66. 车六平九　马 5 进 7
67. 帅四平五　马 7 进 9
68. 炮三退四　马 9 进 8
69. 炮三平四　马 8 退 6
70. 帅五平六　车 5 平 4
71. 帅六进一　卒 9 进 1
72. 炮四平五　卒 9 进 1
73. 车九进四　将 5 进 1
74. 车九退一　将 5 退 1
75. 车九进一　将 5 进 1
76. 车九退一　将 5 退 1
77. 车九退一！马 6 进 7
78. 车九平五　将 5 平 4
79. 炮五平四　卒 9 进 1
80. 兵九进一　卒 9 进 1
81. 兵九进一　卒 9 平 8
82. 兵九平八　卒 8 进 1
83. 兵八平七　马 7 退 6
84. 兵七进一　卒 8 平 7
85. 兵七进一

第159局　陈富杰胜苗永鹏

（2012年广西柳州国安·丰尊杯象棋公开赛）

1. 兵七进一　炮2平3
2. 车九进一　卒3进1？（图1）
3. 兵七进一　炮3进7
4. 仕六进五　炮3退3
5. 兵三进一　象3进5
6. 车九平七　炮8进4
7. 马二进三　马2进4
8. 马八进六　炮3平2
9. 兵七平六　马8进7
10. 马三进四　车9进1
11. 炮二平四　炮8进2
12. 炮四退一　车9平8
13. 车七进七！炮2退1
14. 兵六进一　士4进5
15. 马四进六　炮2平4
16. 前马进四　炮8退4
17. 马六进七　炮8平9
18. 车一平二！（图2）车8进8
19. 马四进三　将5平4
20. 马七进八　马4进3
21. 马八进七　车1进2
22. 车七进一　将4进1
23. 炮四进七　士5进4
24. 兵六进一　将4进1
25. 炮八平六

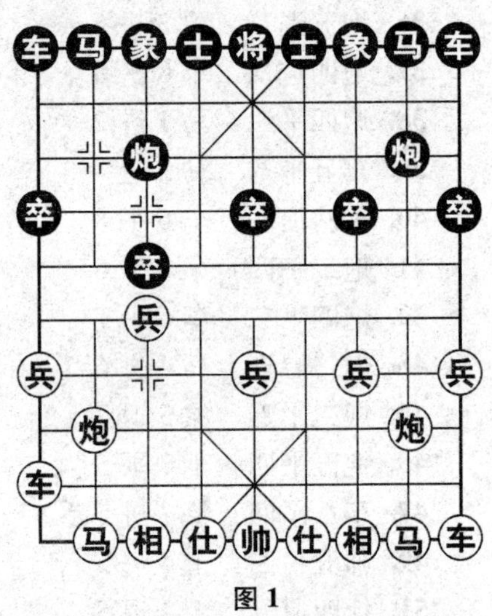

图1

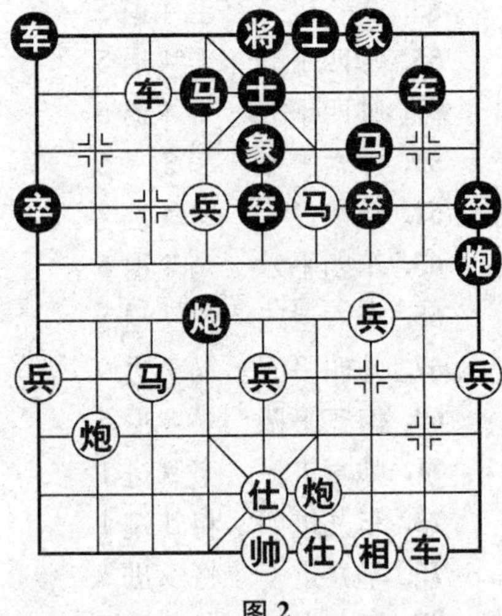

图2

第160局　张子明胜苗利明

（2014年河北省沧州市第三届柳钢杯象棋公开赛）

1. 兵七进一　炮2平3
2. 车九进一　马2进1
3. 炮八平五　炮8平5
4. 炮五进四　士6进5
5. 炮二进六　炮3退1
6. 车九平二！车1平2
7. 车一进二　车2进9？（图1）

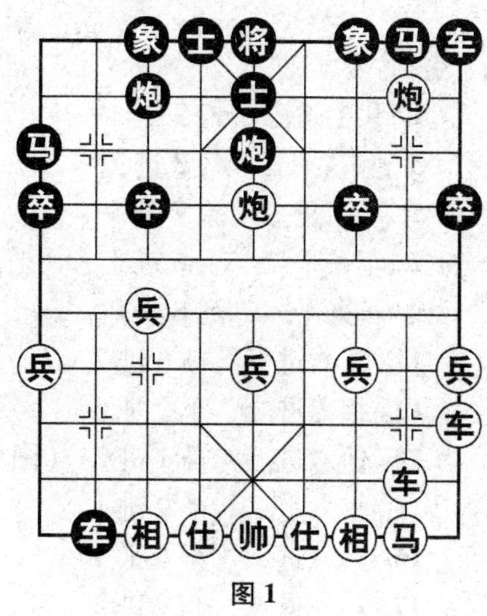

图1

8. 车一平四　炮3平8
9. 车二进七　马1退2
10. 车四进四　马2进3
11. 炮五退二　车2退5
12. 相三进五　车2平5
13. 炮五平一！炮5平9
14. 炮一平二　炮9平6
15. 车四平三　象3进5
16. 车三平七　马3进5
17. 炮二进五　士5退6
18. 车二退二　马5退7
19. 炮二退一　马7进6
20. 车二平四　士6进5
21. 兵五进一　车5平4
22. 兵七进一！（图2）象5进3

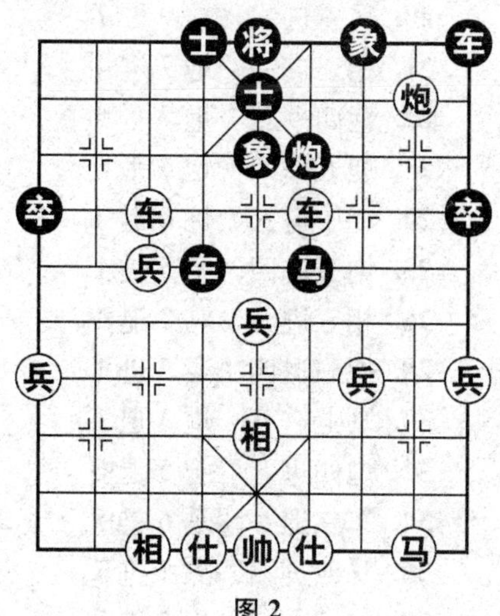

图2

23. 炮二退三　马6进4
24. 炮二平五　象3退5
25. 车七退二　炮6退2
26. 马二进三　车9平8
27. 马三进五　车8进6
28. 马五进三　车8平7
29. 马三进二　车7退4
30. 兵九进一　卒9进1
31. 仕六进五　车7平8
32. 马二退三　车8平7
33. 马三进一　炮6进2
34. 马一退三　将5平6

35. 兵一进一　车7进2　　36. 兵一进一　车4退2
37. 兵一进一　炮6退1　　38. 兵一平二　象5进3
39. 车四平三　车7退1　　40. 兵二平三　象3退5
41. 马三进四　车4进1　　42. 炮五平六！

第161局　陈富杰胜梅兴宙

（2012年义乌凌鹰·华瑞杯象棋年度总决赛）

1. 兵七进一　炮2平3　　2. 车九进一　马2进1
3. 炮八平五　马8进7　　4. 马八进七　车1平2
5. 马二进一　象7进5　　6. 炮二平四　车9平8
7. 车一平二　士6进5　　8. 车二进六　车2进4
9. 车九平六　炮8平9　　10. 车二进三　马7退8
11. 车六进三　马8进7　　12. 兵一进一　卒1进1
13. 相七进九　车2平6
14. 仕六进五　马1进2！（图1）
15. 车六平二　卒9进1
16. 兵一进一　车6平9
17. 马一退三　车9进2
18. 马三进二　炮9退2？
19. 兵三进一　卒7进1
20. 兵三进一　炮9平7
21. 相三进一　炮7进4
22. 炮四平三　炮7平5
23. 炮五平四　炮5平6
24. 相一退三　炮6退4
25. 炮三进四　卒5进1

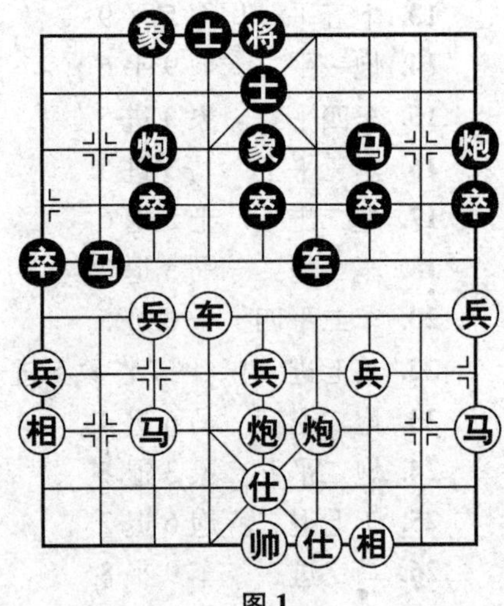
图1

26. 相三进五　马2退4　　27. 车二进四　车9退3
28. 炮三退四　卒5进1　　29. 兵五进一　马4进5
30. 马七进五　炮3退1　　31. 车二退四　马5退6
32. 炮四进七　士5退6　　33. 马二进四　炮3平5
34. 车二退一　马6进5　　35. 马五进三　马7进5
36. 马四进三　象5进7　　37. 后马进五　车9进4？（图2）
38. 炮三平二　炮5进3　　39. 马三退五　象7退5

40. 马五进七　后马进7
41. 相五进三　车9退4
42. 炮二平七　士4进5
43. 相九退七　车9平4
44. 马七退九　车4进5
45. 炮七平一　车4退5
46. 马九退八　车4平1
47. 马八进六　车1平4
48. 马六退七

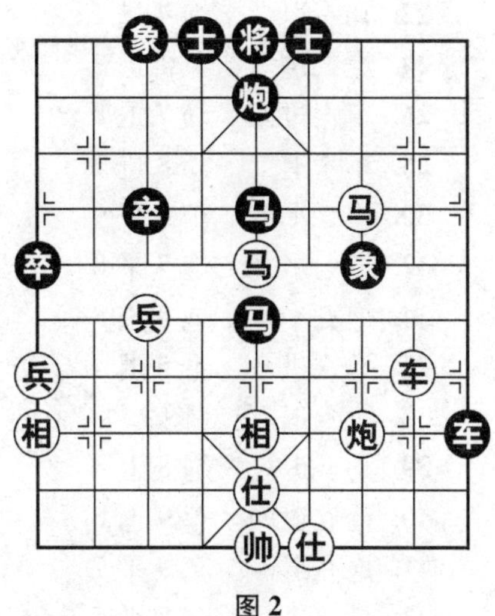
图2

第162局　陈富杰胜李鸿嘉

（2012年广东象棋精英俱乐部邀请赛）

1. 兵七进一　炮2平3
2. 车九进一　卒7进1
3. 炮八平五　马8进7
4. 兵三进一！（图1）卒7进1
5. 车九平三　象7进5
6. 车三进三　炮8退2
7. 马二进一　车1进1
8. 马八进七　车1平6
9. 马七进六　车6进2
10. 炮五平八　炮8平7
11. 车三平二　车9进1
12. 相三进五　车9平2
13. 仕四进五　车2进3
14. 马六进七　马2进1

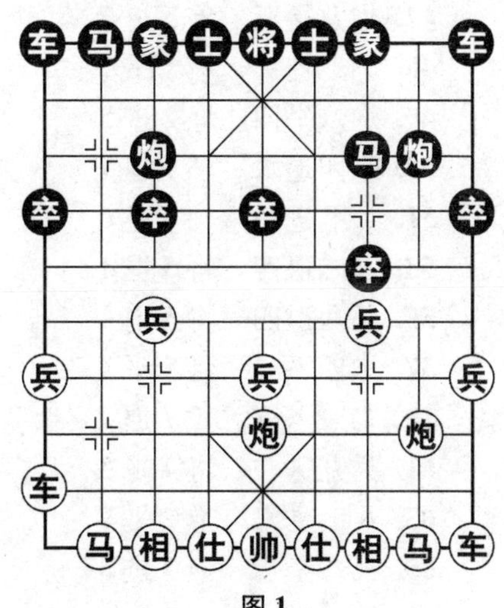
图1

15. 马七进九　象3进1
16. 炮八平七　炮3平4
17. 车一平四　车6进6
18. 仕五退四　士4进5
19. 兵一进一　卒9进1
20. 兵一进一　车2平9
21. 炮二退一　炮4进5

22. 马一退二　炮 4 进 1
23. 车二平六　炮 4 平 2
24. 炮二进六　象 1 退 3
25. 马二进三　车 9 平 5
26. 车六进四　马 7 退 8
27. 炮二退六　炮 7 进 1
28. 车六退二　马 8 进 7
29. 兵五进一　车 5 进 1
30. 炮二平五　车 5 平 9
31. 马三进五　炮 2 退 7?
32. 炮七平九　炮 7 平 8
33. 炮九进四　炮 2 平 1
34. 炮五平八　炮 8 进 8
35. 仕四进五　车 9 进 4?
36. 炮八进八　士 5 退 4
37. 车六进三　将 5 进 1
38. 车六退五!（图 2）卒 5 进 1

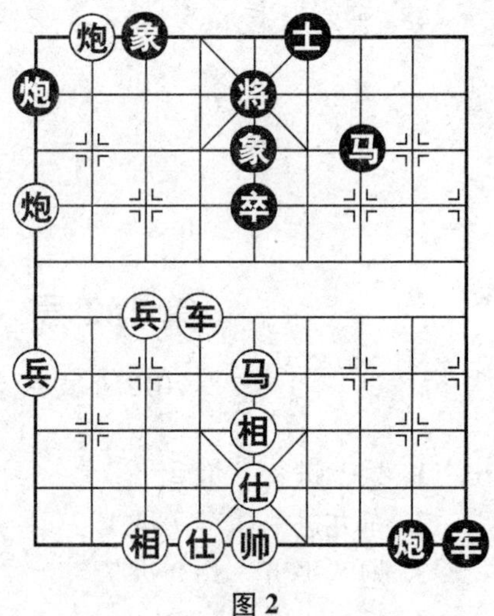

图 2

39. 马五退三　炮 8 退 8
40. 仕五退四　车 9 退 6
41. 炮九退一　车 9 平 7
42. 马三进二　车 7 平 5
43. 车六平三　马 7 进 9
44. 车三进二　车 5 平 7
45. 马二进三　炮 8 进 8
46. 仕四进五　卒 5 进 1
47. 炮九平五　象 5 进 7
48. 马三退一　炮 1 平 2
49. 炮八平四　炮 2 进 5
50. 炮四退六　马 9 退 7
51. 兵七进一　马 7 进 6
52. 马一进二　炮 2 进 3
53. 马二退四　将 5 退 1
54. 马四进六　将 5 进 1
55. 马六退四　将 5 退 1
56. 马四进三　将 5 进 1
57. 炮四平二　将 5 平 4
58. 兵七进一　马 6 退 5
59. 马三退五　象 7 退 5
60. 兵九进一　象 5 进 7
61. 兵九进一　将 4 平 5
62. 兵九平八　炮 2 退 3
63. 兵七平六　炮 2 平 7
64. 帅五平四　卒 5 平 6
65. 兵八平七　炮 7 进 3
66. 帅四进一　卒 6 进 1
67. 炮二进一　炮 7 退 4
68. 帅四退一　炮 7 进 4
69. 帅四进一　炮 7 退 4
70. 帅四退一　炮 7 平 6
71. 帅四平五　卒 6 平 7
72. 兵六平五　将 5 平 6
73. 兵五平四　卒 7 进 1
74. 炮五退二　炮 6 进 1
75. 仕五进六　卒 7 进 1
76. 相五进七　将 6 平 5

77. 帅五进一　炮8平6
78. 兵四平三　后炮平7
79. 兵三平四　卒7平6
80. 帅五平四　炮6退6
81. 兵七平六　炮7平6
82. 帅四平五　后炮退3
83. 炮二退二　前炮进1
84. 帅五退一　将5平6
85. 仕六退五　前炮平7
86. 仕五进四　炮7退2
87. 相七进五　炮7进3
88. 仕六进五　炮7平8
89. 相五进三　象7退5
90. 兵六进一　象3进1
91. 仕五进六　炮6平2
92. 炮五退二　象1进3
93. 炮二进一　炮8平6
94. 帅五平四　炮2进8
95. 炮二平七　炮2平3
96. 相七退五　象5退3
97. 炮七平三　炮6平8
98. 炮五平四　将6平5
99. 炮三平二　炮3平4
100. 炮四平五　象3进5
101. 相五进七　将5平4
102. 兵六平七　炮8退1
103. 相三退五　炮8平7
104. 炮二平三　炮7平8
105. 帅四平五　炮8退3
106. 帅五平六　炮8平4
107. 兵七平六　象5进7
108. 炮三平七　后炮进2
109. 帅六平五　前炮平3
110. 相五进三　象7退5
111. 炮五进四　象3退1
112. 相七退九　炮3平4
113. 帅五进一　前炮进1
114. 炮七退二　后炮退2
115. 炮五平二　象1退3
116. 炮二进二！后炮进2
117. 兵六进一　将4平5
118. 相九进七　后炮平3
119. 炮七平六　将5平6
120. 兵六平五　象3进5
121. 炮二退七　炮3进2
122. 帅五进一　炮4平2
123. 仕六退五　炮2退2
124. 仕五退六　炮3退1
125. 帅五退一　炮2平6
126. 炮二平五　象5退3
127. 帅五平四　炮6退5
128. 炮五平四　炮3平4
129. 炮六平七　炮4退7
130. 炮四进七　炮4平6
131. 帅四进一

第八章　马八进七

第163局　陶汉明胜李鸿嘉

（2009年第一届全国智力运动会）

1. 兴七进一　炮2平3
2. 马八进七（图1）卒3进1
3. 马七进六　卒3进1
4. 马六进五　象7进5
5. 炮二进二　马2进1
6. 马五退四　车1平2
7. 炮八平四　马1进3
8. 马二进三　马8进9
9. 相七进五　卒3平4
10. 兵一进一　车2进4
11. 仕六进五　炮8进1
12. 兵三进一　车9进1
13. 炮二退一　车9平2
14. 炮二平一　炮8退2

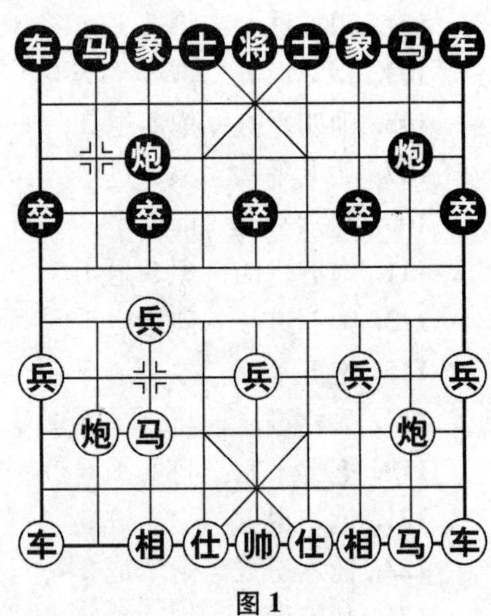

图1

15. 炮一进三　前车进5
16. 车九平八　车2进8
17. 仕五退六　马3进2
18. 车一平二　炮8平1
19. 车二进五　炮1进5
20. 车二平八　炮1进3
21. 马四进六　车2退1
22. 相五退七　马2进3！
23. 马六进七　车2平4
24. 仕四进五　车4平5
25. 帅五平四　车5平4
26. 炮四平五　车4进1
27. 帅四进一　车4平7
28. 炮一平九　车7退1
29. 帅四进一　士6进5
30. 炮九平五　马3退5？
31. 车八退二　马5退7

32. 车八平三　卒7进1
33. 后炮平七　车7退1?（图2）
34. 炮七平三　马9进8
35. 车三进一　卒7进1
36. 帅四退一　马8进6
37. 炮三平七　卒4平3
38. 炮五退二　卒3进1
39. 炮七平九　马6退7
40. 马七退六　卒7平6
41. 炮五进二　卒3进1
42. 炮九进四　马7进5
43. 炮九退一　马5退7
44. 炮五平四　卒6进1

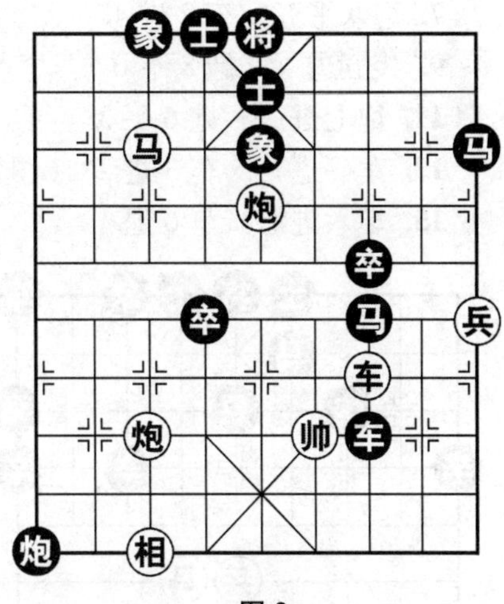

图2

45. 马六进八　马7进8
46. 马八进七　将5平6
47. 马七退六　将6平5
48. 炮九平四　士5进4
49. 后炮平五　象5退7
50. 马六进四　将5进1
51. 马四进三　将5平6
52. 马三退二　将6退1
53. 马二退三　将6进1
54. 马三退四！马8进7
55. 炮五退三　炮1退4
56. 马四进五　卒3平4
57. 马五进六　象3进5
58. 炮五进三　卒4进1
59. 炮五平四　将6平5
60. 前炮平五　将5平6
61. 马六退五　卒4平5
62. 炮五退五　马7退5
63. 帅四进一　马5退7
64. 帅四平五　炮1平9
65. 炮四退一　马7进8
66. 马五进三　将6退1
67. 马三进五　士4进5
68. 马五退四　将6平5
69. 帅五平六　士5进4
70. 马四进五　士4退5
71. 马五进三

第164局　庞才良胜肖革联

（2011年凤岗镇第一季度象棋公开赛）

1. 兵七进一　炮2平3
2. 马八进七　卒3进1
3. 马七进六　卒3进1
4. 马六进五　象3进5
5. 马五退四　马2进4
6. 炮二进二　车1平2

7. 炮八平五　车 2 进 4　　8. 炮二平七　车 2 平 6
9. 兵五进一　炮 8 平 6　　10. 炮五平四　车 6 平 3
11. 炮七进三　炮 6 平 3　　12. 相七进五　马 8 进 9
13. 车一进一　车 3 进 2?（图 1）　　14. 车一平六　车 3 平 6?
15. 车六进七　车 6 退 1　　16. 炮四进七!（图 2）

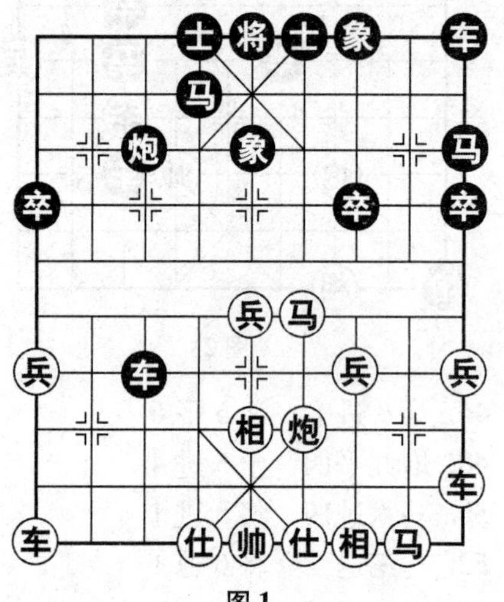
图 1

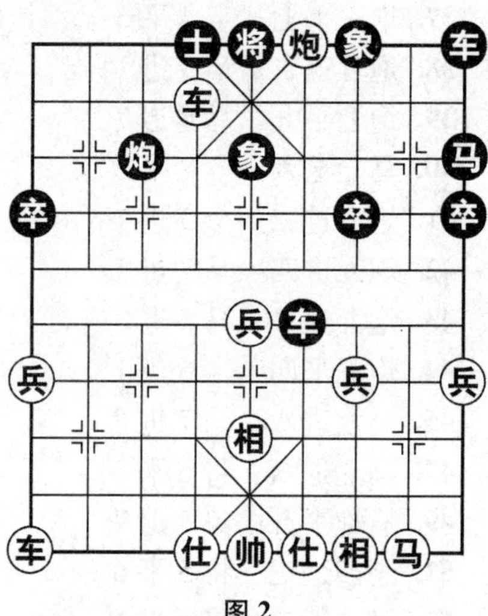
图 2

第 165 局　孟立国胜阎文清

（1988 年全国象棋团体赛）

1. 兵七进一　炮 2 平 3
2. 马八进七　卒 3 进 1
3. 马七进六　卒 3 进 1
4. 马六进五　炮 8 平 5
5. 炮二平五　马 8 进 7
6. 马二进三　车 9 平 8
7. 车一进一　车 8 进 4
8. 车一平六　士 6 进 5
9. 车六进五　马 7 进 5
10. 炮五进四　炮 3 进 2
11. 炮八平五　炮 3 平 7?（图 1）
12. 车九进一!　马 2 进 3

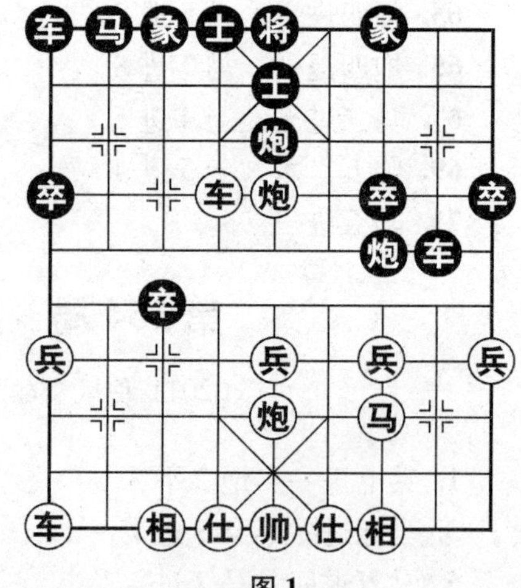
图 1

13. 前炮退一　炮 7 进 3
14. 车九平四　炮 5 进 1
15. 车四进七！（图 2）车 8 退 2
16. 后炮平七　车 8 进 2
17. 炮七平五　车 8 退 2
18. 仕四进五　象 3 进 5
19. 后炮平七　炮 5 进 3
20. 炮七平五　马 3 进 5
21. 车六平五！炮 5 退 3
22. 后炮进四　炮 7 平 6
23. 帅五平四　车 1 进 2
24. 车四退六

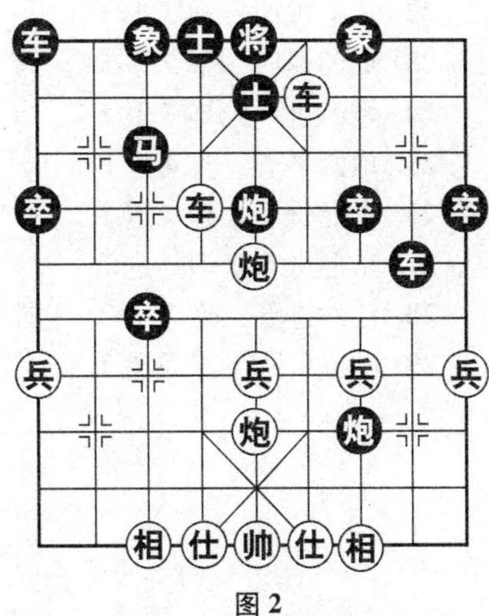

图 2

第 166 局　庄玉庭负孙浩宇

（2009 年蔡伦竹海杯全国象棋精英邀请赛）

1. 兵七进一　炮 2 平 3
2. 马八进七　卒 3 进 1
3. 马七进六　卒 3 进 1
4. 马六进五　象 3 进 5
5. 兵三进一　马 2 进 4
6. 马五退四　车 1 平 2
7. 马二进三　马 4 进 3
8. 炮八平四　马 8 进 9
9. 相七进五　卒 3 进 1
10. 车一进一　车 9 进 1
11. 车一平六　炮 8 进 1？（图 1）
12. 兵三进一！车 9 平 7
13. 炮二平一　炮 8 退 2
14. 兵三平二　车 2 进 6
15. 车六进六　车 7 平 3
16. 兵二进一　炮 8 平 7
17. 炮一退一　卒 3 平 4
18. 车六退一　马 3 进 2
19. 炮四进七　卒 4 平 5
20. 车九平七　卒 5 进 1
21. 相三进五　炮 7 进 6

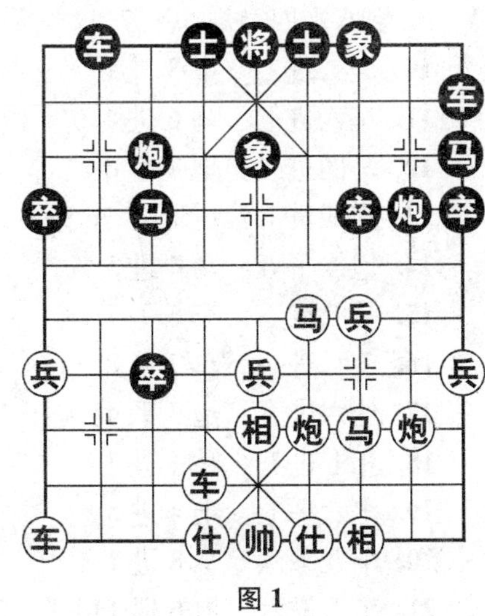

图 1

22. 车七进四　炮 7 退 1
23. 炮四退四　车 2 平 5
24. 炮四进一？炮 7 退 1
25. 炮四平五　士 4 进 5
26. 车七进一　车 5 退 1
27. 车七平八？炮 3 进 7
28. 仕六进五　炮 3 平 2！（图 2）
29. 帅五平六　车 5 退 2

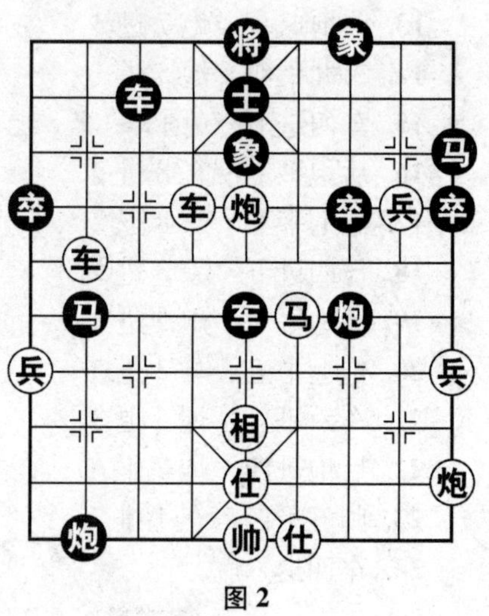
图 2

第 167 局　黎德志负董子仲

（2011 年第八届威凯杯全国冠军赛暨象棋一级棋士赛）

1. 兵七进一　炮 2 平 3
2. 马八进七　卒 3 进 1
3. 马七进六　卒 3 进 1
4. 马六进五　象 7 进 5
5. 马二进三　马 2 进 1
6. 车一进一　车 1 平 2
7. 车一平六　马 8 进 6
8. 马五退四　车 2 进 3
9. 炮八平四　炮 8 平 7
10. 炮二进二　卒 3 进 1
11. 车六进七　马 6 进 4
12. 马四进二　炮 7 平 6
13. 炮四进七？（图 1）车 9 平 6
14. 炮二平五　马 4 进 5
15. 马二进三　车 6 平 7
16. 前马进一　车 7 平 8
17. 仕六进五　炮 3 平 4！（图 2）
18. 相七进五　马 1 进 3
19. 车六平七　士 4 进 5
20. 车九平六　车 8 进 1
21. 车六进六　炮 6 退 1！

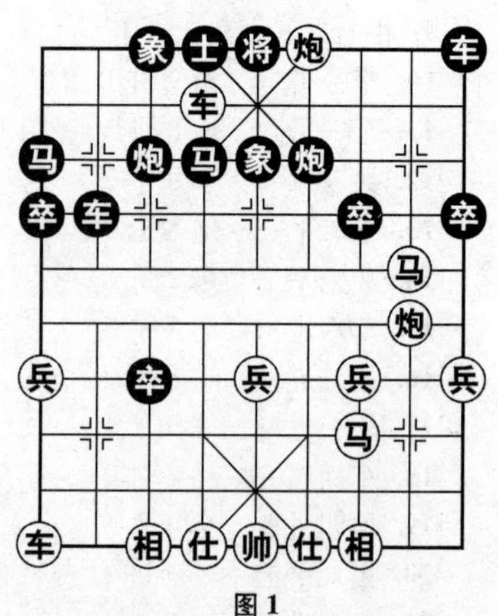
图 1

22. 车七退一　炮6平9
23. 炮五进三　象3进5
24. 兵五进一　车2进6
25. 仕五退六　炮4进7
26. 车六退六　车2平4
27. 帅五平六　炮9进1
28. 车七进一　卒3平4
29. 兵五进一　马3进5
30. 马三退五　车8平6

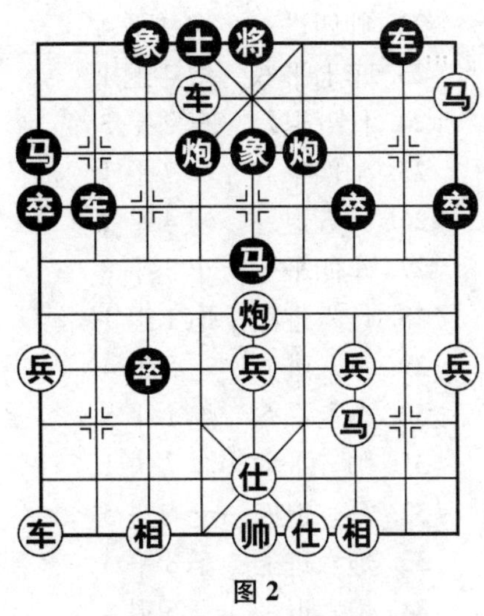
图 2

第 168 局　谭才文胜柳铁汉

（2003 年老巴夺杯全国象棋团体赛）

1. 兵七进一　炮2平3
2. 马八进七　卒3进1
3. 马七进六　卒3进1
4. 马六进五　炮8平5
5. 炮二平五　马8进7
6. 马二进三　车9进1
7. 车一平二　车9平4
8. 车二进四　车4进2
9. 马五进三　炮3平7
10. 车二平七　炮7进4？（图1）
11. 车七进五　炮7进3
12. 仕四进五　车1进1
13. 车七平八　车1平8
14. 车八退五　车8进7
15. 炮五进五　象7进5
16. 车八平四　车8平7
17. 相七进五！（图2）炮7平9
18. 车九平七　车4平2
19. 炮八平六　卒7进1
20. 帅五平四　士4进5
21. 车七进四　车7进1

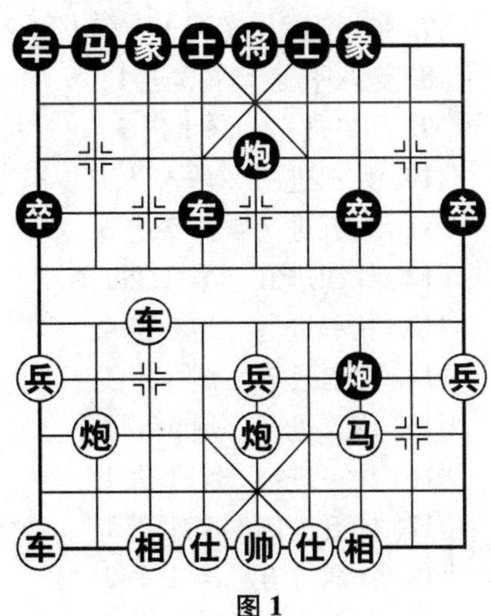
图 1

22. 帅四进一　炮 9 平 4
23. 车七平八　炮 4 退 1
24. 仕五退六　车 2 平 3
25. 帅四平五　车 7 退 1
26. 帅五退一　炮 4 平 1
27. 车四平七　车 3 平 8
28. 仕六进五　炮 1 退 1
29. 车八进五　士 5 退 4
30. 车七平六　炮 1 平 5
31. 帅五平六　车 7 进 1
32. 马三退四　士 6 进 5
33. 炮六进七　车 8 平 3
34. 炮六退一　士 5 退 4
35. 炮六平三

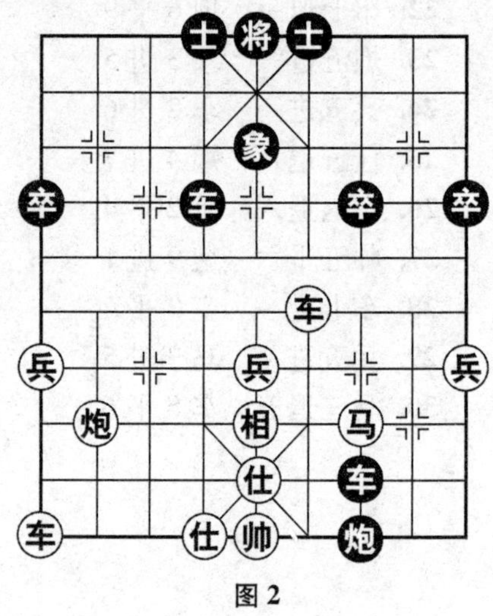

图 2

第 169 局　廖二平负庄玉庭

（2003 年怡莲寝具杯全国象棋个人赛）

1. 兵七进一　炮 2 平 3
2. 马八进七　卒 3 进 1
3. 马七进六　卒 3 进 1
4. 马六进五　象 7 进 5
5. 相三进五　马 8 进 6
6. 马五退四　马 2 进 1
7. 炮八退一？（图 1）车 1 平 2
8. 炮八平三　卒 3 进 1
9. 马二进三　马 1 进 3
10. 兵三进一　马 3 进 4
11. 兵五进一　车 2 进 6
12. 仕四进五　卒 3 进 1
13. 相五进七　炮 8 进 4
14. 相七进五　炮 8 平 1
15. 炮二进二　炮 3 平 1
16. 兵一进一　卒 1 进 1
17. 仕五进四　卒 1 进 1
18. 仕六进五　卒 1 平 2
19. 车九平六　卒 2 平 3

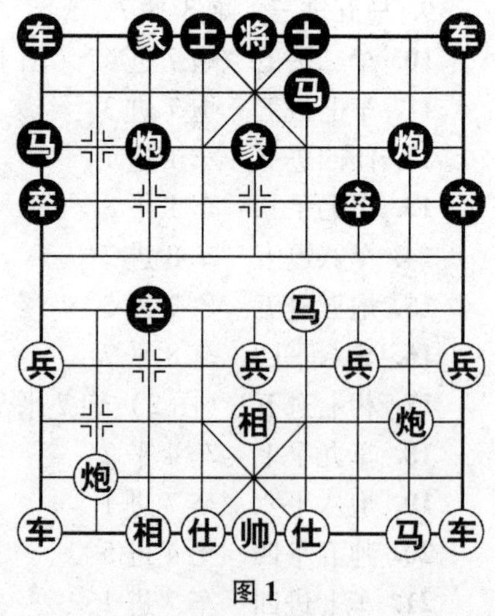

图 1

20. 相五进七 马4退3
21. 炮三退一 马3进1
22. 车六进五 马1进3
23. 车一平二 后炮进3
24. 兵五进一 卒3进1
25. 马四退五 马3进5！（图2）

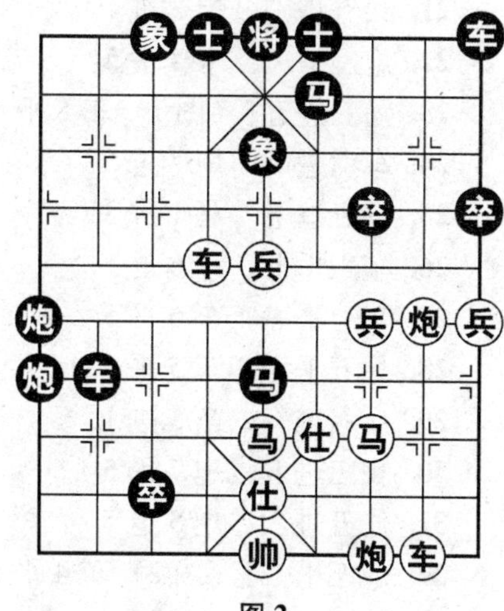

图2

26. 马五退七 车2平3
27. 马七进五 马5退4
28. 马五进七 马4进3
29. 炮二平九 马3退1
30. 车二进三 炮1平3
31. 炮三平四 马6进4
32. 兵五平六 马4进2
33. 马三进四 炮3退1
34. 兵六进一 炮3平7
35. 马四进三 车9平7
36. 马三退五 炮7进4
37. 炮四进一 士4进5
38. 兵六平七 车7进8
39. 车二退三 马2退3
40. 马五退四 车7退2
41. 炮四平一 车7平6
42. 车二平三 车6平9
43. 车三进四 马1退3
44. 炮一平四 后马进1
45. 兵七平八 马3进4
46. 车三平七 马1进2
47. 炮四退一 马2退4
48. 车七平六 后马进5

第170局 黎德志胜程鸣

（2009年惠州华轩杯全国象棋甲级联赛）

1. 兵七进一 炮2平3
2. 马八进七 卒3进1
3. 马七进六 卒3进1
4. 马六进五 象7进5
5. 马二进三 马8进6
6. 马五退四 马2进1
7. 车一进一 车1平2
8. 车一平六 士6进5
9. 炮八平四 车2进4
10. 兵三进一 炮8平6
11. 车六进五 车9平8
12. 马四进三 炮6平7
13. 后马进二 车8平7
14. 相七进五 马6进7
15. 马二进三 车7平6
16. 仕六进五 车6进6
17. 兵五进一 车2平8
18. 炮二平一 卒3进1

19. 兵九进一　车8退1
20. 车九平六　卒3平4
21. 兵五进一　炮3进1
22. 炮一平三　卒4平5?
23. 马三进五!（图1）车8平4
24. 车六进六　炮7进5
25. 马五退七　马1进3
26. 车六平七　车6退1
27. 车七平一　车6平5
28. 兵五平六　车5平4
29. 兵六进一　卒5进1
30. 相三进五　炮7平5
31. 仕五进六　炮5退5
32. 炮四平二!（图2）车4平5
33. 帅五平六　炮5平8
34. 仕四进五　车5平7
35. 炮二平五　将5平6
36. 车一平四　炮8平6
37. 炮五平四　将6平5
38. 炮四进五　士5进6
39. 车四进一　车7退2
40. 兵六进一　士4进5
41. 车四平一　士5进4
42. 车一平六　将5进1
43. 车六平二　象3进5
44. 车二进一　将5退1
45. 车二退六　车7进6

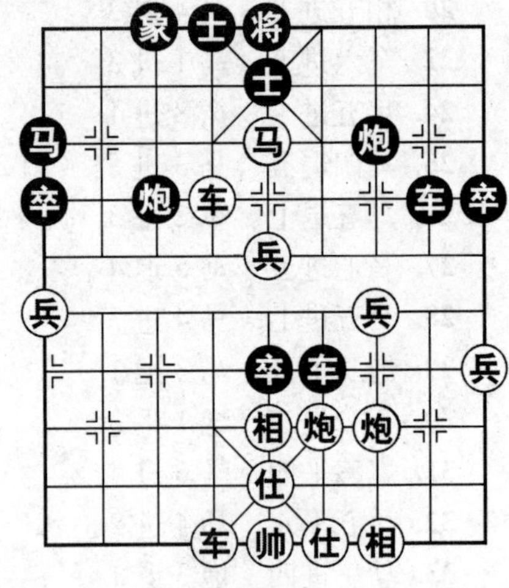

图1

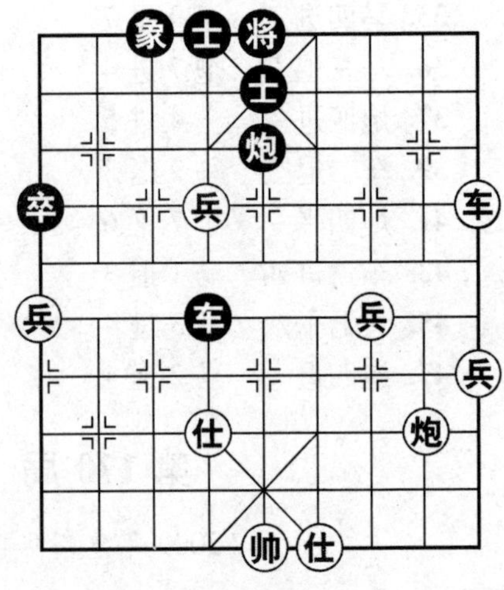

图2

46. 仕五退四　车7平6
47. 帅六进一　车6退1
48. 帅六退一　将5进1
49. 车二进六　将5退1
50. 车二退一　象5进7
51. 车二退一　车6退1
52. 车二平五　将5平4
53. 车五平六　将4平5
54. 帅六进一　车6进1
55. 帅六退一　车6退1
56. 兵一进一　象7退5
57. 兵一进一　车6退3
58. 兵一进一　卒1进1
59. 兵九进一　车6平1
60. 仕六退五　车1平9

61. 兵一平二 车9平8
62. 兵二平三 车8平7
63. 车六进三 将5进1
64. 车六退一 将5退1
65. 兵三平四 车7平6
66. 兵四平三 车6平7
67. 兵三平四 车7平6
68. 兵四平三 车6退2
69. 车六退二 车6平9
70. 兵三平四 车9平7
71. 车六退三 象5退7
72. 车六平四 车7平4
73. 帅六平五 车4平8
74. 车四平五 车8平5
75. 车五平三 象7进9
76. 帅五平六 车5平4
77. 帅六平五 车4平5
78. 帅五平六 将5进1
79. 仕五进六 车5平4
80. 车三平五 车4平5
81. 车五平四 车5平4
82. 帅六进一 将5平4
83. 兵四进一 车4进5
84. 帅六平五 车4进1
85. 帅五退一 车4退6
86. 兵四进一 车4平5
87. 帅五平四 将4退1
88. 车四平八

图书在版编目（CIP）数据

仙人指路非中炮对卒底炮/陆伟韬，单欣编.—北京：经济管理出版社，2014.12
（象棋谱丛书）
ISBN 978-7-5096-3341-0

Ⅰ.①仙… Ⅱ.①陆… ②单… Ⅲ.①中国象棋-布局（棋类运动） Ⅳ.①G891.2

中国版本图书馆 CIP 数据核字（2014）第 206828 号

组稿编辑：郝光明 张 达
责任编辑：郝光明 史思旋
责任印制：黄章平
责任校对：超 凡

出版发行：经济管理出版社
（北京市海淀区北蜂窝 8 号中雅大厦 A 座 11 层 100038）
网 址：www. E-mp. com. cn
电 话：（010） 51915602
印 刷：保定金石印刷有限公司
经 销：新华书店
开 本：720mm×1000mm/16
印 张：14
字 数：259 千字
版 次：2014 年 12 月第 1 版 2014 年 12 月第 1 次印刷
印 数：1-5000 册
书 号：ISBN 978-7-5096-3341-0
定 价：39.00 元